Grenzgänge im Management

Werner Boysen

Grenzgänge im Management

Quellen für neue Lösungsansätze

 Springer Gabler

Werner Boysen
Koblenz, Deutschland

ISBN 978-3-658-01023-2   ISBN 978-3-658-01024-9   (eBook)
DOI 10.1007/978-3-658-01024-9

Die Deutsche Nationalbibliothek verzeichnet diese Publikation in der Deutschen Nationalbibliografie; detaillierte bibliografische Daten sind im Internet über http://dnb.d-nb.de abrufbar.

Springer Gabler
© Springer Fachmedien Wiesbaden 2013

Lektorat: Stefanie Winter

Gedruckt auf säurefreiem und chlorfrei gebleichtem Papier

Springer Gabler ist eine Marke von Springer DE. Springer DE ist Teil der Fachverlagsgruppe Springer Science+Business Media
www.springer-gabler.de

Vorwort

Management ist ein Handwerk. Die Ergebnisse des Managements gelingen umso besser, je besser Manager ihr Handwerk gelernt haben und je mehr Erfahrung sie bislang sammeln konnten.

Zu den Voraussetzungen für das Manager-Handwerk zählen betriebswirtschaftliche Grundlagen und der sichere Umgang mit etablierten Methoden der Unternehmensführung. Erfahrungen sammeln Manager in Linienverantwortung und in Projektarbeit in Unternehmen. In der Regel bringen sie eine Vertiefungsrichtung aus ihrem Studium ein, die sie in ihren beruflichen Stationen ausbauen. Aus dieser gewachsenen Position heraus entfalten sie ihre Wirkung als Führungskräfte. Damit beherrschen sie ihr Handwerk und bewältigen Management-Routinen.

Aber woher beziehen sie Impulse für Neues? In einer von zunehmender dynamischer Komplexität geprägten Wirtschaftswelt ist ein Blick über den Tellerrand hinaus notwendig, denn wirklich Neues entsteht oft an den Schnittstellen zwischen Fachgebieten. Dazu kommt es auf das gut abgestimmte Zusammenspiel zwischen Führungskräften an, die verschiedene Ressorts oder funktionale Bereiche verantworten und gemeinsam Unternehmen führen. Es kommt aber auch darauf an, den Blick auf ganz andere Branchen und Disziplinen zu richten, um dort bewährte Vorgehensweisen zu erkennen und sie gegebenenfalls in die eigene Sphäre zu übertragen.

Gelegenheiten für solche Transferleistungen gibt es viele. Man muss sich nur auf andere Umfelder einlassen und vor dem Hintergrund der eigenen Herausforderungen interessante Ideen erkennen, sie herauslösen und auf das Management übertragen.

Ich habe solche Impulse in der Philosophie, in der technischen Datenübertragung, in der Verkehrsplanung, in der Hirnforschung, im Sport, in der Physik, in der Musik, in der Kunst, in der Natur, in der Medizin, im Segelsport, in der Entwicklung der Wetterlage, in der Landwirtschaft, in der Kriminologie, beim Schachspiel und bei Kindern gefunden und möchte sie als eine zusätzliche Quelle für ausgewogene Entscheidungen und Aktivitäten und als Anstoß für eine eigene Suche nach Parallelen, aus denen Erkenntnisse für gutes Management gezogen werden können, an Führungskräfte weiterreichen.

Übergreifendes, einschließendes Denken und Handeln werden in einer Wirtschaftswelt, die zunehmend von dynamischer Komplexität geprägt ist, ein wesentlicher Erfolgsfaktor. Aber wie gelangen wir zu dieser Souveränität, die erforderlich ist, um die Dinge zu überblicken? Wie stellen wir den Impulsfluss sicher und wie gewährleisten wir die angemessene Verarbeitung eingehender Impulse? Um diesen Schritt besser zu bewältigen, erhalten interessierte Leser einen Einblick in bewährte Kreativitätstechniken, die das Denken in Analogien anregen, und die Empfehlung, sich in ihrem Denk- und Entscheidungsprozess von einem guten Sparrings-Partner begleiten zu lassen.

Oktober 2012   Werner Boysen

Rezensionen

„Jenseits aller Zahlen gibt es auf Dauer kein gutes Management ohne Haltung und Reflektion, Substanz und Weisheit. Werner Boysen wird dem gerecht – mit bemerkenswertem Tiefgang. Ein Werk für Manager mit Geist."
Christian Lindner, Chefredakteur der Rhein-Zeitung

„Ein Buch für Querdenker und Menschen, die bereit sind, sich selbst und ihren Arbeitsbereich immer wieder kritisch zu hinterfragen."
Helmut Gehres, Direktor Commerzbank

„Der Autor liefert in seinem Buch eine Fülle von Ideen wie analoge Bilder und Erfahrungen, die Impulse für Veränderungen von Managementprozessen geben können."
Professor Dr. Thomas Fischer, Inhaber des Lehrstuhls für Betriebswirtschaft, insbesondere Wirtschaftsinformatik und Informationsmanagement der Fakultät Innovation und Entrepreneurship an der Wissenschaftlichen Hochschule für Unternehmensführung WHU in Vallendar

Danksagungen

Was er Zufall nennt, ist in Wahrheit der Einfall,
und der begegnet jedem, der sich für ihn wach und bereit hält.
(Friedrich Wilhelm Nietzsche, deutscher Philosoph, 1844–1900)

Dieses Buch lebt von vielen Gesprächen, die ich mit Menschen aus ganz unterschiedlichen Fachrichtungen geführt habe und denen ich für die wertvollen Impulse danke, die ich daraus gewonnen habe. Viele Ideen und Anregungen habe ich aus meinen Beratungsprojekten bezogen. Für diese Gelegenheiten danke ich meinen Klienten. Dipl.-Inf. Dennis Meyer, der meine Idee zu diesem Buch begeistert aufgenommen und spontan unterstützt hat, danke ich für seinen Textentwurf über die Schwingungsresonanz. Außerdem danke ich Professor Dr. Dirk Fabricius für seine Ausführungen über Intensivtäter und Professor Dr. Michael Schreckenberg für seine Impulse aus der Stauforschung.

Heiko Wrusch danke ich für seine treffenden Illustrationen zu den Texten.

Für das sorgfältige und kritische Korrekturlesen bedanke ich mich bei Judith Rochlus, die schon das Manuskript für mein letztes Buch um frische Formulierungen bereichert hat. Mein großer Dank geht an meine Fachlektorinnen Stefanie Winter und Eva-Maria Fürst von Springer Gabler, dafür, dass sie mich während des Lektorats so kompetent, kooperativ und angenehm begleitet haben.

Dipl.-Betriebswirt Thomas Maissl danke ich sehr für seine organisatorische Unterstützung, die mir wie immer eine große Hilfe war.

Inhaltsverzeichnis

Teil I
Analogien zum Management

Wie organisationale „Gelenke" erkannt und richtig eingesetzt werden

1

Zusammenfassung

In diesem Beitrag wird auf der Basis eines Impulses von Platon veranschaulicht, dass Organisationen nicht beliebig gestaltbar sind, sondern ihre Strukturen natürlichen Gegebenheiten folgen müssen. Wie das in der Unternehmenspraxis vonstattengeht, erfahren Leser anhand des Vorgehensmodells, das in diesem Beitrag vorgestellt wird.

Viele Unternehmen zeichnen sich durch Mitarbeiter aus, die über hervorragende fachliche Qualitäten verfügen. Diese Unternehmen investieren häufig in Technologie und Infrastruktur und haben moderne Controlling-Systeme im Einsatz, die in jedem Moment anschaulich die Ergebnissituation aller Unternehmensbereiche aufschlüsseln, unterschiedliche Perspektiven auf die Zahlen erschließen und die Aufmerksamkeit der Betrachter auf kritische Entwicklungen, die Entscheidungen verlangen, lenken.

Dennoch haben Führungskräfte in solchen Unternehmen nicht selten das Gefühl, dass die Prozesse in ihren Unternehmen nicht ganz rund laufen. Sie stellen fest, dass eine gewisse Reibung die Abläufe manchmal unnötig zäh macht, und beobachten, dass trotz der hohen Qualifikation der Belegschaft und trotz des hohen formalen Organisationsgrades nicht immer das optimale Gesamtergebnis erreicht wird. Ohne erheblichen Druck und aufwendige Improvisationsleistung würde mancher zugesagte Liefertermin nicht eingehalten. Zwar tut jeder Einzelne sein Bestes, doch die Zusammenarbeit funktioniert nicht in idealer Weise. Es ist gut möglich, dass die Zusammenhänge nicht hinreichend

W. Boysen, *Grenzgänge im Management*, DOI: 10.1007/978-3-658-01024-9_1,
© Springer Fachmedien Wiesbaden 2013

verstanden werden. Schon Platon sagt im Phaidros,[1] *die Realität habe natürliche Gelenke,* *„gemäß der natürlichen Bildung" und „dass man [...] imstande sei, beim Zerlegen in* *Unterarten den Schnitt nach den Gelenken zu führen, der Natur entsprechend".* *Ein* *geschickter Denker müsse wissen, wo sich diese Gelenke befinden.*

Auch Unternehmen haben „natürliche Gelenke", intern und zu ihrem Umfeld. Und auch Märkte haben „natürliche Gelenke". In der Unternehmenspraxis werden allerdings oft künstliche Abgrenzungen zwischen Teilen vorgenommen, ohne darauf zu achten, wo die Gelenke der Organisation und Strukturen wirklich sind: Abteilungen, Divisionen, Funktionen, Geschäftseinheiten etc. werden häufig in einer Weise gebildet, die theoretischen Modellen entspricht, oder sie werden um Personen herum gebaut. Willkürlich Grenzen zu ziehen hat aber reale Folgen, die Führungskräften meist nur unzureichend bewusst sind. So wird „die Natur" oft aus Unwissenheit, gelegentlich auch wegen Verblendung oder aus falschen Machtmotiven, manipuliert und scheint dann nicht mehr zu funktionieren. Doch die Natur funktioniert – was nicht funktioniert, ist falsche Organisation.

Deshalb ist es empfehlenswert, die „Gelenke" unserer Gedanken und Konzepte mit denen der Natur in Übereinstimmung bringen. Mit der Suche nach den natürlichen Gelenken in der Organisation entlang der Geschäftsprozesse und der Abstimmung der miteinander verbundenen Organisationseinheiten beginnt die Arbeit. Jenseits von Strukturen können Prozesse verbessert werden, indem wir die natürlichen Schnittstellen erkennen und sie systemisch sinnvoll gestalten – unternehmensweit. Dadurch werden Organisationen erheblich schlagkräftiger und wesentlich effizienter. Reibung löst sich auf.

Wie geht man dazu vor? Zunächst muss das Ziel formuliert werden, das mit dem Geschäftsprozess erreicht werden soll. Dieses Ziel ist idealerweise deckungsgleich mit hoher Erfüllung der Erwartungen der Kunden. Nun muss überlegt werden, welche Bedingungen unmittelbar erfüllt werden müssen, damit dieses Ziel sicher erreicht wird. So gelangen wir zum letzten Schritt in der Prozesskette. In der Regel sind hier die Auslieferung und die Berechnung der geprüften Marktleistung an Kunden angesiedelt. Außerdem müssen wir überlegen, wer in die Umsetzung dieses letzten Schrittes eingebunden sein sollte. Dies mögen der Versand und der Vertrieb, vielleicht auch die Qualitätssicherung sein. Diese Personen bzw. Abteilungen wirken also aufeinander abgestimmt an der Schnittstelle zum Kunden. Auf Kundenseite sind hier üblicherweise die Warenannahme, die Fachabteilung, die die Marktleistung einsetzt, und der Einkauf involviert, die sich wiederum untereinander austauschen und abstimmen. So erkennen wir bereits die ersten „natürlichen Gelenke" bzw. Schnittstellen im Geschäftsprozess. Und wir sehen, dass der Prozess keineswegs linear verläuft, sondern in einer multidimensionalen Abstimmung zwischen verschiedenen Entitäten untereinander (Abteilungen und Leistungspartner sowie Lieferanten) und Beteiligten auf Kundenseite abläuft. Außerdem erkennen wir, welche Informationen wann und in welcher Form vom Kunden erfragt werden müssen, damit die Leistungen rechtzeitig und gemäß

---

[1] Platon: Phaidros, 265 e.

Spezifikation erbracht werden können. In dieser Weise kann der Geschäftsprozess systematisch von hinten aufgerollt werden. Aus dem Bündel an Anforderungen, die die nächste Prozessphase an die vorgelagerte stellt, ergeben sich die Leistungen, die in der betrachteten Phase erbracht werden müssen. Derart gelangen wir sowohl zu einem Abgleich von Erwartungen und Möglichkeiten der Beteiligten an den Schnittstellen als auch zu einer Aussage darüber, wann welche Leistungen innerhalb der Phasen von wem erbracht werden müssen.

Erst jetzt, wenn nämlich der Geschäftsprozess mit seinen „Gelenken" steht, macht es Sinn, über Strukturen nachzudenken. Diese Strukturen sollten dem Prozess folgen und ihn konsequent unterstützen. Das bedeutet, dass Grenzen zwischen Organisationseinheiten sich konsequent an den Schnittstellen im Prozess orientieren und keine zusätzlichen Trennungen vornehmen sollten, die der Prozess nicht kennt. Wer dieses Prinzip beherzigt, hat Plato verstanden und wird von natürlichen Abläufen, guter Abstimmung an den Schnittstellen und entsprechend geringer Reibung profitieren.

Wir können die Assoziation weiterspinnen: Damit Gelenke bewegt werden können, müssen Muskeln wirken. Um Bewegungen unter gegebener Last auszuführen, muss die Leistungsfähigkeit entsprechend angelegt sein. Übertragen auf Organisationen wenden wir uns den Ressourcen zu, die den Bereichen zur Verfügung stehen und die, verknüpft über die Schnittstellen, miteinander wirken sollen. Es muss darauf geachtet werden, dass Beuger und Strecker den Anforderungen gerecht werden können. Oft sind in Organisationen ausreichende Ressourcen vorhanden, nur eben nicht an den Stellen, an denen sie gebraucht werden. Es kommt regelmäßig zu Grabenkämpfen, wenn Ressourcen verschoben werden sollen, denn Headcounts sind ein Äquivalent für Macht. Wer aber die Zusammenhänge des Bewegungsapparates einer Organisation verstanden hat, wird Ressourcen abgeben, weil er weiß, dass die Gesamtorganisation davon profitieren wird und dass dieser Profit auch ihm schließlich zugutekommt.

Literaturquelle

Platon. 1963. [Phaidros] (ca. 370 v. Chr.) *Phaidros*. Frankfurt am Main: Fischer Verlag.

Wie „organisationale Synapsen" die Fähigkeiten von Unternehmen fördern und festigen

Zusammenfassung

In diesem Beitrag wird eine Übertragung der Verhältnisse im Gehirn auf Organisationen vorgenommen. Aus den Analogien gewinnen Leser konkrete Anregungen, wie sie Organisationen lernfähig gestalten und halten können. Sie werden angeregt, sich Gedanken darüber zu machen, wie beispielsweise Bilder in Organisationen zu komplexen Mustern zusammengesetzt werden und wie sich die Lebenswelten einer Organisation auf die organisationale Entwicklung auswirken. Vor allem werden Leser animiert, selbst die Voraussetzungen für eine lernende Organisation zu schaffen. Die Impulse aus der Neuromedizin helfen bei der Organisationsentwicklung.

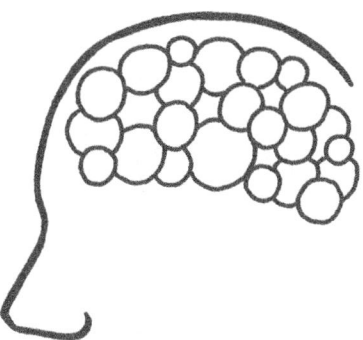

Um zu verstehen, wie sich Menschen in Organisationen zu Mustern vernetzen, erscheint mir ein Blick auf die Synapsen im menschlichen Gehirn interessant und hilfreich.

Das menschliche Gehirn ist nicht einfach da – vielmehr sind bei Neugeborenen Potenziale in Form von Nervenzellen gegeben, die sich grundsätzlich vernetzen können. Welche Nervenzellen sich in welcher Intensität zu synaptischen Netzwerken verknüpfen,

W. Boysen, *Grenzgänge im Management*, DOI: 10.1007/978-3-658-01024-9_2,
© Springer Fachmedien Wiesbaden 2013

hängt ganz wesentlich von den Lebenswelten der Individuen ab. Nur die eingebundenen Nervenzellen bleiben bestehen, während die anderen Nervenzellen verkümmern. Die neuronalen Verknüpfungen, die tatsächlich gebraucht und genutzt werden, stabilisieren sich, während nicht verwendete abgebaut werden. Zunächst festigen sich Fähigkeiten, den eigenen Körper zu koordinieren. Menschen unterschiedlicher Physiognomie werden also unterschiedliche Fähigkeiten ausprägen. Dann prägen sich mit der Erfahrung genau die Fähigkeiten aus, die Individuen in ihrem spezifischen Umfeld brauchen. Auf diese selbstregelnde Weise entwickeln sich neuronale Netzwerke in Abhängigkeit von den Anforderungen, die vom Umfeld an das Gehirn geleitet werden, ständig weiter. Ergebnis ist die Einzigartigkeit der Begabungen und Fähigkeiten, durch die sich jeder Mensch auszeichnet.

Das Potenzial an Nervenzellen schwindet dabei allerdings mit zunehmendem Alter und mit unterschiedlicher Geschwindigkeit. Je weniger Nervenzellen verwendet werden, desto mehr andere Nervenzellen verkümmern. Wenn sich die Anforderungen des persönlichen Umfeldes also auf relativ geringem Niveau befinden und sich kaum verändern, wird nur ein geringer Teil der Nervenzellen benötigt. Vergleichsweise wenige Synapsen reichen aus, um die Herausforderungen zu bewältigen. Brachliegendes Potenzial wird abgebaut. Menschen, die üblicherweise an immer neue Aufgabenstellungen herangeführt werden, entwickeln dabei ihre Fähigkeit, schnell komplexe und abstrakte Zusammenhänge zu verstehen. Dazu werden jedes Mal andere neuronale Verbindungen genutzt und mehr Nervenzellen in das aktive Netzwerk eingebunden. Neurobiologen sprechen von Erregungsmustern. Je häufiger spezifische Erregungsmuster entstehen, desto stärker werden die daran beteiligten synaptischen Verbindungen gebahnt und gefestigt. Erfahrungen, die mit den verschiedenen Sinnesorganen aufgenommen worden sind, werden in den höheren, komplexesten Bereichen des Gehirns in Form von Bildern, die auch Metarepräsentationen genannt werden, verankert. Diese Bilder werden schließlich im Frontal- oder Stirnlappen des Gehirns als komplexe Muster verschaltet und veranlagt. Aus dem Frontal- oder Stirnlappen können diese Muster später problembezogen wieder abgerufen und in Handlungsfolgen umgesetzt werden.[1]

Interessant ist, was dieser Lernprozess bei Menschen bewirkt. Kinder lernen durch ihre Erziehung, ihre ursprünglichen Impulse immer stärker zu kontrollieren und zu unterdrücken. So „entfernen sich Menschen im Verlauf ihres Anpassungsprozesses immer weiter von dem, was ihr Denken, Fühlen und Handeln ursprünglich, als sie noch Kinder waren, angelegt hatten: die eigene Körpererfahrung und die eigene Sinneserfahrung".[2] *Um anerkannt zu werden und dazuzugehören, geben Menschen ihre eigentliche Identität auf. Der Prozess einer Identitätsentwicklung in der Gesellschaft erfordert es, die eigene Körperlichkeit zu unterdrücken bzw. sie sogar ganz aufzugeben. Es ist mittlerweile bekannt, dass diese Entfremdung Spannungen und Abwehrmuster hervorruft, die bis zur Handlungsunfähigkeit führen können. Menschen trennen quasi ihre Gefühle von ihrem Auftreten, indem sie ihren Körper von ihrem Gehirn trennen. Sie geben ihre Ganzheitlichkeit auf und verstümmeln sich so als Menschen, um vordergründig weiterzukommen.*

---

[1] Hüther, Gerald: [Wir] S. 40ff.
[2] Hüther, Gerald: [Wir] S. 54f.

Neurobiologen befassen sich unter anderem mit der Störanfälligkeit dieses Entwicklung-
sprozesses. Außerdem beschäftigen sie sich damit, wie der Entwicklungsprozess insbeson-
dere durch Beziehungen zu anderen Menschen und daraus gewonnenen Erfahrungen
gefördert oder gehemmt werden kann. „[…] die Erkenntnis, dass das menschliche Gehirn
ein sich erfahrungs- und nutzungsabhängig entwickelndes Organ ist, bedeutet empirisch
nicht weniger, als dass die soziokulturelle Entwicklungsumwelt, in die ein Mensch hinein-
wächst, die neuronale Architektur seines Gehirns ganz entscheidend bestimmt. "[3]

Man kann darüber streiten, ob es weiterführt, Assoziationen zwischen der Entwicklung
des menschlichen Gehirns und der Unternehmensentwicklung herzustellen. Man könnte dies
sofort als abwegig abtun, könnte Unternehmen jedoch durchaus auch als das Ergebnis mehr
oder weniger intensiv verschalteter Elemente auffassen und hätte damit eine Verbindung
hergestellt. Jedenfalls ergeben sich aus der Beschäftigung mit der Entwicklung neuronaler
Verknüpfungen im Gehirn einige Fragen, die zum Weiterdenken anregen können:

- Welche Funktion in Organisationen entspricht dem Frontal- oder Stirnlappen, in
  dem die Bilder zu komplexen Mustern zusammengeführt werden? Gibt es überhaupt
  eine solche Funktion? Kann sie gegebenenfalls geschaffen werden?
- Welche Begabungen und Fähigkeiten bringt eine junge Organisation mit? Wie können beste Startbedingungen geschaffen werden, also möglichst viele Verknüpfungen
  von Beginn an bereitgestellt werden?
- Was wird aus diesen Begabungen und Fähigkeiten im Laufe der Zeit? Wie können die Startbegabungen in bester Weise entwickelt und damit die organisationale
  Lernfähigkeit möglichst gut ausgeprägt gehalten werden?
- Wie kann vermieden werden, dass Organisationen zu eindimensional gefordert werden und dadurch keine neuen „Synapsen" bilden?
- Wie beeinflussen die Lebenswelten einer Organisation die Entwicklung ihrer organi-
  sationalen Vernetzung?
- Was können Führungskräfte dazu konkret beitragen, dass die organisationale
  Vernetzung und so das Potenzial ihrer Organisation gefördert wird? Wie kann der
  Impulsstrom im Fluss gehalten werden, um die Entstehung von Erregungsmustern auf-
  rechtzuerhalten und bei Veränderungen immer wieder neue synaptische Verbindungen
  zu bahnen und zu festigen?
- Wie können sowohl die Verbundenheit von Organisationen mit ihrem Umfeld als
  auch das Herausarbeiten eigener Kompetenzen erreicht werden?
- Wie kann verhindert werden, dass Organisationen, ähnlich den Tieren, „in ihrer
  Physiologie, ihrer biologischen Konstitution und ihrer natürlichen Eingebettetheit"[4]
  gefangen bleiben?
- Wie können Organisationen sich durch adäquate interne Verschaltungen besser an
  ihre Lebensräume anpassen?

---

[3] Hüther, Gerald: [Wir] S. 45.
[4] Hüther, Gerald: [Wir] S. 48.

- Wenn die Lebensräume die eigenen Fähigkeiten entscheidend prägen, in welchen Lebensräumen, sprich Märkten, sollten sich Organisationen dann eigentlich bewegen, um sich möglichst gut entwickeln zu können?
- Wie können Organisationen diese Ziellebensräume erreichen?
- Wie können sie sich in diese Lebensräume einbinden?
- Gibt es eine „Körperlichkeit" von Organisationen? Ist es vorstellbar, dass der Einfluss der Lebensräume Organisationen von ihren eigentlichen Anlagen fortbewegt (Kulturwandel), ähnlich der Entfremdung, die wir bei Individuen kennen? Wenn die adaptierten Muster nicht mehr zu den ursprünglich angelegten organisationalen Fähigkeiten passen, kann diese Entwicklung dann zu organisationaler Spannung, Abwehrmustern und Handlungsunfähigkeit führen? Woran können wir solche Abwehrmuster erkennen? Wie können Führungskräfte sie vermeiden bzw. beseitigen?
- Können Restrukturierungen womöglich zu organisationalen Verstümmelungen, sprich zu einer Auftrennung zwischen der organisationalen Seele, der formalen Organisationsform und ihrer designierten Arbeitsweise führen? Erkennen Führungskräfte den Wert, der sich nur aus dem unverfälschten Ganzen ergibt? Können Organisationen ihre Körperlichkeit – anders als Menschen durch Zukäufe, Abspaltungen, Personaleinstellungen und Kündigungen gezielt verändern?
- Wie kann einerseits die Festigung synaptischer Verschaltungsmuster gefördert werden, um Routinen auszubilden, die die Effizienz und die Reaktionsfähigkeit erhöhen, andererseits aber vermieden werden, dass eingefahrene Programme dem Entstehen neuer Handlungsweisen entgegenwirken und eine Veränderungs- und Anpassungsblockade auslösen?

Die Beschäftigung mit diesen Fragen im individuellen Unternehmenskontext kann sicher helfen, neue Perspektiven für Organisationen zu erschließen, und ganz neue Vorgehensmodelle für die Organisationsentwicklung hervorbringen.

Literaturquellen

Boysen, Werner. 2011. *Kybernetisches Denken und Handeln in der Unternehmenspraxis. Komplexes Systemverhalten besser verstehen und gezielt beeinflussen.* Gabler Verlag: Wiesbaden.
Hüther, Gerald. 2011. [Wir] *Was wir sind und was wir sein könnten.* S. Fischer Verlag: Frankfurt am Main.

Zusammenfassung

Dieser Beitrag widmet sich der technischen Datenübertragung und stellt Parallelen zur innerbetrieblichen Kommunikation her. Aus den Lösungen, die für technische Datenübertragungssysteme entwickelt worden sind, gewinnen Leser Erkenntnisse über die Ursachen fehlerhafter innerbetrieblicher Kommunikation und erhalten konkrete Vorschläge für deren Verbesserung.

Der Evolutionstheoretiker Richard Dawkins äußerte die Auffassung, dass sich im Kern eines jeden Lebewesens nicht das Feuer, der warme Atem oder ein „Lebensfunke" befindet, sondern Informationen, Wörter und Anleitungen. Er empfiehlt: „Wenn Sie das Leben verstehen wollen, betrachten Sie Information nicht als vibrierende, pulsierende Gele und Schlämme, sondern als Informationstechnologie."[1] Die Zellen eines Organismus sind Knoten in einem üppigen, ineinander verflochtenen Kommunikationsnetzwerk, das ständig Signale überträgt und empfängt, verschlüsselt und entschlüsselt. Die Evolution selbst ist ein ständiger Informationsaustausch zwischen dem Organismus und seiner Umgebung.[2]

Aber was genau ist Information? Begriffe müssen präzisiert werden, bevor wir sie wirklich sinnvoll verwenden können. Wissenschaftler bemühen sich gern um mathematische Definitionen. Dann erst werden Begriffe präzise. So wie Isaac Newton die Begriffe „Kraft", „Masse", „Bewegung" und „Energie" mathematisch festmachte, definierte Claude Shannon

---

[1] Dawkins, Richard: [Blind Watchmaker] S. 112.
[2] Gleick, James: [Information] S. 15.

W. Boysen, *Grenzgänge im Management*, DOI: 10.1007/978-3-658-01024-9_3,
© Springer Fachmedien Wiesbaden 2013

später den Begriff „Information" und führte ihn dadurch der Mathematik und der Physik zu. Ein Bit ist die kleinste Informationseinheit. Jede Nachricht setzt sich aus einer Folge von Bits zusammen. Der Physiker John Archibald Wheeler ging einen wesentlichen Schritt weiter, indem er jede Materie durch die in ihr enthaltene Information erklärte. „Informationen lassen jedes Es, jedes Elementarteilchen, jedes Kraftfeld und selbst das Raum-Zeit-Kontinuum selbst entstehen. [...] Was wir als Realität bezeichnen, ist das Ergebnis der letzten Analyse von Ja-Nein-Fragen. Alle physischen Dinge sind in ihrem Ursprung informationstheoretisch, und dies ist ein partizipatorisches Universum."[3]

Claude Shannon löste die Information von ihrem semantischen Inhalt, also von der Bedeutung einer Nachricht für den Empfänger. Er reduzierte Information auf das Physische. „Die Bedeutung einer Nachricht ist im Allgemeinen irrelevant.[4] Information ist mit Ungewissheit, Überraschung, Entropie und Schwierigkeit verbunden. Je unwahrscheinlicher eine Nachricht ist, je größer also die Überraschung über die Nachricht ist, desto größer ist die Information der Nachricht, wenn sie vermittelt wird. Wenn keine Ungewissheit besteht, ist der Wert der Information gleich null. Information schafft Ordnung. Je größer die Information ist, desto geringer ist die Unordnung und desto geringer die Entropie. Wenn p_i die Wahrscheinlichkeit jeder Nachricht ist, dann ist die Entropie H einer Nachricht der durchschnittliche Logarithmus der Unwahrscheinlichkeit der Nachricht.

$$H = -\sum p_i \log_2 p_i. \hspace{3cm} (3.1)$$

Wenn wir über Kommunikation nachdenken, sind Nachrichten selbst nicht genug; hinzu kommt noch der Aspekt der Vermittlung von Nachrichten. Claude Shannon führte aus, dass das grundlegende Problem der Kommunikation darin bestehe, eine Nachricht, die an einem definierten räumlichen und zeitlichen Punkt ausgewählt wurde, an einem anderen definierten räumlichen und zeitlichen Punkt exakt oder annähernd exakt wiederzugeben.[5] In dieser Feststellung stecken vier Forderungen:

1. *eine gesendete Nachricht soll bei dem vorgesehenen Empfänger exakt ankommen,*
2. *die Nachricht soll nur bei diesem Empfänger ankommen und nicht von Dritten „mitgehört" werden können,*
3. *eine Nachricht soll nicht auf dem Übertragungsweg verfälscht werden können (Nachrichtenkorruption) und*
4. *ein Empfänger soll keine Nachrichten empfangen, die ihm fälschlicherweise suggerieren, dass sie von einem bestimmten Sender stammen oder zu einem anderen Zeitpunkt versandt wurden (Korruption der Metainformation).*

Um eine Nachricht zu übertragen, wird ein Sender benötigt, der die ausgewählte Nachricht in einen Kanal gibt, der sie wiederum über die Übertragungsstrecke bis zu dem gewünschten

---

[3] Wheeler, John Archibald: [It from Bit] S. 298.
[4] Shannon, Claude Elwood: [Communication Theory] S. 173.
[5] Shannon, Claude Elwood; Weaver, Warren: [Mathematical Theory] S. 31.

Empfänger transportiert. Der Sender mag die natürliche Nachricht noch in eine Form umwandeln, die kanalgerecht ist und die vom designierten Empfänger „gehört" werden kann. Außerdem mag der Sender die Nachricht zusätzlich komprimieren und verschlüsseln. Der Empfänger muss dann die komprimierte und verschlüsselte Nachricht wieder entschlüsseln und entkomprimieren, um sie in eine natürliche und verständliche Form zurückzuführen. Im Übertragungskanal schwächt sich das gesendete Signal mit zunehmender Übertragungsentfernung üblicherweise ab. Diese Abschwächung (Attenuation) des Signals kann durch Signalverstärker im Übertragungskanal ausgeglichen werden. Mit der Verstärkung schwacher Signale nimmt allerdings auch das Rauschen, das heißt die Menge an signalfremden „Geräuschen", vorhersehbar oder auch unvorhersehbar im Verhältnis zu dem zu übertragenden Signal immer weiter zu. Durch Kanalimperfektionen kann das gesendete Signal sogar an Klarheit verlieren (Distorsion). Beispielsweise werden Funktionen von Rechtecksignalen an den Kanten abgerundet, wodurch die Signale an Unterscheidbarkeit verlieren.

Abhängig von der Art des zu übertragenden Signals können solche Fehler besser oder weniger gut ausgeglichen werden. Ein Übertragungssystem kann diskrete oder kontinuierliche Signale übermitteln. Diskrete Signale werden als eigenständige Symbole vermittelt, während kontinuierliche Signale in Form von Funktionen vermittelt werden, die Wellen repräsentieren. Diskrete Signale können recht gut vollständig korrigiert werden, während dies bei kontinuierlichen Signalen oft nur annähernd gelingt.

Das Problem der Fehlerkorrektur rückt weiter in den Vordergrund des Interesses, wenn wir uns kommerziell genutzten Nachrichtenübertragungssystemen zuwenden. Denn auch die Nachrichtenübertragung ist nicht frei davon, dass von ihr eine möglichst hohe Effizienz erwartet wird. Das heißt, dass verfügbare Übertragungskanäle einen möglichst hohen Strom an Übertragungsvolumen pro Zeiteinheit bewältigen müssen. Nachrichten werden zu diesem Zweck komprimiert. Dabei werden Signale entfernt, die aufgrund des Kontextes beim Empfänger ergänzt werden können. Beispielsweise wird bei der Übertragung eines Fußballspiels nicht jeder Grashalm gesendet, sondern die generelle Information, dass hier grünes Gras zu zeigen ist.

Mit steigender Übertragungsleistung können allerdings die Fehlerquote der an den Empfänger übermittelten Signale und die Fehlinterpretation der Signale durch den Empfänger zunehmen. Um Missverständnisse auf der Empfängerseite möglichst zu vermeiden, müssen wirksame Mechanismen zur Fehlerkorrektur vorgesehen werden. Hierzu werden in der Nachrichtenübermittlung zwei Verfahren eingesetzt:

1. *Inhalte von Nachrichten werden mit einer gewissen Redundanz gesendet, um Eindeutigkeit sicherzustellen und sie so bei Bedarf korrigieren zu können.*
2. *Logische und statistische Verfahren werden zur Fehlererkennung und -korrektur eingesetzt. So kann aus der Wahrscheinlichkeit, dass ein bestimmtes Signal auf die bisher übermittelten Signale folgt, darauf geschlossen werden, ob das wahrgenommene Signal wirklich gesendet worden ist, und es kann gegebenenfalls korrigiert werden.*

Die Fehlererkennung und -korrektur verlangen natürlich nach weiterer Übertragungskapazität. Aus dem Anspruch, das Fehlerrisiko übermittelter Nachrichten definiert begrenzt zu halten, ergibt sich für einen bestimmten Kanal der übertragbare Informationsinhalt und damit die verfügbare Kanalkapazität. Nun hängt es sicherlich von der Wichtigkeit ab, mit der eine bestimmte Nachricht einen bestimmten Empfänger präzise erreichen soll, wie aufwendig die Fehlerkorrektur betrieben werden muss. So kann Musik mit unterschiedlichen Klangqualitäten übermittelt werden. Es hängt vom Anspruch des Empfängers ab, welches Verhältnis zwischen Nutzsignalen und Signalen zur Fehlerkorrektur der Kanal übertragen kann.

Erst jetzt, nachdem eine Nachricht exakt und nicht korrumpiert an einen definierten Empfänger übertragenen worden ist, wird die Nachricht inhaltlich interpretiert. Bislang waren wir gedanklich auf der Datenebene (Sigmatik) und im Bereich der Syntax, also der Kodierung von Zeichen, unterwegs. Jetzt geht es um die Bedeutung der Zeichen und um die Handlungsrelevanz für den Empfänger (Zweckbezug). Mit der Art und Weise, wie aus der Interpretation von Zeichen Erkenntnis gewonnen werden kann, hat sich Charles Sanders Peirce befasst. Die Semiotik, die behavioristische Zeichentheorie, wurde von Charles William Morris in die Syntaktik, die Semantik und die Pragmatik aufgegliedert.

Peirce unterschied: „Ein Zeichen ist ein Ding, das dazu dient, ein Wissen von einem anderen Ding zu vermitteln, das es, wie man sagt, vertritt oder darstellt. Dieses Ding nennt man Objekt des Zeichens. Die vom Zeichen hervorgerufene Idee im Geist, die ein geistiges Zeichen desselben Objekts ist, nennt man den Interpretanten des Zeichens.“[6]

Zeichen haben eine Beziehung zu anderen Zeichen (Syntaktik); sie haben auch eine Beziehung zu dem für sie stehenden Objekt, die den Zeichen ihre Bedeutung verleiht (Semantik). Schließlich haben Zeichen auch eine Beziehung zu dem Zeichenbenutzer (Pragmatik).

Die Pragmatik befasst sich mit der Interpretation von Zeichen durch den Empfänger. Dabei geht die Pragmatik davon aus, dass nicht nur die Zeichen selbst, sondern insbesondere auch der Kontext von Zeichen entscheidend zu der Bedeutung beiträgt, die der Empfänger der Nachricht beimisst. Die wahrgenommene Bedeutung hängt auch vom Wissensstand und von der (emotionalen) Vorprägung des Empfängers ab. Er mag eine Nachricht als wertungsfreie Information, als Behauptung, als Warnung oder als Drohung auslegen und entsprechend unterschiedlich darauf reagieren.[7] *Die Pragmatik befasst sich mit der Beobachtung und der Gestaltung zweckbezogener Handlungsmuster, wie Frage-Antwort-Mustern und Aufgabe-Lösungs-Mustern. Erst dadurch kann aus einer übermittelten Zeichenfolge gelenkte Handlung entstehen.*

Dieselben Zusammenhänge, die für die technische Nachrichtenübertragung gelten, treffen auch auf die zwischenmenschliche und für die interorganisationale Kommunikation zu. So, wie der technische Sender auf einer Frequenz senden muss, die vom Empfänger „gehört" werden kann, damit seine Signale vom Empfänger überhaupt wahrgenommen werden können, muss auch ein menschlicher Sender die „Frequenz" treffen, die sein Zuhörer versteht. Jemand, der einer Zielperson bzw. Zielgruppe etwas

---

[6] Kloesel, Christian; Pape, Helmut (Hrsg.): [Peirce] S. 204.

[7] Die Pragmatik wurde von Aristoteles und der Stoa begründet und viel später von John Locke, Ludwig Wittgenstein, John L. Austin und John R. Searle weiterentwickelt.

mitteilen möchte, muss eine Sprache wählen und eine Wortwahl treffen, die diese Zielperson bzw. Zielgruppe versteht. Ferner muss er für die Übertragung der Nachricht ein Medium wählen, zu dem die Zielperson bzw. die Zielgruppe Zugang hat bzw. dass sie üblicherweise nutzt. Wenn das gelingt, sind zumindest notwendige syntaktische Voraussetzungen dafür geschaffen, dass die übertragene Botschaft ankommen kann und der Wortlaut verstanden wird.

Des Weiteren muss der Sender sicherstellen, dass der Empfängerkreis unter dem, was er vermittelt, dasselbe versteht, was er selbst darunter versteht. Er muss also darauf achten, dass er in seiner Nachricht keinen Raum für Mehrdeutigkeit lässt. Die Inhalte müssen dafür präzise und unmissverständlich bezeichnet oder beschrieben werden. Dies ist die semantische Ebene, der Beziehung zwischen dem Zeichen und dem dadurch repräsentierten Objekt. Eine gewisse Redundanz in Form verschiedener Beschreibungsansätze kann auch helfen, Eindeutigkeit zu schaffen. Menschen neigen dazu, das zu „hören", was ihre bisherigen Vermutungen oder Erfahrungen bestätigt. Andere Signale werden häufig unbewusst ausgeblendet. Wie in der technischen Nachrichtenübertragung werden dann syntaktisch richtig empfangene Zeichen fälschlicherweise zu solchen „korrigiert", die mit einer höheren Wahrscheinlichkeit in das angelegte Wahrnehmungsmuster (die bisher empfangene Zeichenfolge) passen. Das führt beim Empfänger unbewusst zu falschen Schlüssen und stört die Kommunikation. Bewussteres, unvoreingenommenes „Zuhören" kann helfen, Vorprägungen zurückzufahren. Das kann gelernt werden. Entsprechend kann auch eine „Gruppendenke" solche Verblendungen ganzer Organisationen herbeiführen, die ihre Lage infolgedessen unbewusst kollektiv völlig falsch einschätzen. Es gibt Fälle, in denen einst gute, straff ausgerichtete Unternehmen wegen unangemessener „Gruppendenke" Schiffbruch erlitten. Deshalb ist bei all der guten Orientierung in Organisationen immer auch auf eine gewisse Vielfalt und einen offenen und konstruktiven Diskurs zu achten.

Möchte der Mitteiler eine Handlung beim Empfänger der Nachricht bewirken, muss er für den Empfänger Relevanz schaffen. Er muss inhaltlich an das anknüpfen, was der Empfänger kennt und was ihn beschäftigt. Dazu muss sichergestellt werden, dass der Empfänger der Nachricht mit dem Inhalt etwas anfangen kann. Der Empfänger muss „abgeholt" werden, wo er sich derzeit gedanklich befindet, und dann in die Richtung weitergeführt werden, die dem Zweck der Nachricht entspricht. Hilfreich ist dabei, die Lebenswelt,[8] die Denkweise, die Interessen und die Bedürfnisse des Empfängerkreises gut zu kennen. Hier bewegen wir uns auf der pragmatischen Ebene, die die Beziehung zwischen der Nachricht und dem Empfängerkreis behandelt. Schaffen Manager in einem Mitarbeitergespräch über Fehlleistungen des Mitarbeiters keine Betroffenheit, wird das Gespräch keine Verhaltensveränderung herbeiführen. Sprechen Unternehmen in ihrer

---

[8] Vgl. die kommunikationstheoretische Deutung von Edmund Husserls Lebensweltenkonzept durch Jürgen Habermas zur Veranschaulichung des Wechsels von einer monologischen Subjektivität zu einer dialogischen Intersubjektivität, in: Habermas, Jürgen: [Lebenswelten] S. 196.

Werbung nicht die wirklichen Bedürfnisse ihrer Zielkunden an, wird die Werbung eine Nachricht ohne Verkaufserfolg bleiben.

Nun müssen Personen oder Organisationen, die etwas mitteilen möchten, auch davon ausgehen, dass der Übertragungskanal nicht perfekt ist. Der Kanal kann sehr lang sein, er kann auch „rauschen". In Hierarchien muss eine Nachricht über verschiedene Stufen in die Belegschaft übertragen werden. Jede Übertragungsstufe birgt Gefahren einer bewussten oder unbewussten Verfälschung oder Abschwächung der ursprünglich ausgesandten Nachricht. Die Nachricht wird möglicherweise von den „Zwischenempfängern" nicht gehört, falsch verstanden oder aus Eigeninteresse verändert, nicht weitergeleitet oder an andere Adressaten als beabsichtigt weitergeleitet worden sein. Sie kann auch von Dritten beabsichtigt oder unbeabsichtigt übertönt werden. Das alles fällt in den Bereich des „Kanalrauschens". Sie kann auch in einer Form weitergeleitet worden sein, die von den weiteren Empfängern nicht verstanden wird oder die keine Relevanz für sie herbeiführt. Hier befinden wir uns im Problembereich der Semiotik.

Wenn eine Mitteilung, wie in großen Organisationen üblich, über verschiedene Stufen hinweg erfolgen soll, muss sichergestellt werden, dass die Botschaft so bei den Adressaten ankommt wie beabsichtigt. Das kann durch die besondere Aufforderung gefördert werden, die Inhalte der Nachricht mit den eigenen Worten der Empfänger zu bestätigen, und indem das Mittelmanagement dazu angehalten wird, sich die Nachricht von seinen Mitarbeitern ebenfalls bestätigen zu lassen. Eine Betriebsversammlung, an der alle Mitarbeiter teilnehmen, schaltet die Zwischenstellen und die damit verbundenen Kommunikationsprobleme aus. Heute bietet sich bei räumlich verteilten Organisationen auch ein webbasiertes Broadcasting an, ein Verfahren, mit dem einzelne Mitteiler eine große Anzahl von Personen erreichen. Diese Kommunikationsform entspricht allerdings einer Einbahnstraße, weil kein unmittelbares Feedback von den Zielpersonen möglich ist. Möchte man diese Unzulänglichkeit vermeiden, können Audio- oder Video-Konferenzen veranlasst werden, in denen der persönliche Austausch grundsätzlich möglich ist. Den richtigen „Empfang" wichtiger Nachrichten können Video-Konferenzen fördern, weil dabei non-verbale Kommunikationselemente wie die Haltung, die Mimik und die Gestik die Botschaft wirksam unterstreichen und Missverständnisse reduzieren können.

Videokonferenzen können wie persönliche Face-to-Face-Gespräche und Telefonate auch die Kommunikationskette aus der Belegschaft zum Top-Management schließen, wenn die Unternehmenskultur dies zulässt. Oft werden nämlich auch Beobachtungen und Hinweise aus der Belegschaft durch das Mittelmanagement gefiltert und erreichen das Top-Management gar nicht, wodurch falsche Schlüsse und falsche Maßnahmen ausgelöst werden können.

Unabhängig vom gewählten Übertragungskanal – m sei es ein persönliches Gespräch, ein Schreiben, ein Telefonat oder eine medienunterstütze Konferenz – könnte der Mitteiler Missverständnissen, die aus gelegentlichen geistigen Abwesenheiten oder einem Mangel an Vertrauen in die Wahrheit der Botschaft resultieren, entgegenwirken, indem er die Kernelemente seiner Botschaft mehrfach wiederholt und sogar seine Botschaft wiederholt versendet.

In Organisationen kann immer wieder beobachtet werden, dass Botschaften vom Management zwar syntaktisch ankommen und semantisch einwandfrei verstanden werden, dass dann aber doch die Botschaft bezweifelt wird und die mit der Botschaft beabsichtigte Handlung ausbleibt. Umgekehrt kommen Botschaften aus der Belegschaft oft zwar richtig und vollständig beim Top-Management an, lösen aber dort nicht die erwünschten Maßnahmen aus. Das kann daran liegen, dass die Lebenswelten zwischen dem Mitarbeiter und dem Manager zu unterschiedlich sind und die gemeinsame Schnittmenge an Erfahrungen und Interessen nicht ausreicht, um eine Verständigung auf pragmatischer Ebene – also handlungsleitend – auszulösen. Top-Manager betrachten ihre Organisation quasi aus dem Zentrum eines Wirbelsturms, wie es ein Freund von mir einmal treffend ausdrückte. Sie haben den Eindruck, dass in ihrem Bereich alles ruhig ist, und wundern sich über das Chaos, das von ihrem organisationalen Umfeld um sie herum angerichtet wird. Sie nehmen nicht wahr, dass sie selbst der Kern des Unwetters sind, und greifen aus ihrer zentralen Position heraus hilfreiche Hinweise nicht auf, sich selbst zu bewegen. Abhilfe schafft die Bereitschaft von Managern, ihre Verhaltensmuster immer wieder kritisch zu reflektieren und gegebenenfalls zu verändern. Coaching-Gespräche können dabei helfen, das Umfeld unverblendet und unvoreingenommen wahrzunehmen und sich dadurch einer konstruktiven Kommunikation zu öffnen.

Auch in der zwischenmenschlichen und in der interorganisationalen Kommunikation sind die Kapazität des Übertragungskanals und die Empfangs- und Verarbeitungskapazität des Empfängerkreises zu berücksichtigen. Ist die verfügbare Kapazität eines gewählten Übertragungskanals begrenzt, reicht sie womöglich nicht aus, um die beabsichtigte Wirkung zu erzeugen. Ist die Übertragungskapazität hingegen sehr groß, kann dies andererseits dazu verleiten, sie voll auszuschöpfen mit der Folge, dass der große Nachrichtenstrom blockiert wird und deshalb nicht die beabsichtigte Wirkung herbeiführen kann.

Trotz syntaktisch, semantisch und pragmatisch einwandfrei erfolgter Übermittlung von Botschaften kann es auch zu einer Sättigung oder quantitativen Überforderung des Empfängerkreises kommen. Solche Symptome sind verschiedentlich in angelsächsischen Unternehmen zu beobachten, die mit ihren Reporting-Anforderungen die Möglichkeiten der Geschäftsfeldleiter gesprengt haben. Trotz guten Willens ist die Kommunikation in verschiedenen Fällen gescheitert bzw. zu einer nutzlosen Pflichtübung verkommen.

Schließlich heißt gut zu informieren immer, Ordnung zu schaffen, also Entropie zu verringern. Das Beseitigen von Unordnung erfordert Energie, das heißt, gute Kommunikation erfordert Energie. Wer meint, effizient zu sein, weil er Kommunikation mit geringem Aufwand betreibt, täuscht sich. Mangelnde Ordnung sorgt für unzureichende Koordination, deren betriebswirtschaftliche Folgen in der Regel ein Vielfaches von guter Kommunikation kosten. Um es in der Sprache des Qualitätsmanagements auszudrücken, zählt Kommunikation insofern zu den Präventivmaßnahmen, mit denen reparative Maßnahmen begrenzt gehalten werden können. Selbstverständlich kann Kommunikation in Unternehmen zum großen Teil standardisiert in Prozessen angelegt werden. Das spart repetitiven Aufwand und verhindert wirksam das Abdriften von definierten

Kommunikationswegen, benötigt aber zunächst eine durchdachte Initiative für den Setup, die nicht gescheut werden sollte.

Die technische Datenübertragung liefert also nützliche Hinweise auf einen guten betrieblichen Informationsfluss. Organisationen definieren sich durch Information und halten sich durch die Qualität des Austausches mit ihrem Umfeld und der innerbetrieblichen Verarbeitung dieser Information lebensfähig. Damit schließt sich der eingangs aufgespannte Bogen zu Richard Dawkins.

Literaturquellen

Boysen, Werner. 2011. *Kybernetisches Denken und Handeln in der Unternehmenspraxis. Komplexes Systemverhalten besser verstehen und gezielt beeinflussen.* Wiesbaden: Gabler Verlag.

Dawkins, Richard. 1986. [Blind Watchmaker] *The Blind Watchmaker.* New York: Norton.

Gleick, James. 2011. [Information] *Die Information.* München: Redline Verlag.

Kloesel, Christian, und Pape, Helmut Hrsg. 2000. [Peirce] *Charles Sanders Peirce. Semiotische Schriften*, Bd. 3, Band 1, Suhrkamp: Frankfurt am Main.

Wheeler, John Archibald. 1994. [It from Bit] *It from Bit, in: At home in the Universe. Masters of Modern Physics*, Band 9, New York: An American Institute of Physics.

Shannon, Claude Elwood, und Weaver, Warren. 1949. [Mathematical Theory] *The Mathematical Theory of Communication.* Urbana: University of Illinois Press.

Kann die Konjunktur besser prognostiziert werden als die Entwicklung der Wetterlage?

4

Zusammenfassung

Von einer Konjunkturprognose erwarten wir eine hohe Zuverlässigkeit. Doch wie sieht es beispielsweise mit der Zuverlässigkeit verfügbarer Verfahren zur Wetterprognose aus? Anhand dieses Vergleichs schärfen Leser ihr Bewusstsein für die Möglichkeiten und die Grenzen von Prognoseverfahren und lernen das Verfahren der Szenariotechnik als geeignetes Instrument zur Erfassung der möglichen Rahmenbedingungen über längere Planungshorizonte kennen. Außerdem lernen Leser dieses Beitrages, weshalb die Prognose der Konjunktur noch anspruchsvoller ist als die Wetterprognose.

„Vorhersagen sind schwierig, besonders, wenn sie die Zukunft betreffen."
(Mark Twain, 1835–1910, amerikanischer Schriftsteller)

An Wetterprognosen haben viele sehr unterschiedliche Zielgruppen Interesse. Wir möchten unser Wochenende wetterabhängig planen, Landwirte möchte wissen, ob sie künstlich bewässern müssen, Piloten möchten jederzeit über Unwetterzonen informiert werden und Menschen in tornadogefährdeten Gebieten möchten rechtzeitig vor aufziehenden Tornados gewarnt werden. Die Zielgruppen haben unterschiedliche Erwartungen an die Schwerpunkte und an die Qualität der Wettervorhersage. Badetouristen interessieren sich im Wesentlichen dafür, ob am nächsten Tag die Sonne scheinen wird oder nicht, was relativ einfach vorhersagbar ist – und wenn die Vorhersage falsch war, ist das für die Badetouristen

W. Boysen, *Grenzgänge im Management*, DOI: 10.1007/978-3-658-01024-9_4,
© Springer Fachmedien Wiesbaden 2013

auch kein Drama. Dagegen brauchen Menschen in Tornadogebieten eine Aussage mit hoher Trefferquote. Eine Evakuierung ist nicht nur lästig, sondern aufwendig und teuer; erfolgt keine Warnung und wird folglich keine Evakuierung durchgeführt, obwohl ein Tornado aufzieht, kann das verheerende Folgen für die Betroffenen haben.

Ebenso wichtig ist es, einen für den Zweck geeigneten Wetterbericht zu empfangen. Für einen Piloten, der am nächsten Tag einen Langstreckenflug führen muss, ist es völlig irrelevant, vom lokalen Radiomoderator zu erfahren, dass am Strand morgen die Sonne scheinen wird, während es dem Badetouristen egal ist, ob der Flugwetterdienst auf Flight Level 50 kräftige Abwinde vorhersagt.

Mit der Wettervorhersage befassen sich der staatliche Deutsche Wetterdienst (DWD),[1] halböffentliche Wetterdienste, wie die Wetterwarten an Flughäfen, und private Wetterdienstleister, teilweise mit eigenem Messnetz, wie die von Jörg Kachelmann 1990 gegründete, heute führende Meteomedia. Private Wetterdienstleister in Deutschland sind im Verband Deutscher Wetterdienstleister organisiert.

Um das Wetter vorherzusagen, orientieren sich Meteorologen an den Wetterverläufen in vergangenen Perioden derselben Jahreszeit (Klimavorhersage) und an aktuellen Wetterdaten, die sie in die Zukunft fortschreiben, weil die Atmosphäre eine natürliche Erhaltungsneigung hat (Persistenz).

Informationen über vergangene Perioden sind aufgezeichnet und verfügbar. Informationen über die aktuelle Wettersituation beziehen Meteorologen aus Bildern und aus Messdaten einzelner Wetterelemente, die von Wettersatelliten, Wetterballons, Flugzeugen, Schiffen, Messbojen, Wetterradarstationen, Wetterwarten und automatischen Bodenstationen geliefert werden. Die Veränderung der Bilder und der messdaten werden dann mithilfe von Wettermodellen ausgewertet und die künftige Wetterentwicklung prognostiziert. Die Präzision der Prognose und der sinnvolle Prognosehorizont hängen von der Region, für die eine Wettervorhersage getroffen werden soll, und von den zu prognostizierenden Wetterelementen ab. In Regionen mit sehr stabilen Großwetterlagen, beispielsweise in einer großen Wüste, ist die Prognose einfacher als in Regionen mit einem breiten Spektrum an möglichen Wetterkonstellationen, wie z. B. in Deutschland. Manche Wetterelemente, wie die Tageshöchsttemperatur, können über einen Zeitraum von sieben bis zehn Tagen recht präzise, während andere, wie die Windrichtung, nicht so präzise vorhergesagt werden können. Noch schwieriger zu prognostizieren als Ausprägungen kontinuierlicher Entwicklungen sind diskrete, seltene Ereignisse wie ein Tornado oder ein Gewitter.

Für Wetterelemente, die sich kontinuierlich entwickeln, wie die Temperatur, wird die Qualität der Prognose in Form des Abweichungsfehlers festgestellt. Bei relativ sicherer Prognose von Niederschlag kann es die Abweichung der prognostizierten Niederschlagshöhe gegenüber der tatsächlich gemessenen Höhe sein. So gilt eine Temperaturvorhersage mit einer Abweichung von weniger als 2,5 °C als gut, solche mit einer Abweichung von mehr als 4,5 °C als schlecht. Die Windstärke betreffend gelten Vorhersagen mit einer Abweichung von bis zu 2,5 m/s als gut, solche mit einer Abweichung von mehr als 4,5 m/s

---

[1] http:/www.dwd.de.

als schlecht. Vorhersagen der Windrichtung mit einer Abweichung von bis zu 30° als brauchbar, solche mit einer Abweichung von mehr als 90° als schlecht. Und Vorhersagen des Bedeckungsgrades mit einer Abweichung von bis zu 25 % gelten als gut, solche mit Abweichungen von mehr als 50 % als schlecht.

Bei diskreten, seltenen Ereignissen wird die Qualität in Form einer Alternativaussage getroffen: Trat das prognostizierte Gewitter oder der prognostizierte Hagel tatsächlich ein? Bildete sich ein Tornado, obwohl keiner prognostiziert wurde? Dabei muss der Nutzen einer Vorhersage für ihre Verwender berücksichtigt werden. Es kann sinnvoll sein, mehr mögliche Tornados zu prognostizieren als wirklich eintreten, um möglichst viele dann tatsächlich eintretende Tornados erkannt und vor ihnen gewarnt zu haben. Wichtig ist, dass sich Prognosen sehr unwahrscheinlicher Ereignisse auf Fachkompetenz und Methodik stützen und nicht auf reine Statistik. Statistik liefert für diese Fälle zu allgemeine Aussagen, die der speziellen Situation nicht gerecht werden. So mag die Aussage, dass statistisch gesehen in einer bestimmten Region zu 99,8 % kein Tornado eintritt, grundsätzlich richtig sein. Aber im speziellen Fall ist sie nicht hilfreich und schlicht falsch und sogar gefährlich, nämlich wenn sich in der betreffenden Region gerade eine Tornado fördernde Konstellation zusammenbraut. Je häufiger ein Ereignis eintritt, wie beispielsweise Niederschlag, desto präziser kann es vorhergesagt werden. Seltene Ereignisse präzise vorherzusagen, ist sehr schwierig.

Mit längerem Prognosehorizont wird es schwieriger, präzise Aussagen über das Wetter zu treffen. Auch wenn alle meteorologischen Zusammenhänge und die grundsätzliche Entwicklung des Wetters bekannt sind, kann daraus nicht darauf geschlossen werden, wie das Wetter in genau drei Wochen sein wird. Dazu sind zu viele Variablen zu beachten, die im gegenseitigen Wechselspiel über den langen Zeitraum das Gesamtbild verändern können. Die Komplexität ist zu groß, um verlässliche Detailaussagen über das Ergebnis zu treffen.

„Ein guter Meteorologe ist nicht klüger als jeder andere,
er hat lediglich sein Unwissen besser organisiert."
(Unbekannt)

Damit erhält die Fähigkeit, die Prognosequalität zutreffend zu beurteilen, einen besonderen Stellenwert. Mit zunehmendem Wissen um meteorologische Zusammenhänge und immer ausgefeilteren technischen Hilfsmitteln zum Messen sowie zum Erstellen von Modellen und zum Interpretieren modellgestützter Simulationen wächst der Wunsch nach verlässlichen Hinweisen auf die Qualität der resultierenden Aussagen und auf Verbesserungspotenzial.

Dass Statistiken dabei nicht unbedingt helfen, die Prognosequalität zu beurteilen, zeigt ein Beispiel aus der US-Armee im Jahr 1884, in dem Sergeant John P. Finlay mit hohem Aufwand 2.803 Tornado-Vorhersagen für 18 Distrikte einiger US-Bundesstaaten untersuchte und registrierte, dass die Vorhersagen in 28 Fällen einen Tornado richtig angekündigt hatten und in 2.680 Fällen genauso richtig vorhersagten, dass kein Tornado aufziehen würde. Finlays Schlussfolgerung aus dieser Beobachtung war, dass die Tornadovorhersagen zu 97% zuträfen, womit er sofort heftige Kritik auf sich zog. Er hatte nämlich nicht berücksichtigt, dass nach 72 Tornadowarnungen sich kein Tornado bildete und dass 23 tatsächlich wütende Tornados nicht vorhergesagt worden waren. Finlay hatte die Fehlprognosen in seiner Beurteilung der Prognosequalität nicht berücksichtigt. Hätte man ohne jede fachkompetente Analyse die pauschale Aussage getroffen, dass es keinen Tornado geben würde, wäre die Trefferquote sogar höher gewesen, nämlich 98,2 % – aber ebenso wertlos. In diesem Fall hätte man seltene Ereignisse ausgeblendet und es hätte keine Chance gegeben, sich auf sie vorzubereiten. Heute stehen Wetterradarbeobachtungen zur Verfügung, um sehr seltene, gefährliche Ereignisse wie ein Gewitter zu erkennen, die durch Einsatz der Wettermodelle nicht vorhergesagt werden können. Zur Ermittlung der Güte von Wetterprognosen wird heute der Heidke-Skill-Score (HSS) angewandt, der Zufallstreffer aus richtig erkannten Treffern herausrechnet und dadurch die Prognosequalität auch seltener Wetterereignisse zutreffender erfasst.

Absolut gesehen wird die Wetterprognosequalität immer besser. Das weisen entsprechende Untersuchungen des Deutschen Wetterdienstes nach. Die Mittel und Methoden werden besser, während das Untersuchungsobjekt Wetter sich in seinen Verhaltensmustern nicht wesentlich verändert.

Trotz hoher Prognosequalität wird es immer gewisse Unsicherheiten geben, mit denen Menschen umgehen müssen. Welche Maßnahmen aus den Restunsicherheiten abzuleiten sind, hängt von der Situation der Menschen, vom betrachteten Wetterelement und der vom ihm ausgehenden Gefahr ab.

Was ist eigentlich die Konjunktur?

> „Wetter gibt es immer. Konjunktur auch.“
> (Eigenes Zitat)

Man ist geneigt, diesem Satz schnell zuzustimmen – aber was ist „Konjunktur" eigentlich? Bei Wikipedia kann man nachlesen, dass unter Konjunktur zyklische Schwankungen im Auslastungsgrad des Produktionspotenzials und der gesamtwirtschaftlichen Aktivität einer Volkswirtschaft verstanden werden. Wer weiterliest, erfährt, dass diese zyklischen Schwankungen sich aus veränderten ökonomischen Größen wie Produktion, Beschäftigung, Zinssatz und Preisen ergeben und dass der wichtigste Indikator für den Auslastungsgrad des Produktionspotenzials das Bruttoinlandsprodukt (BIP) ist.

Interessant an der Konjunktur ist vor allem, dass sie sich in regelmäßigen Ablaufmustern wellenförmig verhält. Diese Konjunkturzyklen, von einer Aufschwungphase (Expansionsphase) über eine Hochkonjunkturphase (Boom) und eine Abschwungphase (Rezession) bis hin zu einer Tiefphase (Depression), werden durch die Konjunkturtheorien untersucht und erklärt. Nach der Systematik des ifo-Geschäftsklimaindex ist in der Aufschwungphase die Lageeinschätzung negativ, aber die Erwartung positiv; in der Boomphase sind sowohl die Lageeinschätzung als auch die Erwartung positiv; im Abschwung ist die Lageeinschätzung noch positiv, die Erwartung aber negativ, und in der Rezession sind sowohl die Lageeinschätzung als auch die Erwartung negativ.

In der Zeit nach dem zweiten Weltkrieg hat es in Deutschland bislang sechs Konjunkturzyklen gegeben. Der erste und lange Zyklus endete 1966 mit dem erstmaligen Rückgang des Bruttoinlandsproduktes, der zweite Zyklus mit der Auswirkung der ersten Ölkrise 1974, der dritte Zyklus 1981/82 mit der zweiten Ölkrise, der vierte Zyklus 1993 infolge der Maßnahmen nach der Wiedervereinigung, der fünfte Zyklus 2001 mit dem Niedergang des Internet-Booms und der sechste Zyklus endete schließlich mit der Wirtschaftskrise in 2009.

Das bedeutet, dass sich die Konjunktur ähnlich wie das Wetter an bestimmten Regelmäßigkeiten orientiert und innerhalb dieses Rahmens Freiheitsgrade annehmen kann, die die tatsächliche Wirtschaftskraft bestimmen und deren Ausprägungen zum Gegenstand der Prognose werden. Die Konjunkturzyklen waren unterschiedlich lang. Auch die Länge der einzelnen Konjunkturphasen war recht unterschiedlich. Allen Konjunkturzyklen ist gemeinsam, dass ihr Ende durch Diskontinuitäten abrupt ausgelöst wurde. Das macht Konjunkturverläufe so unberechenbar.

Bemerkenswert ist, dass die Konjunktur nicht nur prognostiziert, sondern innerhalb von Grenzen durchaus durch konjunkturpolitische Maßnahmen beeinflusst werden kann, während das Wetter nicht beeinflusst werden kann.

Jedenfalls gibt es konjunkturelle Zyklen ähnlich den Jahreszeiten, die sich auf die „Grundlinie des Wetters" auswirken. Diese Konjunkturzyklen werden durch unterschiedliche Sichtweisen erklärt: Die phänomenologische Sichtweise konzentriert sich auf die Zyklen und ihre Eigenschaften. Durch Beobachtung der Zyklusdauer und der Kennzahlen der Wirtschaft versucht man, unter Berücksichtigung früherer Konjunkturzyklen auf den zukünftigen Ablauf der Konjunktur zu schließen. Daneben ist die analytische Sichtweise etabliert, die die Konjunkturzyklen und ihre Verläufe aus der Wirtschaftstheorie heraus zu erklären versucht. Dazu werden Multiplikatoransätze herangezogen, aber auch Lagerzyklen, finanz- und geldpolitische Entwicklungen oder psychologische Zusammenhänge (Sentiment-Indikatoren) oder das Räuber-Beute-Modell der Populationsdynamik bemüht. Schließlich gibt es die exogene Sichtweise, die konjunkturelle Schwankungen vor allem mit Faktoren erklärt, die nicht unmittelbar mit der Konjunktur zu tun haben. Herbeigezogen werden dafür beispielsweise Naturkatastrophen, Entdeckungen, Erfindungen oder neue Rohstoffquellen.

An Konjunkturprognosen sind, wie es auch bei Wetterprognosen der Fall ist, unterschiedliche Zielgruppen interessiert: von Konsumenten über Kleinaktionäre, Führungskräfte und Unternehmer bis hin zu Kreditgebern und Wirtschaftspolitikern. Jeder sollte versuchen, geeignete Prognosequellen zu finden, die seinen individuellen Anforderungen gerecht werden. Dazu ist es förderlich zu wissen, auf welche Sektoren sich die Prognosen erstellenden Wirtschaftsforscher ausrichten und auf welche Daten sie sich stützen.

Prognosen sind in sich schlüssige Szenarien mit einer hohen Eintrittswahrscheinlichkeit. Diese Definition gilt für Wetterprognosen grundsätzlich genauso wie für Konjunkturprognosen. Die Konjunkturelemente – in Anlehnung an die Wetterelemente – sind das Bruttoinlandsprodukt, das Volkseinkommen und der Konsum. Bei differenzierterer Konjunkturdiagnose werden weitere Datenreihen in die Erfassung einbezogen. Grundsätzlich

können „Wetterelemente" wie die Folgenden herangezogen werden, um die Konjunktur
zu beurteilen und ihre weitere Entwicklung zu prognostizieren: die Auftragsbestände, die
Arbeitslosenquote, die Preissteigerungen, die Preisstagnationen oder Preissenkungen, die
Zinshöhe, die Investitionsintensität, die Lohnsumme, das Volkseinkommen, der private
Konsum, das Marktvolumen, die Anzahl der Insolvenzen, die Intensität der Konzentrations-
und Konsolidierungsprozesse (Unternehmensübernahmen), der Übergang von polypolis-
tischen zu oligopolistischen Strukturen oder umgekehrt, die Lagerfüllung, die Nachfrage,
der Bestand an Überstunden in Unternehmen, die Summe der in Anspruch genommenen
Kurzarbeit, das Saldo an Stilllegungen und Inbetriebnahmen von Produktionsanlagen und die
Entwicklung der Börsenkurse.

Die „Meteorologen" für Konjunkturprognosen
Zum Feld der „Meteorologen" für konjunkturelle Zusammenhänge zählen die Wirts-
chaftsforschungsinstitute, die staatlichen Zentralbanken, die volkswirtschaftlichen
Abteilungen bei Geschäftsbanken und die Branchenverbände. Die wesentlichen
Wirtschaftsforschungsinstitute, die in Deutschland mit unterschiedlichen Schwerpunkten
tätig sind, sind in Tab. 4.1 aufgeführt.

   Alle „Konjunktur-Meteorologen" greifen als Grundlage für ihre Vorhersagen auf verfügbare Daten zu. Dazu zählen sowohl Verläufe vergangener Konjunkturzyklen als auch
Daten zu aktuellen Entwicklungen. Die Informationen über vergangene Konjunkturzyklen
sind, ähnlich wie Wetterdaten, in Form von Aufzeichnungen verfügbar. Informationen
über aktuelle wirtschaftliche Entwicklungen werden vor allem aus zyklischen Befragungen
von Führungskräften in Unternehmen, von Konsumenten und aus Beobachtungen der
Kursentwicklung börsennotierter Wertpapiere und des Arbeitsmarktes (Primärquellen)
sowie aus Informationen des Statistischen Bundesamtes, aus fiskalischen Informationen
und aus wissenschaftlichen Auswertungen (Sekundärquellen) bezogen. Zu den maßgeb-
lichen Meinungsforschungsinstituten zählen Emnid (TNS Infratest Holding, www.tns-
emnid.com), die Gesellschaft für Konsumforschung AG in Nürnberg (www.gfk.de),
die Psychological Market Analysis GmbH (Psyma, www.psyma.com) und Ipsos

Tab. 4.1 Führende Wirtschaftsforschungsinstitute in Deutschland

DIW	Deutsches Institut für Wirtschaftsforschung in Berlin	www.diw.de
HWWA	Institut für Wirtschaftsforschung in Hamburg	www.hwwa.de
IWH	Institut für Wirtschaftsforschung in Halle	www.iwh-halle.de
Ifo	Institut für Wirtschaftsforschung e. V. in München	www.ifo.de www.cesifo.de
IFW	Institut für Weltwirtschaft an der Universität Kiel	www.ifw-kiel.de
IZA	Forschungsinstitut zur Zukunft der Arbeit in Bonn	www.iza.org
RWI	Rheinisch-Westfälisches Institut für Wirtschaftsforschung e. V.	www.rwi.de
ZEW	Zentrum für Europäische Wirtschaftsforschung GmbH	www.zew.de

(www.ipsos.de), ffg (www.ffg.de) und die nihi[2] AG (www.nihi2.de). Je nach Fragestellung, Metier und Zweck können Orientierung suchende Personen geeignete Forschungsinstitute auswählen. Außerdem sollten bekannte politische und wirtschaftliche Tendenzen der Wirtschaftsforschungsinstitute bei der Beurteilung von deren Aussagen berücksichtigt werden.

> „Statistik ist die einzige Wissenschaft, die es verschiedenen Experten ermöglicht, aus denselben Zahlen unterschiedliche Schlüsse zu ziehen."
> (Evan Esar, 1899–1995, amerikanischer Humorist)

So gut Prognosen über einen überschaubaren Zeithorizont hinweg funktionieren mögen, sind sie doch nur begrenzt einsetzbar. Wenn die Entwicklung für einen weiteren zeitlichen Rahmen eingeschätzt werden soll, ist die Prognose kein geeignetes Instrument; vielmehr bedient man sich dann besser der Szenariotechnik, einem Instrument aus dem Corporate-Foresight-Methodenkasten, auf das nachfolgend eingegangen wird.

Besonderheiten der Konjunkturprognose

Anders als beim Wetter können die Wirtschaftsprognosen selbst wiederum Auswirkungen auf die Konjunktur haben. Wird ein Abschwung prognostiziert, dann werden voraussichtlich weniger Unternehmen investieren. Die Tendenz zum Abschwung wird sich deshalb verstärken. Werden im Wetterbericht Wolken prognostiziert, so werden wohl weniger Menschen den Entschluss fassen, an den Strand zu fahren, aber das Wetter selbst wird von der Prognose unbeeindruckt bleiben. Solche Koppelprozesse machen die Prognose der Wirtschaftsentwicklung noch einmal komplexer und schwieriger.

Während sich die Verhaltensmuster des Wetters nicht wesentlich verändern, ist die Wirtschaft den Einflüssen einer zunehmenden Vernetzung und einer steigenden Dynamik ausgesetzt, die immer häufiger auch Unstetigkeiten aufweist. Dadurch verändert sich auch die Charakteristik der Wirtschaft als Untersuchungsobjekt maßgeblich. Bessere Methoden und der einfachere Zugang zu mehr relevanten aktuellen Daten können die Effekte der steigenden Dynamik und der daraus resultierenden Komplexität oft nicht auffangen. Das führt, obwohl alle Wirkungszusammenhänge bekannt sein mögen, zwangsläufig zu einer höheren Prognoseunsicherheit – oder, anders formuliert, zu einer geringeren Trefferquote. Mit erweitertem Zeithorizont der Prognose werden Aussagen prinzipbedingt noch unschärfer.

Dennoch möchte ich Führungskräfte unbedingt dazu ermutigen, sich laufend relevante Informationen über die wirtschaftliche Entwicklung aus geeigneten Quellen einzuholen, sie dann aber sorgfältig und kritisch auf das eigene Geschäft zu beziehen und ihre eigenen Schlussfolgerungen daraus zu ziehen. Allerdings empfehle ich erstens, Prognosen nicht zu eng gefasst zu vertrauen, und zweitens, immer mehrere sich ergänzende Prognosen einzuholen und sich daraus ein eigenes Meinungsbild zu erarbeiten. Sich mit Prognosen zu befassen, schult in jedem Fall den Blick für Szenarien und für die Treiber von Veränderungen – was an sich bereits wertvoll ist.

Verantwortungsvoller Umgang mit Wild Cards

Alle Unternehmer und Führungskräfte fürchten unvorhergesehene Ereignisse, die ihr Geschäft massiv beeinträchtigen könnten. Die Terroranschläge am 11. September 2001 und der Verfall der Aktienwerte an der Neuen Börse in den Jahren 2000 und 2001, aber auch die Kriegserklärung der USA an den Irak oder politisch eingeführte Embargo-Vorgaben sind Beispiele für solche Ereignisse, die alle dadurch charakterisiert sind, dass sie ereignishafte Diskontinuitäten mit geringer Eintrittswahrscheinlichkeit, aber mit weit reichenden Wirkungen sind. Man nennt solche künftig möglichen Unstetigkeiten Wild Cards.

Wild Cards passen nicht in unser Denkmuster. Sie zerstören unser Bild von der Zukunft, reißen sie doch bislang kontinuierliche Entwicklungen ab, zerrütten Strukturen und Gefüge und entziehen unseren Plänen ihre Basis und machen sie wertlos. Wie können wir mit Wild Cards umgehen? Müssen wir uns ihnen wirklich machtlos ausliefern?

Studien zeigen, dass es häufig bereits in der Latenzphase von Wild Cards schwache Signale gibt, die auf eine mögliche Trendumkehr hinweisen. Werden diese Signale nicht wahrgenommen oder wird ihnen keine hinreichende Bedeutung beigemessen, dann werden Ereignisse tatsächlich zu Wild Cards. Unternehmen, die die Grenzen ihres Erkenntnishorizontes kennen, können auch jenseits dieses Horizontes systematisch nach möglichen Diskontinuitäten suchen, um bereits im Vorfeld geeignete Maßnahmen zur Risikobegrenzung zu entwickeln und einzuführen. Manche Unternehmen erstellen Listen möglicher künftiger Wild Cards, die sie bewusst in das Mindset ihrer Führungskräfte einbringen und die sie bei ihrer strategischen Planung und bei Entscheidungen über den Ressourceneinsatz berücksichtigen.

Um möglichst viele gravierende Ereignisse zu antizipieren und so die Anzahl eintretender „echter Wild Cards" zu verringern, müssen Führungskräfte starke Fähigkeiten entwickeln, in Eventualitäten jenseits ihres Geschäftsalltags zu denken. Quellen für Wild Cards finden sich nämlich typischerweise nicht in neuen kurz vor der Serienreife stehenden Technologien oder in Rohstoffmärkten, sondern in Bereichen, die weiter vom operativen Geschäft entfernt sind. Beispielsweise lassen sich Signale für echte Wild Cards in wirklich neuen Erkenntnissen der Grundlagenforschung, in sich abzeichnenden neuen Konsummustern, in weltwirtschaftlichen Strukturverschiebungen und in der politischen Diskussion finden.

Unternehmen, die ein systematisches Wissens-, Trend- und Risikomanagement implementiert haben, helfen ihren Führungskräften bei der effektiven Wild-Card-Analyse.

Oft fühlen sich Manager mit ihren Unternehmen in Sicherheit, wenn sie Trends früh erkennen und folgerichtig und nachvollziehbar investieren. Umso härter trifft es sie, wenn ein Trend, der die Entscheidungsbasis für hohe Investitionen war, plötzlich abreißt oder sich umkehrt. Deshalb empfiehlt es sich, insbesondere für Führungs-Teams von Marktführern, einen Schritt weiter zu denken und zu versuchen, zu jedem geschäftsrelevanten Trend mögliche Ereignisse auszumachen, die zum Trendabbruch führen könnten. Mit dem so gewonnenen besseren Verständnis für die Fragilität geschäftsrelevanter Trends können Unternehmen erkennen, ob sie zur Stabilisierung der Voraussetzungen für diese Trends beitragen können. Außerdem können sie ihr Beobachtungsfeld viel gezielter abgrenzen, um schwache Signale in relevanten Bereichen zu beobachten und gegebenenfalls rechtzeitig zu reagieren. Sie können sogar entscheiden, ob sie gewisse Risiken wirklich tragen möchten oder es vorziehen, ihr Engagement auf andere Bereiche zu konzentrieren, die weniger anfällig erscheinen (Portfoliomanagement als Element des Risikomanagements).

Unternehmerische Gewinne erklären sich zum Teil aus der besonderen Risikoaffinität erfolgreicher Unternehmen. Wild Cards sollten aber nicht mit normalen unternehmerischen Risiken verwechselt werden. Vielmehr sind unter Wild Cards die wirklich überraschenden Ereignisse zu verstehen, die Unternehmen sogar zerstören können. Um die Signifikanz Wild-Card-verdächtiger Ereignisse zu erkennen, sollten ihre Eintrittswahrscheinlichkeit, ihre Wirkung, die Dynamik ihrer Wirkung und ihr Einfluss auf das Geschäft bewertet werden.

Unternehmen, die möglichst viele wirklich signifikante potenzielle Ereignisse erkannt haben, können sich auf deren Eintreten in gewisser Weise vorbereiten. Sie können beispielsweise ihre Strukturen in den betreffenden Bereichen flexibilisieren, ihre Kapitalbindung in diesen Bereichen verringern, gefährdete Teilleistungen an Dritte vergeben oder ihre Abhängigkeit von den betroffenen Geschäften reduzieren. Darüber hinaus können sie Risiken durch komplementäre Geschäfte ausgleichen, gezielt Versicherungen abschließen oder sich anderweitig finanziell absichern.

Corporate Foresight – oder: Sind Prognosen noch genug?

„Informiert denken und durchdacht handeln"
(Eigenes Zitat)

Setzen wir uns heute mit der Unternehmenszukunft auseinander, so stoßen wir an vielen Stellen auf Unsicherheiten und sogar auf widersprüchliche Aussagen und Beobachtungen sowie auf alte und neue Prinzipien und Muster gleichzeitig. Diese simultan präsenten Gegensätze sind starke Indizien dafür, dass sich viele Unternehmensumfelder derzeit in einem Transformationsprozess befinden. Technologische und prozessuale Innovationen, politische Entscheidungen und Ereignisse sowie gesellschaftliche und wirtschaftliche Bewegungen führen zu Diskontinuitäten bislang stetiger Entwicklungen und manchmal sogar zu radikal veränderten Rahmenbedingungen für Unternehmen.

Neue Konstellationen bieten völlig neue Chancen und Risiken, erfordern aber auch ein neues Denken und Handeln. Um erfolgreiche Innovationen zu lancieren – eine Kernaufgabe von Unternehmen –, müssen die Aktivitäten mit den jeweiligen Umfeldentwicklungen in Einklang gebracht werden. Eine lineare Fortschreibung der Vergangenheit wird der Vielfalt der Möglichkeiten und der damit verbundenen Komplexität in vielen Märkten nicht mehr gerecht. Vielmehr sind vernetzte Denkansätze, die die treibenden Kräfte des Wandels (shaping Factors, shaping Actors) durchdringen und nutzbar machen, erforderlich.

Einzelne Personen können diese Leistung nicht erbringen. Um auch in eher instabilen Märkten die Unternehmenszukunft vorausschauend zu gestalten, ist deshalb ein kontinuierlicher, strategisch angelegter Dialog zwischen Experten der wesentlichen relevanten Fachrichtungen unverzichtbar geworden. In diesen Dialog sollten verfügbare Prognosen als Impulse einfließen, vor allem sollten im Dialog aber eigene Prognosen erstellt werden. Dieser anspruchsvolle Dialog ist ein wesentlicher – vielleicht sogar der wesentlichste – Bestandteil sogenannter Corporate-Foresight-Initiativen. Foresight-Gespräche sollen ein konstruktives, grenzüberschreitendes und mehrdimensionales Denken in Kontexten, komplexen Wechselbeziehungen, Wirkungszusammenhängen, Widersprüchen und Paradoxien anregen.

Der Austausch von Experten verschiedener Disziplinen über Zukunftsthemen („Strategic Conversation") führt zur Verknüpfung von Erkenntnissen und zu einem in sich stimmigen Mindset von Deskriptoren einer gemeinsam erwarteten Zukunft. Dabei sollen auch mögliche, seltene Störereignisse identifiziert werden, deren Eintritt der Organisation erheblichen Schaden zufügen würde (Wild Cards). Wild Cards können beispielsweise Technologiesprünge, staatliche (De-) Regulierungen, Standortausfälle wegen Umweltkatastrophen (Fukushima) oder plötzliche Belieferungsstopps sein.

Der Grundgedanke dabei ist, dass sich intellektuelles Kapital vermehrt und qualitativ verbessert, wenn man es teilt, da es sich gerade an den Schnittstellen zwischen Instanzen – also in Cross-Border-Beziehungen zwischen Experten, Teams und Organisationen – bildet. Die Schnittstellen können beispielsweise Disziplingrenzen, Unternehmensgrenzen, Branchengrenzen oder regionale Grenzen sein.

Dieser Corporate-Foresight-Dialog sollte mit der Zielsetzung geführt werden, Themen mit mittelfristigem Wirkungshorizont in das operative Geschäft einzubinden. In diesem Sinne ist Corporate Foresight als ein anschlussfähiger Kommunikationsprozess zu verstehen, der inhaltlich verknüpfte Tendenzen erfasst, Grenzen des eigenen Wirkens hinterfragt, Neues in die Unternehmensentwicklung einbringt und so neue Wege vorbereitet.

Eine notwendige Bedingung für verantwortliche Gestaltungskompetenz ist eine ausgeprägte Themenkompetenz – also der systematische Zugang zu Wissen über übergeordnete Themen wie Mobilität, Freiheit, Gesundheit/Wellness, Kommunikation/soziale Beziehungen etc. – und die Fähigkeit, die Entwicklung dieser Themen in Bezug zu den eigenen Möglichkeiten zu setzen. Vieles spricht nämlich dafür, dass künftig nicht mehr Technologien die Schlüssel zu neuen Geschäftsfeldern sein werden. Vielmehr wird es zunehmend darauf ankommen, die wirklich wichtigen Themen zu erkennen und vernünftige, praxisgerechte sowie integrierte Lösungen zu schaffen. Ein kontinuierlicher, schnittstellenübergreifender Dialog kann isolierte Erkenntnisse zu marktgerechten Innovationen kombinieren und Gesamtlösungen integrieren helfen.

Um den Blick für das künftig Wesentliche zu schärfen, fokussierte Perspektiven herauszuarbeiten und dadurch nicht zuletzt auch die Komplexität zu gestalten, bedarf es besonderer methodischer Fähigkeiten. Zum bewährten Methodenportfolio von Corporate-Foresight-Initiativen zählt insbesondere die Szenariotechnik (nach Hermann Kahn, RAND), die sich wiederum auf Methoden wie Technologie-Scouting, Publikationsanalysen, Umfeldanalysen, Trendextrapolationen, Delphi-Studien, Technologiefolgenabschätzungen und Wild-Card-Analysen stützt. Mit einer gesunden Balance zwischen wissenschaftlichem

Anspruch und Praxisrelevanz können in kurzer Zeit nachvollziehbare und belastbare Ergebnisse erhalten werden.

Schließlich ist eine hinreichende Prozesskompetenz erforderlich, um sicherzustellen, dass die Erkenntnisse gezielt verknüpft werden, dass sie in Strategie- und Entscheidungsprozesse einfließen und dass sie tatsächlich zu Innovationen führen. Prozesskompetenz ist außerdem eine Voraussetzung für die Verstetigung und Institutionalisierung der Foresight-Aktivitäten in Unternehmen.

Wenn alternative Entwicklungsrichtungen diskutiert, strategische Handlungsmöglichkeiten ermittelt und Folgen möglicher Handlungen abgeschätzt werden sollen, hat ein analysenbasierter „systematischer Blick in die Zukunft" einen hohen Nutzwert. In Szenarien werden die Zukunfträume mit den wahrscheinlichen, konsistenten Ausprägungen der wesentlichen Einflussfaktoren und Trends und Möglichkeiten beschrieben. Als Bezugsrahmen liefern Szenarien anschauliche, in sich schlüssige Kontexte für passende Strategien, für die Identifikation neuer Märkte und neuer Spielräume sowie für die gerichtete, kreative Entwicklung künftiger Produkte und Dienstleistungen. Dadurch wird der Corporate-Foresight-Prozess zu einer geschäftsbezogenen Ergänzung von Wirtschaftsprognosen der Wirtschaftsforschungsinstitute. Die Marktnähe der eingebundenen Experten führt zu einer höheren Trefferquote und die schrittweise Umsetzung, Handinhand mit den Erkenntnissen aus dem laufenden strategischen Dialog, zu einem unmittelbaren Praxisnutzen.

Die Konjunktur kann also allen Anscheins nach erheblich schlechter prognostiziert werden als die Großwetterlage, nicht zuletzt, weil wir sie alle in vielschichtigen Wechselwirkungen beeinflussen. Deshalb müssen Akteure in der Wirtschaft in jedem Moment hellwach das Geschehen über den für das aktuelle Geschäft relevanten Horizont hinaus beobachten und interpretieren. In zunehmend dynamisch-komplexen Umfeldern müssen sie ihre Organisation hoch flexibel halten und sie bei sich abzeichnenden Veränderungen beherzt justieren.

... und noch ein philosophischer Abstecher

Gerade in Zeiten bemerkenswerter Veränderungen, in denen wir uns von Prognosen eine gewisse Orientierung erhoffen, müssen wir feststellen, dass die Wirklichkeit erheblich von den prognostizierten Daten abweicht. Wie ist es möglich, dass die weitere Entwicklung so gar nicht zu den Prognosen passen will, obwohl sich Prognosen an die jüngste Entwicklung anschließen und sich auf die Erwartungen der Menschen an die Zukunft stützen? Die Wirklichkeit orientiert sich offenbar gar nicht an Prognosen. Ein Ökonom, dem es nicht an Selbstbewusstsein mangelte, bemerkte sogar einmal, nicht seine Prognose sei falsch, sondern die Wirklichkeit ...

Vielleicht liegt die Ursache darin, dass wir von Prognosen Unmögliches erwarten. Wir verlangen höchste Präzision der Aussagen. Trotz abweichender Erfahrungen gehen wir von linearen Wirkungszusammenhängen aus und lassen nicht zu, dass in einer komplexen Welt multikausale und veränderliche Ursachengefüge wirken, die nicht vorhersehbare, also nicht beherrschbare Auswirkungen haben. In unser Weltbild passen keine

Ereignisse, die wir nicht mit unseren bewährten Modellen erklären können. Also ignorieren wir sie und lassen uns dann regelmäßig von der Wirklichkeit davon überraschen, dass das Unfassbare eintreten kann.

Ein Exkurs zu zwei Präsokratikern zeigt uns, dass es schon immer zwei konkurrierende Weltbilder gab: das Weltbild Demokrits, das die Aufmerksamkeit auf einzelne Regentropfen richtet, die idealerweise auf parallelen Bahnen fallen, und das Weltbild Heraklits, das keine einzelnen Regentropfen betrachtet, sondern den gesamten Wasserfluss. Wenn vor dem Hintergrund Demokrits ein Tropfen zufällig seine Richtung leicht ändert und mit der Bahn eines anderen Tropfens zusammenfällt, entsteht hier etwas Neues, Unvorhergesehenes. Für Demokrit ist dieses Ereignis eine Unstetigkeit, ein diskreter Sprung. Solche Sprünge können in Form von Technologieschüben oder veränderten Marktstrukturen jederzeit geschehen, doch wissen wir nie genau, wann und wo. Nach Heraklit gibt es solche überraschenden Einzelereignisse gar nicht, weil er das Gesamtgeschehen als eine kontinuierliche Entwicklung betrachtet, die gerade in der Abfolge solcher Veränderungen besteht. Veränderungen sind nach Heraklit nicht überraschend, sondern eine erwartbare Notwendigkeit.

In einer kausal völlig nachvollziehbar vernetzten Welt gäbe es keine Überraschungen, aber auch keine Freiheitsgrade. Alles wäre vorbestimmt. Zum Glück entspricht diese Vorstellung nicht unserer Realität, sind es doch gerade die kleinen Imperfektionen, die Entwicklungen zulassen und Neues hervorbringen. Deshalb sollten wir sie begrüßen, unser Weltbild aber auch auf sie einstellen: In komplexen Umfeldern sind es nicht die offensichtlichen Wirkungszusammenhänge, die über Veränderungen entscheiden, sondern kleine Abweichungen am Rande des Wahrnehmungsfeldes, die kaum unsere Aufmerksamkeit erhalten und die wir gar nicht in unsere Prognosen einbeziehen können. Prognosen im klassischen Verständnis sind nur noch begrenzt von Nutzen, weil es keinen Plan geben kann. Der Beitrag von Prognosen kann deshalb nur darin bestehen, auf unvermeidliche Unsicherheiten hinzuweisen.

Unser Ziel kann es also nicht sein, unsere Entscheidungen möglichst eng entlang von Prognoseergebnissen auszurichten. Vielmehr sollten wir unser Verständnis für Wirkungsgefüge und Quellen möglicher Veränderungen schärfen, Felder des Nicht-Wissens erkennen und akzeptieren und uns eine hohe Flexibilität und Wachsamkeit erhalten, um uns jederzeit auf Veränderungen einstellen zu können. Wir sollten uns darum bemühen, das Verhalten des „Flusses" mit all seinen Möglichkeiten zu erkennen, und uns darauf einstellen.

Solange wir allerdings von Prognosen immer noch präzise Aussagen zu künftigen Entwicklungen erwarten, werden Forschungsinstitute sie liefern; sie bedienen ihre Märkte. Als verantwortungsvolle Führungskräfte und Gestalter sollten wir allerdings unsere Erwartung an eine prinzipielle Vorhersagefähigkeit aufgeben und lernen, die wirklich relevanten Fragen zu stellen.

Was der Impulserhaltungssatz für das Management bedeutet

5

Zusammenfassung

Dieser Beitrag befasst sich mit dem Impulserhaltungssatz. Anhand der physikalischen Verhältnisse wird gezeigt, wie Impulse auf Massen wirken, wie sie durch Systeme durch- und ausgeleitet werden. Die Gesetzmäßigkeiten und Beobachtungen werden auf Organisationen übertragen. Dabei wird den Lesern veranschaulicht, welche Faktoren ausschlaggebend sind, wenn Impulse von Organisationen aufgenommen, verarbeitet und weitergegeben werden sollen.

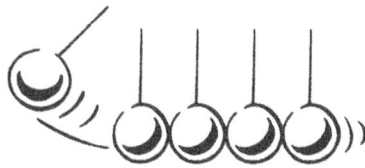

Eines Tages sah ich im Büro eines Kollegen eines dieser bekannten Modelle von einer Reihe aufgehängter Kugeln: Heben Sie eine Kugel an, damit sie auf die Reihe der anderen Kugeln stößt, wird der durch den Stoß erzeugte Impuls durch die Reihe der Kugeln weitergeleitet, bis am Ende der Reihe eine Kugel abhebt, um den Impuls dann in die Kugelreihe zurückzugeben.

Als ich dieses Modell sah, fingen meine Gedanken an, Kreise zu ziehen. Kann uns der Impulserhaltungssatz helfen, wirtschaftliche Systeme besser zu verstehen?

Sowohl in der Managementpraxis als auch in der Physik befassen wir uns mit dem Verhalten von Systemen. Eine grundlegende Gemeinsamkeit haben wir also erkannt. In beiden Disziplinen spielen Wirkungsgefüge eine wesentliche Rolle – die zweite Gemeinsamkeit ist gefunden. Beim Impulserhaltungssatz geht es darum, wie sich Impulse, die den Elementen eines verbundenen Systems zugeführt werden, auf die

W. Boysen, *Grenzgänge im Management*, DOI: 10.1007/978-3-658-01024-9_5,
© Springer Fachmedien Wiesbaden 2013

Elemente und auf das Gesamtsystem auswirken. Nach dem Impulserhaltungssatz ist in geschlossenen Systemen die Summe der Impulsvektoren vor der Wechselwirkung gleich der Summe der Impulsvektoren nach der Wechselwirkung.

Das Kugelmodell veranschaulicht, dass Impulse, die auf einer Seite eingeleitet werden, auf der anderen Seite in der Form von kinetischer Energie freigesetzt werden. Nach dem dritten Newton'schen Axiom (actio = reactio) gibt es zu jeder Kraft (Vektor) in einem System eine gleichgroße, gegengerichtete Kraft (Vektor). Die Vektorsumme aller im System wirkender Kräfte ist null. Der Gesamtimpuls in Systemen verändert sich also nicht.

$$\left[F = \sum F_i = \sum p_i = p = 0 \right] \qquad (5.1)$$

*Aufbauend auf das Keppler'sche Gesetz F = m * a (Kraft = Masse • Beschleunigung) ist der Impuls p durch das Produkt von Masse m und Geschwindigkeit v definiert.*

$$p = m v \; [Ns] \qquad (5.2)$$

Erfährt nun ein System einen Impuls p, dann gilt bei Annahme konstanter Beschleunigung folgender Zusammenhang zwischen der einleitenden und der aufnehmenden Seite des Systems:

$$p = -m_1 \delta_{v1}/\delta t = m_2 \, \delta_{v2}/\delta t \qquad (5.3)$$

Das Produkt aus der wirksamen, Impuls gebenden Masse an der Impulseingangsseite und der Differenz zwischen der eingeleiteten und der vorherigen Geschwindigkeit der beaufschlagten Elemente ist gleich der Masse des Impuls aufnehmenden Elements und der Differenz zwischen der ausgelösten und der vorherigen Geschwindigkeit des aufnehmenden Elements. Drücken wir die Veränderung der Geschwindigkeiten über die Zeit in Termini der jeweiligen Ausgangsgeschwindigkeiten u_1 bzw. u_2 aus, sieht die Gleichung folgendermaßen aus:

$$-m_1 \, (u_1 - v_2) = m_2 \, (u_2 - v_2) \qquad (5.4)$$

Ausmultipliziert ergibt sich:

$$[-m_1 \, u_1 + m_1 \, v_1 = m_1 \, u_2 - m_2 \, v_2] \qquad (5.5)$$

Nach Sortieren der Terme (vor dem Stoß nach links und nach dem Stoß nach rechts) erhalten wir:

$$[-m_1 \, v_1 + m_2 \, v_2 = m_1 \, u_1 - m_2 \, u_2] \qquad (5.6)$$

Damit erhalten wir den Impulserhaltungssatz:

$$\left[p_1 + p_2 = p_1{}' + p_2{}'. \right] \qquad (5.7)$$

Das Kugelmodell zeigt, dass der Impulserhaltungssatz nicht nur auf Einzelkörper, sondern durchaus auch auf Systeme anwendbar ist. Dabei bedeutet der Impulserhaltungssatz, dass sich nicht nur der Schwerpunkt einzelner Körper, sondern auch der Schwerpunkt von

Systemen ohne Einwirkung äußerer Einflussgrößen mit konstanter Geschwindigkeit und Richtung bewegt.

Das Kugelmodell veranschaulicht auch, dass der Impuls bei gegebener Masse allein von der Stoßgeschwindigkeit abhängt, also von der kinetischen Energie des Elements, das den Impuls verursacht. Daraus folgt, dass sich der Massenschwerpunkt des gesamten Systems mit konstanter Geschwindigkeit bewegen muss, sofern wir sowohl Reibung und damit verbundene Transformation der kinetischen Energie in Wärme als auch bleibende Deformation vernachlässigen sowie äußere Störgrößen ausschließen. Ein solcher rein kinetischer Stoß, wie die Physiker ihn bezeichnen, wird eins zu eins durch das System geleitet und am Ende der Übertragungskette wieder freigesetzt.

Was sagt uns das für die Wirtschaftspraxis? Zunächst erfahren wir, dass die Summe der Impulse konstant ist. Wir können nicht erwarten, mehr aus der Übertragungskette herauszubekommen, als wir in sie eingespeist haben. In der Praxis haben wir es nicht einmal mit rein kinetischen Stößen zu tun. Ein realer Stoß ist immer eine Mischform aus einem ideal elastischen und einem ideal plastischen Stoß, bei dem sämtliche kinetische Energie von den beteiligten Elementen absorbiert und gar keine kinetische Energie am anderen Ende der Übertragungskette ankommt. Reale Stöße werden je nach Elastizität der beteiligten Elemente mit der Stoßzahl k, dem sogenannten Restitutionskoeffizienten, beschrieben. Die Stoßzahl senkt den Wert der weitergeleiteten kinetischen Energie je nach Beschaffenheit der Elemente.

Auch in der Wirtschaftspraxis finden wir reale Stöße. Die beteiligten „Elemente" sind nicht idealelastischer Natur. So haben wir durchaus mit Verlusten kinetischer Energie zu rechnen. Diese systemimmanenten Verluste werden oft vernachlässigt. Wir erkennen aber auch, dass es hier eine gestaltbare Variable gibt: Wir können durchaus die Beschaffenheit der involvierten Elemente gestalten. In der Physik können wir Stahl härten oder die Kugeln austauschen. Analogien zur Wirtschaftspraxis liegen auf der Hand.

Des Weiteren können wir in der Physik die Kugel, die kinetische Energie in das System einleiten soll, gegen eine Kugel mit anderer Masse ersetzen, um den Impuls bei gleicher Geschwindigkeit der Beaufschlagung gezielt zu beeinflussen. In der Wirtschaftspraxis stellt sich die Frage nach dem „Kaliber" eingesetzter Mitarbeiter, Lieferanten und Leistungspartner. Dabei kommt es aus systemischer Sicht auf den Fit zwischen dem „Kaliber", der zu bewältigenden Aufgabenstellung und – oft nicht hinreichend berücksichtigt – dem Umfeld an. Beispielsweise sind Versicherungsmakler dann erfolgreich, wenn sie auf Augenhöhe mit ihren Kunden sprechen und die Position der vertretenen Versicherer repräsentieren können.

Das Impulsprinzip ist in der Wirtschaftspraxis durchaus nicht unbekannt und wird genutzt, wo es vorteilhaft erscheint. Doch die Folgen, die der Impulserhaltungssatz nahelegt, werden oft nicht berücksichtigt. Exemplarisch möchte ich auf das Phänomen des superelastischen Stoßes eingehen. Das ist die Form eines Stoßes, bei dem innere Energie der Stoßpartner in kinetische Energie übergeht und vom System zunächst genutzt werden kann, weil die kinetische Energie des Systems nach dem Stoß größer ist als vor dem Stoß. Allerdings wurde dieser genutzte Impuls den Systemelementen in Form von

Wärme oder Ladung entzogen. Die Elemente wurden als Energiespeicher genutzt und „entladen". Sicher gibt diese Möglichkeit Systemen mehr Flexibilität und Elastizität, aber es sollte auch klar sein, dass entladenen Speichern die Gelegenheit gegeben werden muss, sich wieder aufzuladen. Langfristig kann ein System nur dann nachhaltig funktionieren, wenn es wieder geladen wird. Auch in der Wirtschaftspraxis kommt es auf einen Ausgleich an. Wir können diese Gedanken auf den Klimaschutz, auf die betriebliche Energiebilanz oder auf die Work-Life-Balance der Mitarbeiter beziehen.

Schließlich möchte ich die physikalische Erscheinung eines reaktiven Stoßes nicht unerwähnt lassen. Ein reaktiver Stoß löst eine chemische oder eine atomphysikalische Reaktion aus, durch die sich die Teilchenzahl, die Massen und die Energie der beteiligten Elemente und des Gesamtsystems verändern können. Die Elementarteilchenphysik konnte entsprechende Stöße empirisch belegen und die Voraussetzungen schaffen, um sie wirtschaftlich nutzbar zu machen. Durch einen reaktiven Stoß zwischen hochenergetischen „Elementen" können sich also durchaus Massen und Geschwindigkeiten in Systemen impulsverändernd verschieben. Allerdings ist klar, dass die Elemente nach der Reaktion nicht mehr dieselben sind und dass reaktive Stöße nur dann gelingen können, wenn wir es (i) wirklich mit hochenergetischen, sprich Hochkarätern und hoch entwicklungsfähigen Geschäftseinheiten zu tun haben und (ii) verkraften können, dass sich die ursprünglichen „Elemente" durch den „Stoß" völlig verändern. Das sollten Führungskräfte wissen, wenn sie versuchen, reaktive Stöße auszuführen. Als Beispiele bieten sich gescheiterte Fusionen und Akquisitionen mit überzogenen Synergiepotenzialen an, mit denen die Transaktionspreise gerechtfertigt wurden. Oft wird versucht, durch erzwungene kulturelle Veränderungen Sprünge zu vollziehen. Dabei gehen den Geschäftseinheiten nicht selten gerade die Eigenschaften verloren, die die bisherigen Einzelergebnisse der Unternehmen ermöglicht haben. Aus einem beabsichtigten reaktiven Stoß wird im besten Fall ein quasi-plastischer Stoß: die Betroffenen absorbieren die Impulse als potenzielle Energie. Die Herausforderung in Umsetzungsprojekten besteht dann darin, diese potenzielle Energie – ein oft unterschätztes Pulverfass – rasch und gezielt zu kanalisieren.

Übrigens lässt sich die Frequenz, mit der ein gegebenes Kugelmodell ausschlägt, nicht durch die Amplitude des Impulsausschlags beeinflussen. Haben Sie das schon einmal beobachtet? Zwar erhöht sich durch eine höhere eingeleitete potenzielle Energie die Ausgangsgeschwindigkeit, doch wird diese auf der anderen Seite wieder freigesetzt in Form eines höheren Ausschlags, der mehr Zeit in Anspruch nimmt. Die Frequenz des Systems bleibt dieselbe. Es ist die Eigenfrequenz des Systems, die nur durch eine Veränderung der beteiligten Systemelemente, nicht aber durch eine bloße intensivere Einwirkung verändert werden kann. Führungskräfte können hieraus lernen, dass eine höhere Leistungseinforderung nicht zu den gewünschten Ergebnissen führen kann, wenn nicht gleichzeitig an den „angestoßenen Elementen" selbst (Masse) und an den Schnittstellen zwischen diesen Elementen (Oberflächenbeschaffenheit), sprich der Systemelastizität, also der Reibungsreduktion durch das „Polieren der Oberflächen" und der „Optimierung der Schnittstellen zwischen den Elementen" gearbeitet wird.

Bei dem Kugelmodell gehen wir noch von einer vereinfachten Form eines gekoppelten Systems aus. Die Elemente stoßen stets auf der Achse ihrer Schwerpunkte zusammen. Dadurch gibt es keinerlei Einflusskomponente normal, also vertikal, zur Impulsrichtung, um die Impulsrichtung zu beeinflussen. In realen Wirtschaftssystemen kann von dieser Vereinfachung nicht ausgegangen werden. Vielmehr treffen in der Wirtschaftspraxis gewöhnlich unförmige, sich frei im Raum bewegende „Klumpen" an irgendeiner Kontaktstelle aufeinander und leiten durch die Stöße Impulse in beliebige, kaum vorhersehbare Richtungen. Die Komplexität und die damit verbundene Unsicherheit können umso besser beherrscht werden, je besser die Elemente in ihrer Morphologie bekannt sind. Führungskräfte sollten sich darum bemühen, möglichst viel über ihre potenziellen „Stoßpartner" zu wissen. Um das Verhalten eines wirtschaftlichen Gesamtsystems hinreichend gut einschätzen zu können, ist es erforderlich, eine Wahrscheinlichkeitsaussage für die wesentlichen zu erwartenden Resultierenden aus den vielen grundsätzlich möglichen Stoßbewegungen zu erfassen. Hier kommen Instrumente wie die Balanced Scorecard und die Szenariotechnik zum Zuge.

In der Wirtschaftspraxis sind die „Kugeln" in der Regel auch unterschiedlich groß, sind nicht auf einer Geraden angeordnet und außerdem ändern die realen Systeme ihre Konfiguration über die Zeit. Systeme in der Wirtschaftspraxis sind in der Regel komplex. Ein Umgang mit ihnen erfordert eine ebenso komplexe Herangehensweise.

Hat eine „Kugel", die den Impuls nach außen freisetzen soll, eine verhältnismäßig große Masse, wird der Ausschlag nach dem Impulserhaltungssatz relativ klein ausfallen. Ist die Masse einer Kugel, die nach außen wirkt, groß, wird sie recht weit ausschlagen. Zwar ist der Impuls in beiden Fällen derselbe, doch kann die Art der Wirkung in der Praxis durchaus verschieden sein. Insbesondere in Systemen, die beliebig im Raum angeordnet sind, können überraschende Effekte auftreten.

Manche Stöße von außen sollen vom betrachteten System aufgenommen bzw. „verarbeitet" werden. In diesen Fällen muss ein teilelastischer Stoß vorliegen. Die Stoßenergie geht dabei zum Teil in Form von Wärme auf den angestoßenen Körper über, der die restliche Stoßenergie und die Wärme dann in Form eines superelastischen Stoßes auf einen weiteren Körper übertragen kann.

In veränderlichen Gefügen, vor allem in Netzwerkorganisationen, sollte besonders berücksichtigt werden, dass Systeme einer gewissen Dynamik unterliegen. Die aktiven Elemente wechseln und ändern sowohl ihre Rollen als auch die Art der Anbindung aneinander. Ein eingeleiteter Impuls kann heute ganz andere Effekte haben als morgen. Deshalb ist es wichtig, Veränderungen im Wirkungsgefüge zu beobachten und angemessen darauf zu reagieren. In der Regel müssen für ein gewünschtes Ergebnis verschiedene Impulse gezielt und abgestimmt an verschiedenen Stellen eingeleitet werden.
Halten wir Folgendes fest:

- Die Summe der Impulsvektoren ist in geschlossenen Systemen konstant und gleich null, weil sich die Impulsvektoren ausregeln.

- Werden Impulse aus der inneren Energie der Systemelemente in kinetische Energie umgewandelt, schwächt sich die innere Energie der Systemelemente. Es gibt kein Perpetuum mobile.
- Um den Impuls in Systemen zu verändern, müssen Impulse von außen eingeleitet werden. Wirksame Impulse sind nicht zum Nulltarif zu beziehen. Der Impulserhaltungssatz gilt auch hier. Wenn allerdings durch die bezogenen Impulse die Wertschöpfung nachhaltig gesteigert werden kann, kann sich der „Impulseinkauf" lohnen.
- Reale Systeme sind in der Regel komplex. Die Vielfalt ihrer Elemente, die Vielfalt der unterscheidbaren möglichen Systemzustände (strukturelle Komplexität) sowie ihre Veränderlichkeit über die Zeit (Dynamik) verlangen nach abgestimmten und ganzheitlichen Impulsen.

Vielen Dank meinem Kollegen für den Impuls, den er mir durch das Kugelmodell auf seinem Schreibtisch versetzt hat. Nach dem Impulserhaltungssatz sollte der resultierende Impuls in Form dieser Zeilen dem Eingangsimpuls entsprechen.

Welche Anregungen die Phänomene der Schwingungsresonanz für die Unternehmensführung geben können

6

Zusammenfassung

Der Umgang mit Schwingungen spielt eine nicht zu unterschätzende Rolle bei der Gestaltung und Führung von Organisationen. In diesem Beitrag werden Schwingungen aus der Perspektive der Physik betrachtet. Leser erfahren, welche Freiheitsgrade erforderlich sind, um Schwingungen überhaupt zu ermöglichen und wie sich Systeme einschwingen. Die Wirkung einer Erregerfrequenz auf ein System mit einer gegebenen Eigenfrequenz, die Möglichkeiten zur gezielten Beeinflussung der Eigenfrequenz von Systemen, der Zusammenhang zwischen Amplituden und Dämpfung, das Aufschaukeln von Schwingungen bei Resonanz und die Schwingungstilgung lassen gedankliche Übertragungen auf Organisationen zu, die in diesem Beitrag ausgeführt werden. Leser erfahren, welche Aspekte der Schwingung sie im Management berücksichtigen sollten.

Ein schwingungsfähiges System kann durch Energiezufuhr in Resonanz versetzt werden, wenn die Erregerfrequenz und die Eigenfrequenz des Systems gleich sind. Resonanz ist erzwungene Schwingung, bei der die Amplitude ein Maximum erreicht. Hierbei kann die Amplitude des angeregten Systems auf ein Vielfaches der Erregeramplitude ansteigen. Bei fehlender Dämpfung und bei Gleichheit von Erregerfrequenz und Eigenfrequenz

W. Boysen, *Grenzgänge im Management*, DOI: 10.1007/978-3-658-01024-9_6, © Springer Fachmedien Wiesbaden 2013

wird die Amplitude unendlich. Das kann die Zerstörung des Systems verursachen – die sog. Resonanzkatastrophe. Im Falle der Resonanzkatastrophe wird die Energie bei periodischer Anregung optimal übertragen und im System gespeichert. Durch die Speicherung und durch weitere Energiezufuhr schwingt das System (bei fehlender Dämpfung) immer stärker, bis die Belastungsgrenze überschritten ist.

Ein sehr anschauliches Beispiel hierfür ist die Zerstörung der Narrows Bridge, einer Hängebrücke in Tacoma, die am 7. November 1940 durch das Phänomen der Resonanz, ausgelöst durch starke Winde, einstürzte.

Dieses Beispiel zeigt anschaulich, dass jedes System seine Belastungsgrenzen hat und dass der Übergang von einem stabilen Zustand zur Zerstörung sehr schmal sein kann. Ein System, das in Resonanz schwingt, ohne zerstört zu werden, hat energetisch betrachtet einen höchst effizienten Zustand erreicht. Ein solches System steht bei maximaler Auswirkung (Amplitude) in einem Gleichgewicht mit seinem Erreger und der Dämpfung. Gemessen an der Energiezufuhr ist im Falle der Resonanz die Wirkung also optimal.

Zwei Stimmgabeln, die eine ähnliche Eigenfrequenz aufweisen, werden in einem deutlichen Abstand zueinander im Raum positioniert. Eine Stimmgabel wird angeschlagen und nach einer Weile wieder angehalten. Allerdings ist der Ton nach wie vor wahrzunehmen. Die zweite Stimmgabel wurde durch die Schwingungen der ersten in Resonanz versetzt und schwingt. Die Quantenphysik macht deutlich, dass die Welt eben nicht ausschließlich aus Teilchen, sondern auch aus Wellen besteht. Das gesamte Universum befindet sich in Schwingung. Schwingungen sind in kleinsten Dimensionen auf Teilchenebene (Eigenschwingung) zu beobachten, aber auch in den größten beobachtbaren Dimensionen, den Galaxien. Alles befindet sich in Schwingung. Durch Schwingungen und Wellen sind praktisch alle Bestandteile des Universums miteinander verbunden. Die Schwingung der Protonen gilt als das Eichmaß einer das gesamte Universum umfassenden und alle Materie formenden Kraft. Das Verhältnis eines beliebigen physikalischen Messwertes zu dieser Urschwingung ermöglicht eine qualitative Interpretation des Messwertes in Bezug auf elementare Eigenschaften des gemessenen Objektes, z. B. seine Stabilität und seine Entwicklungstendenz. Damit sind alle Objekte über Schwingungen als Ordnungsprinzip zueinander in Beziehung gesetzt (Global-Scaling-Phänomen nach Müller, Hartmut).

Anhand eines weiteren Experiments kann verdeutlicht werden, wie einzelne, schwingende Systeme aufeinander wirken und sich unter bestimmten Bedingungen selbst in Einklang bringen: Metronome, die zunächst unterschiedlich schwingen, synchronisieren sich, wenn sie auf einem frei schwingenden Pendel stehen. Das Pendel wirkt als ausgleichendes oder verbindendes Element und versetzt die einzelnen Systeme in die Lage, sich aufeinander abzustimmen.

Was bedeutet Resonanz für die Unternehmensführung? Eine Stimmgabel schwingt bei einem Ton nur dann mit, wenn der Ton ihrer Eigenfrequenz entspricht. Ist dies nicht der Fall, dann ist der Ton für die Stimmgabel gar nicht wahrnehmbar. Ein Radioempfänger, der auf Mittelwelle abgestimmt ist, wird aufgrund seiner Resonanz nur Mittelwelle empfangen. UKW und Langwelle kann er nicht erkennen und werden deshalb nie zu seinem Weltbild gehören. Analog dazu brauchen auch Menschen für jede Wahrnehmung eine Entsprechung in ihnen selbst, die in der Lage ist, „mitzuschwingen" und durch diese

Resonanz die Wahrnehmung ermöglicht. Goethe formuliert diesen Gedanken in einem Spruchgedicht: „Wär nicht das Auge sonnenhaft, die Sonne könnt es nie erblicken; läg nicht in uns des Gottes eigene Kraft, wie könnt uns Göttliches entzücken? […]".

Jeder Mensch kann immer nur jene Bereiche der Wirklichkeit wahrnehmen, für die er eine Resonanzfähigkeit besitzt. Dies gilt nicht nur für den Bereich der rein sinnlichen Wahrnehmung, sondern für die gesamte Erfassung der Wirklichkeit. Da Menschen alles, was außerhalb der eigenen Resonanzfähigkeit liegt, nicht wahrnehmen können, existieren diese Bereiche für die betroffenen Menschen auch nicht. Führungskräfte stehen vor der Herausforderung, die „Eigenfrequenz" von Menschen in ihrem Umfeld zu erfassen und ihre Botschaften mit dieser Frequenz oder einem Vielfachen davon zu senden, um überhaupt wahrgenommen zu werden. Jürgen Habermas nennt die Deckung der Lebenswelten von Personen, die miteinander in Beziehung stehen, als eine notwendige Voraussetzung kommunikativen Handelns. Auch Niklas Luhmann weist darauf hin, dass sich soziale Systeme über die Qualität ihrer Kommunikation definieren. Erreichen Führungskräfte Personen in ihrem Wirkungskreis nicht auf ihrer Eigenfrequenz, bleiben sie wirkungslos.

Systeme in Resonanz

Ein Unternehmen kann als ein System betrachtet werden, das wie ein physikalisches System durch Störgrößen beeinflusst wird.

In der Unternehmenspraxis wird zunächst das Ziel verfolgt, das eigene System (Unternehmen), so zu beeinflussen, dass das Verhältnis zwischen der Energiezufuhr (Aufwand), und der Energieabgabe (Nutzen) den Vorstellungen entspricht. Darüber hinaus wird das Ziel verfolgt, diesen Zustand möglichst lange aufrechtzuerhalten sowie den Erhalt des Systems zu sichern, es also nicht zu zerstören. Unternehmen liegen dann in diesem Zielkorridor, wenn sie sich als Ganzes mit ihrem Umfeld in Resonanz befinden. Das bedeutet auch, dass alle Unternehmensteile in Resonanz schwingen. Wenn die einzelnen Bestandteile des Gesamtsystems mit derselben Frequenz schwingen, übertragen sie Energie in effizienter Form.

Je weniger „Nebenfrequenzen" eine Organisation aufweist, je sauberer also ihre Eigenfrequenz eingestellt ist, desto höher ist der Wirkungsgrad, mit dem Energie durch die Organisation hindurch übertragen werden kann. Je besser die Eigenfrequenz der Organisation mit der Eigenfrequenz des organisationalen Umfeldes abgestimmt ist, desto effizienter kann das Unternehmen Energie aufnehmen und abgeben, desto offener spielt es also mit seinem wirtschaftlichen Umfeld zusammen.

Solche „Nebenfrequenzen" können von Unternehmenseinheiten ausgehen, die nicht gut in das Geschäftsmodell passen, sie können auch von grundsätzlich dissident eingestellten Mitarbeitern ausgehen. Manager sollten darauf hinwirken, dass solche grundsätzlichen Störkräfte eliminiert werden. Das soll ausdrücklich nicht verhindern, Vielfalt in der Organisation zu kultivieren, das Geschäftsmodell sinnvoll auszudifferenzieren, das Geschäft zu diversifizieren oder einen konstruktiven und offenen Dialog zu führen. All dies ist sogar wichtig, um die Eigenfrequenz an die Erfordernisse der Umfeldfaktoren anpassen zu können.

Die Eigenfrequenz einer Organisation kann durchaus beeinflusst werden. Manager können die Eigenfrequenz ihrer Organisationen

1. durch die bewusste Wahl der einzelnen Elemente, also der Mitarbeiter und/oder der Geschäftsbereiche unter Berücksichtigung ihrer jeweiligen „Eigenfrequenz",
2. durch die Art der Verbindung zwischen diesen Elementen der Organisation, insbesondere durch Prozesse und Führung und
3. durch die Struktur des Gesamtsystems gestalten.

Eigenfrequenz und Erregerfrequenz
Die Amplitude (Wirkung) des angeregten Systems kann auf ein Vielfaches der Amplitude der Erregeramplitude ansteigen. Entscheidend ist die Wahl der Erregerfrequenz. Die Wirkung auf das angeregte System scheint umso größer zu sein, je ähnlicher die Erregerfrequenz der Eigenfrequenz des angeregten Systems ist. Je weiter Erreger- und Eigenfrequenz auseinanderliegen, desto größer muss die Erregeramplitude sein, um eine gleiche Wirkung zu erzeugen. Liegen Erreger- und Eigenfrequenz zu weit auseinander, kann gar keine Amplitude bei dem anzuregenden System bewirkt werden.

Dieser Effekt kann natürlich auch genutzt werden. Bei Systemen, deren Eigenfrequenz außerhalb der Frequenzen möglicher Erreger liegen, ist die Wahrscheinlichkeit, dass sie unbeabsichtigt schwingen, sehr gering. In der Konstruktion von Bauwerken werden daher Gebäude in Erdbebengebieten unter Berücksichtigung der lokal typischen Schwingungsfrequenzen der Erderschütterungen konstruiert. Es liegt daher nahe, sich damit zu befassen, bei welcher Eigenfrequenz eine Organisation unempfindlich gegenüber möglichen Erregerfrequenzen wird. Dazu ist es notwendig, sich mit den wesentlichen latenten Störkräften auseinanderzusetzen und deren „Erregerfrequenz" zu ermitteln.

Was heißt das konkret? Führungskräfte sollten sich zunächst überlegen, welche Elemente in ihrer Organisation womöglich auf die potenziellen Störkräfte sensibel ansprechen. Im zweiten Schritt sollten sie diese Elemente oder ihre Organisation als Ganzes immun gegen diese Störkräfte machen. Wird beispielsweise befürchtet, dass Mitarbeiter abgeworben werden könnten, sollten die betreffenden Jobs gezielt so angepasst werden, dass die Störwirkung verpufft. Um das Risiko einer feindlichen Übernahme zu entschärfen, können Führungskräfte ihre Organisation so ausrichten und positionieren, dass sie für die ungewollte Übernahme nicht mehr attraktiv ist. Dazu reichen manchmal gezielte Verträge aus, die auf den feindlichen Investor abschreckend wirken. Das Unternehmen entfernt dadurch seine „Eigenfrequenz" weit genug von der Erregerfrequenz der Störkraft.

Organisationen sind umso effizienter, je exakter die Impulse des Managements auf die Eigenschwingungen abgestimmt sind, die durch die organisationalen Lebenswelten definiert sind. Zu diesen Lebenswelten zählen individuelle und organisationale Fähigkeiten und Erfahrungen ebenso wie der Zugang zu Informationen, der praktizierte Führungsstil, die Art und Weise des Ablaufes von Entscheidungsprozessen und die Geschwindigkeit, mit der Veränderungen in der Organisation üblicherweise umgesetzt werden.

Manager sind kurzfristig umso wirksamer, je dichter sie an den von ihrem Wirkungskreis wahrgenommenen Realitäten agieren. Um Organisationen nachhaltig weiterzuführen, können Manager aber durchaus allmählich ihre „Erregerfrequenz" innerhalb des Schwellenbereiches, in dem die Organisation noch anspricht, modulieren. Dadurch können sie die „Eigenfrequenz" ihrer Organisation mit der Zeit verändern und sie an eine Frequenz heranführen, die der Markt besser „versteht" und honoriert. Manager, die ihre Organisation nicht bei ihrer Eigenfrequenz abholen und sie nicht über eine modulierte Erregerfrequenz behutsam weiterführen, bleiben wirkungslos.

Je größer ein wirtschaftliches System ist, desto schwieriger ist es, das System

1. in Resonanz zu versetzen und
2. es in Resonanz zu halten.

Anders als bei zeitlich relativ stabilen Systemen wie einem Metronom oder einem Bauwerk sind Unternehmen laufend einer zusätzlichen Dynamik ausgesetzt, die von internen oder externen „Störgrößen" ausgelöst wird. Diese Dynamik kann zu strukturellen Veränderungen der Unternehmen führen, die wiederum die Eigenfrequenz beeinflussen. Führungskräfte sollten deshalb auf die Entwicklung der „Eigenfrequenz" ihrer Organisationen achten, sie managen und immer wieder mit dem Umfeld abgleichen (Frequenzabstimmung).

Amplitude und Dämpfung

Die Amplitude ist zu vergleichen mit der Wirkung, die eine Organisation durch ihre Aktivitäten erzielt. Diese Wirkung drückt sich unter anderem in Umsatzerlösen, Deckungsbeiträgen, der Anzahl kaufender Kunden, der Produktqualität, dem Innovationsgrad und Finanzkennzahlen aus.

Dämpfung ist die bewusste oder unbewusste Begrenzung der Amplitude, also der Wirkung auf Erregung. In Organisationen, die trotz einer guten Abstimmung der Erregerfrequenz mit der Eigenfrequenz nicht die gewünschte Wirkung erreichen, liegen in der Regel dämpfende Effekte vor. Diese Dämpfer können Kommunikationsblockaden an wichtigen Schnittstellen sein oder nicht schlüssig zugewiesene Ressourcen, die zu Engpässen führen.

Soll ein System in Resonanz versetzt werden, gilt es zunächst zu klären, ob das betrachtete System überhaupt schwingungsfähig ist. Systeme mit sehr starker Dämpfung können nur durch enorme Energiezufuhr in Schwingung versetzt werden. Generell sollten zwei wichtige erste Aktivitäten von Führungskräften in Organisationen darin bestehen festzustellen, ob und wo im System überhaupt Dämpfung vorliegt, und zu entscheiden, ob und wo Dämpfung vorliegen sollte.

Wenn unerwünschte Dämpfer identifiziert und beseitigt sowie sinnvolle Dämpfer installiert worden sind, wird sich der Wirkungsgrad der Organisation erheblich verbessern.

Gezieltes Aufschaukeln von Amplituden

Gelingt es, durch die erzwungene Schwingung (Resonanz) zusätzliche Energiequellen zu aktivieren, kann ein gewolltes Aufschaukeln erfolgen. Die Dynamik, die sich in

Netzwerken entwickelt, kann durch diesen Resonanzeffekt erklärt werden. Manche Geschäftsmodelle setzen an der Resonanzwirkung an, beispielsweise netzwerkbasierte Geschäfte: Der Einzelnutzen für jeden neuen Netzwerkteilnehmer steigt exponentiell mit der Anzahl der Netzwerkteilnehmer, wie Facebook oder Twitter veranschaulichen. Dadurch wird das Netzwerk wertvoller.

In diesem Zusammenhang stellt sich die Frage, wie viel Energie einem System maximal zugeführt werden darf, um das System noch nicht zu zerstören. Sowohl die Aufnahmefähigkeit von Systemen als auch deren Speicher- und Verarbeitungskapazität sind dabei wichtige Kriterien. Sie zeichnen die Stärke von Systemen und deren Leistungsskalierbarkeit aus. Unternehmen, die auf Hochleistung ausgelegt sind, werden mehr Energie aufnehmen und verarbeiten können als andere. Führungskräfte sollten einschätzen, auf welche Leistungsaufnahme ihre Organisationen vorbereitet sind. Die Fähigkeit zur Leistungsaufnahme kann zwar trainiert, darf aber auf keinen Fall überreizt werden. Andernfalls laufen Organisationen Gefahr, zu kollabieren. Auch die Speicherfähigkeit und die Verarbeitungskapazität von Erregungsenergie können in Organisationen entwickelt werden. Dabei ist die reine Größe einer Organisation nicht ausschlaggebend für die Speicher- und Verarbeitungsfähigkeit. Diese Fähigkeiten werden vorrangig durch die Qualität der Ablauforganisation, durch die Fähigkeiten der einzelnen Personen und durch die emergenten Fähigkeiten der ganzen Organisation determiniert. Wichtige Voraussetzungen sind durchgängige Geschäftsprozesse mit reibungsarmen Übergängen an den Schnittstellen, eine übergreifende Kompetenz der Mitarbeiter mit gutem Verständnis für die gegenseitigen Herausforderungen, Interessen und Bedürfnisse sowie eine ausgeprägte Gruppenintelligenz, die durch Entscheidungsprozesse gefördert werden und alle Aktivitäten auf das Wesentliche ausrichten kann.

Dämpfung und Tilgung

Andererseits gibt es Fälle, in denen eine grenzenlose Steigerung der Wirkung nicht erwünscht ist – man denke an die Hängebrücke, die durch Resonanz zerstört wurde. In Unternehmen können zu schnelles Wachstum, eine nicht mehr kommerziell vertretbar hohe Produktqualität oder eine zu hohe Innovationsrate zum Zusammenbruch führen. Die Wirkung muss deshalb in einem Maß gehalten werden, das mit den Möglichkeiten des Unternehmens verträglich ist und mit den Erwartungen des Umfeldes in Einklang steht. Hierfür können Manager geeignete Dämpfer gezielt in ihrer Organisation einsetzen. Diese Dämpfer werden sich vor allem in negativen Rückkopplungsmechanismen in den Geschäftsprozessen, also sich gegenseitig behindernden Vorgängen, aber auch in der Auslegung der Corporate-Governance niederschlagen. Dämpfer sollten so angelegt werden, dass sie selbstregelnd wirken. Dadurch kann in Organisationen ein hoher Stabilitätsgrad implementiert werden.

Auch durch Schwingungstilger kann eine Eskalation verhindert werden. Tilger sind „Massen", die den wirksamen resonierenden Massen entgegenwirken und deren Bewegungen ausgleichen. Schwingungstilger kennen wir beispielsweise in Form von Gegengewichten an Kurbelwellen. In Organisationen können Tilger in Gestalt von

Ausweichmöglichkeiten auf das Einwirken von Störkräften vorgesehen werden. Eine Organisation, die ausweichen kann, muss die Störkräfte nicht selbst auffangen, sondern kann sie an ihr Umfeld weiterreichen und bleibt schadlos. Solche Ausweichmöglichkeiten können sehr wirksam durch Back-to-Back-Vertragswerke umgesetzt werden, die die mit Kunden vereinbarten Konditionen, Verpflichtungen und Haftungen eins zu eins an die eingebundenen Lieferanten durchreichen. Voraussetzungen hierfür sind ein durchgehender Geschäftsprozess und eine abgestimmte Zusammenarbeit zwischen allen betrieblichen Funktionen. Auch das Arbeiten in Netzwerken kann erwünschte Tilgungseffekte bringen.

Freiheitsgrade für Schwingungen

Schwingende Systeme haben verschiedene Freiheitsgrade, innerhalb derer sie schwingen können. Die Art der Schwingungen ist also auf die von den Freiheitsgraden des Systems vorgegebenen Möglichkeiten begrenzt. Bei der Betrachtung von Organisationen liegt es nahe, die Freiheitsgrade zu ermitteln, um die möglichen Schwingungen zu erkennen und einzugrenzen. Erst dann ist es sinnvoll, der Frage nachzugehen, wo die Resonanzpunkte im System liegen. Die Freiheitsgrade geben vor allem Aufschluss darüber, aus welcher Richtung eine Energiezufuhr sich auf die Organisation auswirken kann. Wirkt Energie aus einer Richtung, in der eine Organisation gar keine Freiheitsgrade hat, wird die Organisation nicht auf diese Energie reagieren (können). Die Energie verpufft, und zwar unabhängig davon, ob es sich um eine unerwünschte Störkraft oder um eine gewollte Erregerkraft handelt. Unerwünschte Wirkungen von Störkräften können also auch dadurch ausgeschaltet werden, dass Freiheitsgrade gezielt entfernt werden. Das kann in Organisationen zum Beispiel durch eingeschränkte Handlungsbefugnisse oder durch einen geführten Kommunikationsprozess erfolgen.

Einschwingen

Angeregte Systeme schwingen sich allmählich ein. Dazu benötigen sie allerdings eine gewisse Zeit. In Organisationen ist das nicht anders: Auch sie benötigen Zeit, um sich auf neue Gleichgewichte einzuschwingen. Führungskräfte sollten erkennen, ob sich Systeme, in die sie eingegriffen haben, auf einen gewünschten Zustand einschwingen oder sich vom Zielzustand entfernen. Jedenfalls sollten sie ihren Organisationen die Zeit gewähren, die sie für ihren Einschwingvorgang brauchen, und nicht vorzeitig in das sich stabilisierende Geschehen eingreifen. Wichtig ist, dass die „Erregung", mit der Führungskräfte auf Organisationen einwirken, nicht aus beliebigen Einzelmaßnahmen besteht, sondern aus Maßnahmenbündeln, die im Vorfeld sorgfältig konzipiert und abgestimmt wurden.

Der Skipper trägt die volle Verantwortung für das Schiff und für die Besatzung

7

diesem Beitrag wird die Rolle des Geschäftsführers mit der Rolle des Skippers an Bord eines Bootes verglichen. Die Verantwortung, die Skipper tragen und die Anforderungen, die an seine Ausbildung, seine Erfahrung, seine Kenntnis des Bootes und seines Verhaltens und an die Führung, insbesondere an psychologische Fähigkeiten, gestellt werden, werden auf die Erwartungen an Geschäftsführer übertragen und führen zu einem wesentlich markanteren Bild von der Geschäftsführerrolle. Dieser Beitrag veranschaulicht Lesern, was Geschäftsführer tatsächlich leisten sollten.

Wie in der Berufsschifffahrt der Kapitän, trägt der Skipper (abgeleitet vom niederdeutschen Schipper = Schiffsherr) in der Freizeitschifffahrt die zivil- und strafrechtliche Verantwortung für die Sicherheit von Schiff und Besatzung.

Rolle an Bord

Ein Skipper muss nicht der Eigentümer des Schiffes sein, für das er verantwortlich ist. Er kann ebenso angestellt sein oder von der Besatzung als Skipper anerkannt werden. Ein

Skipper muss das ihm anvertraute Schiff auch nicht zwangsläufig selbst steuern. Dafür kann er einen Schiffsführer bestimmen.

Dasselbe trifft natürlich auf Geschäftsführer in Unternehmen zu. Sie müssen nicht zwangsläufig geschäftsführende Gesellschafter sein, sondern können durchaus angestellte Fremdgeschäftsführer sein. In jedem Fall sind Geschäftsführer dafür verantwortlich, die Ziele der Gesellschafter umzusetzen. Formal sind Geschäftsführer dafür verantwortlich, die Gesellschaft zahlungsfähig zu halten und eine bilanzielle Überschuldung abzuwenden. Im Fall eintretender Insolvenztatbestände sind sie dafür verantwortlich und persönlich haftbar, diese Umstände zum Schutz der Gläubiger öffentlich anzuzeigen.

Operative Belange können Geschäftsführer an geeignete Personen aus ihrer Organisation delegieren, nicht aber die Gesamtverantwortung. Um die Gesamtverantwortung wahrzunehmen, sollten Geschäftsführer ihre Aufmerksamkeit auf strategische Möglichkeiten und Risiken und auf die nachhaltige Ausrichtung ihres Geschäftes richten sowie die Voraussetzungen für einen sicheren Betrieb schaffen.

Formale Qualifikation

Der Skipper muss über die für das Fahrgebiet und den Schiffstyp vorgesehenen Lizenzen bzw. Patente verfügen. Er muss außerdem relevante Praxiserfahrung gesammelt haben. Er muss die üblichen Bezeichnungen der Schiffsausrüstung und der Manöver kennen. Vorausgesetzt werden müssen auch solide Kenntnisse und Erfahrungen im Umgang mit Navigation und Wetterkunde ebenso wie Kenntnisse des Schiffs mit seinen technischen Einrichtungen und seinem Verhalten, mit den Schifffahrtszeichen und -signalen sowie mit den Kollisionsverhütungsregeln. Diese Voraussetzungen bilden die Basis seiner Führungsqualität.

An denselben formalen Anforderungen müssen sich auch Geschäftsführer in Unternehmen außerhalb der Seefahrt messen lassen. Sie sollten über eine solide betriebswirtschaftliche Basis verfügen, die sie idealerweise durch ein wirtschaftswissenschaftlich ausgerichtetes Studium nachweisen können. Darüber hinaus sollten sie die Gesamtverantwortung tragen wollen und können. Das erfordert sowohl einen guten Überblick über strategische und operative Zusammenhänge als auch die Fähigkeit, Chancen wahrzunehmen und angemessen mit Risiken umzugehen.

In der Praxis kommen Geschäftsführer nicht selten aus dem operativen Geschäft von Unternehmen. Oft waren sie erfolgreich als Verkäufer tätig und werden dann quasi als Belohnung in Geschäftsführerpositionen befördert. Die Geschäftsführung ist aber eine gänzlich andere Tätigkeit als eine operative Funktion im Unternehmen. In solch typischen Situationen bringen die betroffenen Personen nicht unbedingt die für die Geschäftsführung erforderlichen Kenntnisse und Fähigkeiten mit – und sie nutzen, um das Beispiel wieder aufzugreifen, ihre guten verkäuferischen Fähigkeiten nicht mehr. Mit solchen karriereorientierten Entscheidungen tun sich Gesellschafter also in der Regel keinen Gefallen.

Ortskunde

Um in der Lage zu sein, „sein" Schiff sicher durch das vorgesehene Fahrensgebiet zu bringen, muss der Skipper sein Schiff und seine Ausrüstung gut kennen.

Dazu muss er wissen, was sein Schiff zu leisten imstande ist und wo die Grenzen der Manövrierfähigkeit liegen. Dafür muss sich der Skipper gründlich mit den physischen Eckdaten seines Schiffs vertraut machen: mit der Länge und Breite des Schiffes, der Bauform und den Baumaterialien, aber auch mit dem Tiefgang, der Maschinenleistung und gegebenenfalls der Segelfläche sowie der Ruderanlage. Er muss darüber hinaus die mit diesen Grunddaten erreichbare Leistungsfähigkeit kennen, zu der vor allem die Reisegeschwindigkeit, die Manövrierfähigkeit und die Kursstabilität zählen, aber auch Grenzlagen wie die maximale Krängung und die maximale Rumpfgeschwindigkeit sowie das zu erwartende Zusammenspiel von Naturkräften, der Qualität der technischen Ausrüstung und den Fähigkeiten der Besatzung.

Der Skipper sollte auch wissen, welche Informationen er aus dem Steuerstand (Cockpit) mit welcher Zuverlässigkeit erhalten und welche Bewegungen er vom Steuerstand aus bewirken kann. Er ist auch für die quantitative und qualitative Verfügbarkeit geeigneter Erste-Hilfe- und Rettungsausrüstung verantwortlich.

Neben der nautischen Ausrüstung müssen Kapitäne gewerblicher Schiffe über Ladeeinrichtungen Bescheid wissen und die Eigenschaften des Schiffes, insbesondere die Stabilität und die Manövrierbarkeit des Schiffes, in verschiedenen Ladezuständen einschätzen können. Schließlich ist der Kapitän/Skipper auch für die ausreichende Menge Proviant an Bord verantwortlich.

Außerdem muss der Skipper den Zustand der Schiffsausrüstung sicher beurteilen und angemessene Maßnahmen einleiten können. Ist die Ausrüstung nicht geeignet, um damit eine geplante Fahrt anzutreten, muss der Skipper dies dem Reeder in aller Deutlichkeit sagen und dafür sorgen, dass die Voraussetzungen für das Auslaufen erfüllt werden. Einmal auf See, muss der Skipper Reparaturmaßnahmen sicher anordnen können und gegebenenfalls die Entscheidung treffen, umzukehren.

Darüber hinaus muss er sich im Vorfeld und während der Fahrt auch über Besonderheiten, wie die Wetterentwicklung, die Strömungsverhältnisse und Untiefen, sowie über lokale formale Erfordernisse kundig machen.

Auch von Geschäftsführern muss verlangt werden können, dass sie die Materie verstehen, mit der sich ihr Unternehmen befasst. Sie sollten die Branche mit ihren Besonderheiten verstehen und die Sprache sowohl ihrer eigenen Branche als auch der Branche ihrer Kunden sprechen. Vor allem sollten sie ihr Unternehmen mit den Möglichkeiten und Grenzen kennen. Geschäftsführer müssen wissen, in welche „Gewässer" sie sich mit ihrem Unternehmen begeben können und was sie in ihrem Unternehmen veranlassen können, ohne das Unternehmen in seiner Existenz zu gefährden. Ist es überhaupt möglich, mit dem Unternehmen in einen bestimmten Markt einzutreten oder den Vertrieb global aufzustellen? Kann ich mit meinem Unternehmen Abläufe im Markt verändern oder reicht die Marktstellung des Unternehmens dazu nicht aus? Ist das Unternehmen innovativ genug, um sich als Technologieführer zu positionieren? Um diese Entscheidungen zu treffen, sollten Geschäftsführer die Leistungsfähigkeit ihrer Organisation gut kennen. Sie müssen die verfügbaren Stellhebel der Geschäftsführung so einsetzen, dass die „Manöver" der Größenordnung und den

Möglichkeiten des Unternehmens entsprechen. Insbesondere sollten sie mit realistischen Reaktionszeiten auf Anweisungen zur Richtungsänderung rechnen. Kleinere Unternehmen sprechen auf Anweisungen zu Ruderbewegungen in der Regel schneller an als große Unternehmen.

Bis eine Kursänderung spürbar wird, vergeht einige Zeit. Zunächst muss die Anweisung in eine Ruderbewegung umgesetzt werden, dann muss die Ruderstellung wirken. Gegebenenfalls sind mit der Kursänderung auch Segelstellungen zu verändern. Bis sich das Schiff auf neuem Kurs stabilisiert hat, vergeht weitere Zeit. Vor Einleiten einer Kursänderung muss geprüft werden, ob die erforderliche Zeit überhaupt zur Verfügung stehen wird. In jedem Fall sind Kursänderungen rechtzeitig vor Hindernissen einzuleiten.

In Unternehmen kann diese Manöverzeit für anspruchsvolle Veränderungen durchaus sechs bis zwölf Monate dauern. Nicht die Entscheidungen selbst nehmen notwendigerweise so viel Zeit in Anspruch, sondern es dauert so lange, bis die Belegschaft und der Markt auf eingeleitete Veränderungen ansprechen. Wir haben es mit Menschen zu tun, die ihre Gewohnheiten ändern sollen. Um wirklich etwas zu bewegen, müssen Verhaltensmuster „geknackt" werden. Das wiederum erfordert den intensiven Dialog, laufende Überzeugungsarbeit und Konsequenz.

Während des Manövers zur Kursänderung muss immer mit Unruhe gerechnet werden. Was sich in der Seefahrt in Fahrtverlust, Krängung des Schiffes und einem vorübergehendem Stabilitätsverlust äußert, kennen wir in der Unternehmensführung als die besonderen Herausforderungen von Change-Management-Prozessen. Wer keine Erfahrung mit Change-Management hat, wird sich vielleicht schwertun, das Manöver zu Ende zu bringen und wieder Fahrt aufzunehmen.

Ähnlich wie Kapitäne/Skipper mit ihrem Reeder im Vorfeld einer Fahrt im Klartext über den Zustand ihres Schiffes sprechen müssen, sollten designierte Geschäftsführer ihren Gesellschaftern, gegebenenfalls nach eingehender Prüfung der Existenzfähigkeit des zugewiesenen Unternehmens, sagen, unter welchen Voraussetzungen sie die Verantwortung für das Unternehmen übernehmen würden. Die Entscheidung wird in besonderem Maße von der Kapitalisierung und Finanzierung sowie von der Marktstellung und vom Marktpotenzial des Unternehmens abhängen. Eine wichtige Rolle werden bei der Entscheidung auch die Flexibilität und die Anpassungsfähigkeit der Organisation spielen.

Natürlich sind Geschäftsführer dafür verantwortlich, die Löhne und Gehälter und die Lohnnebenkosten für die Belegschaft regelmäßig und rechtzeitig zu zahlen. Wie Skipper, die für Proviant sorgen, sind Geschäftsführer für die Bezahlung der Belegschaft verantwortlich. Das ist kein Freifahrtschein für Mitarbeiter. Selbstverständlich kann verlangt werden, dass jeder Einzelne seinen Beitrag dazu leistet, dass die Löhne und Gehälter immer verfügbar sind, aber auch dies müssen Geschäftsführer sicherstellen. Zwar können sie nicht die dafür erforderliche Wertschöpfung selbst erbringen, aber sie haben sicherzustellen, dass das Geschäftsmodell tragend ist, die Strategie Erfolg versprechend ist und die notwendigen Bedingungen für die Wertschöpfung gegeben sind. Außerdem sind die Geschäftsführer dafür verantwortlich, Fehlentwicklungen zu erkennen und rechtzeitig Korrekturmaßnahmen einzuleiten, damit existenzbedrohende Ereignisse abgewendet werden. Nicht zuletzt sind sie für die richtigen Mitarbeiter an Bord verantwortlich, die kritische Situationen gar nicht erst eintreten lassen. Geschäftsführer, die sich nicht mit den richtigen Mitarbeitern umgeben, haben Entscheidendes versäumt. Sie haben ihre Verantwortung nicht richtig wahrgenommen und sollten die Schuld nicht anderen zuweisen.

Ein wichtiger Punkt ist, welche Informationen dem Management zur Verfügung stehen, um Entscheidungen zu treffen (Management-Cockpit), und wie Entscheidungen üblicherweise getroffen werden. Beziehen Entscheidungen alle relevanten Informationen ein? Werden Entscheidungsvorlagen im Unternehmen abgestimmt? Werden Entscheidungen vor dem Hintergrund künftig wahrscheinlicher Konstellationen (Szenarien) simuliert oder bewegen sich die Grundlagen für Entscheidungen stark im Gegenwartsbereich? Greifen Maßnahmen, für die man sich entscheidet, wirklich an der Wurzel der Probleme an oder behandeln sie lediglich Symptome?

Dabei sollten sich Geschäftsführer insbesondere die praktizierten Geschäftsabläufe und das gelebte Risikomanagement des Unternehmens ansehen. Wie werden Risiken erkannt, wie werden sie vermieden, wie geht man im Unternehmen mit eintretenden Risiken um?

Schließlich sollten Geschäftsführer ein Gefühl für die Entwicklung der Märkte und der Wettbewerbsaktivitäten entwickeln, in denen das Unternehmen tätig ist (Routenplanung mit Seekarte und aktuellem Seewetterbericht).

Führung

Ein Skipper ist aber nicht nur der ausgewiesene Fachmann; er ist auch die oberste Führungskraft an Bord. In dieser Funktion hat der Skipper Entscheidungen zu treffen und seine Crew zu führen. Diese Anforderungen verlangen dem Skipper weitere Fähigkeiten und Erfahrungen ab. Er muss der Führungsaufgabe mental, nervlich und psychisch gewachsen sein.

Manöver sind mitunter schnell umzusetzen. Um eine unmissverständliche und effiziente Kommunikation sicherzustellen, muss der Skipper dafür sorgen, dass jedes Mitglied seiner Crew die Begriffe beherrscht, die an Bord verwendet werden.

Wichtig ist auch die Stimmung der Crew an Bord von Schiffen, denen auf See niemand entweichen kann. Schlägt die Stimmung ins Negative um, kann es schwierig werden, die Sicherheit des Schiffes und der Besatzung zu beherrschen. Die Persönlichkeit des Skippers ist von entscheidender Bedeutung für die Stimmung und die Leistungsfähigkeit der Crew.

Unabhängig davon, ob ein Schiff gewerblich oder zu Freizeitzwecken fährt, stellt der Skipper seine Crew zusammen und entwickelt sie. Das ist eine der wesentlichen Aufgaben und Herausforderungen eines Skippers. In der gewerblichen Schifffahrt geht es vor allem um Effizienz. Deshalb halten Reeder die Besatzungen so klein und kostengünstig wie möglich. In dieser Beschränkung liegt eine besondere Herausforderung für den Kapitän. In der Freizeitschifffahrt sind die verfügbaren Crews zwar größer, aber in der Regel sind die Besatzungsmitglieder weniger erfahren, kennen das Schiff nicht und sind nicht aufeinander eingespielt. Diese Voraussetzungen stellen eine andere, nicht mindere Herausforderung dar.

In jedem Fall muss der Kapitän oder Skipper die Professionalität der Crew schnell herstellen und sicherstellen. Weil er die Verantwortung für Schiff und Besatzung trägt, hat er zu entscheiden, wer zur Crew dazugehören soll und wer nicht, und seine Entscheidung umsetzen. In der Regel finden vor der Fahrt bzw. vor dem Törn Treffen statt, die dazu dienen, über die Mission zu informieren und grundlegende Regeln für die Zusammenarbeit an Bord zu vereinbaren. In dieser Orientierungsphase haben die Crew-Mitglieder die Gelegenheit, sich kennenzulernen, und der Skipper kann sich ein Bild von den Crew-Mitgliedern und deren Zusammenspiel machen, um seine Entscheidungen vorzubereiten. Hat das Schiff erst einmal abgelegt, muss die Crew stehen. Insbesondere auf offener See sind dann auftretende Kompetenzlücken, grundsätzliche Zwistigkeiten zwischen Besatzungsmitgliedern und mangelnde Disziplin kaum noch zu korrigieren und können zu erheblichem Schaden führen.

Auf See sind Skipper bei Entscheidungen ihrem gesunden Menschenverstand und ihrem eigenen Urteilsvermögen verpflichtet. Niemand nimmt ihnen ihre Entscheidungen ab. Der angemessene Umgang mit dieser besonderen Herausforderung wird mit den „Regeln guter Seemannschaft" zum Ausdruck gebracht, einem juristischen Begriff für die als richtig anerkannte Praxis. Entscheidet ein Skipper im Rahmen dieser anerkannten Praxis, ist er auf der sicheren Seite. Skipper tun gut daran, sich mit veröffentlichten Praxisbeispielen und ihrer Einschätzung durch ein Seeamt zu befassen, um Sicherheit in ihren Entscheidungen zu gewinnen.

Geschäftsführer müssen nicht nur strategisch agieren, sondern auch ihre Führungsrolle in ihrer Organisation wahrnehmen. Sie sollten ihrer Belegschaft Orientierung geben, geeignete Rahmenbedingungen für das operative Geschäft schaffen und diese laufend erhalten. Um die Leistungsfähigkeit der Organisation zu entwickeln, müssen sie auch Ziele mit ihren Mitarbeitern vereinbaren, den Leistungsstand in Feedback-Gesprächen überprüfen und Personalentscheidungen treffen. Führung heißt deshalb vor allem, sich mit den Mitarbeitern auseinanderzusetzen. Geschäftsführer müssen sich in ihrer Organisation als Führungskräfte zeigen. Das heißt auch, dass sie in ihrem Verhalten berechenbar und konsequent sein müssen. Führt ein Geschäftsführer ein eingespieltes Mitarbeiter-Team, hat er es mit anderen Herausforderungen zu tun, als wenn er ein neues oder wechselndes Team, etwa mit Projektcharakter, führt. Eingespielte Teams arbeiten routiniert, bergen aber die Gefahr, dass sich Seilschaften gebildet haben. Sie sind in der Regel auch weniger aufgeschlossen für größere Veränderungen. Frischen oder wechselnden Teams fehlt zwar das vertraute Zusammenspiel, doch ist es dann oft viel einfacher, sie zu veränderten Vorgehensweisen zu bewegen.

In der Wahrnehmung ihrer Verantwortung und in ihren Entscheidungen sind Geschäftsführer meistens recht allein. In Fragestellungen des Tagesgeschäftes sind auch Beiräte oder Aufsichtsräte keine Hilfe für Geschäftsführer. Wenn sie ihre Organisation nicht in einem Geschäftsführer-Team führen, müssen sie sich – ähnlich wie Kapitäne/Skipper – auf ihren gesunden Menschenverstand und ihre Intuition verlassen. Selbstverständlich sind Geschäftsführer in ihrer Führungspraxis an das Arbeitsrecht gebunden, das sie kennen sollten. Um für Entscheidungssituationen mehr Sicherheit zu erlangen, bietet sich eine Teilnahme an

Seminaren über Entscheidungen in komplexen Situationen und in Führung an. Vor allem ist der offene Austausch unter Führungskräften verschiedener Unternehmen empfehlenswert. Branchenverbände, Industrieverbände wie der Bundesverband Mittelständische Wirtschaft (BVMW) und regionale Institutionen wie die Industrie- und Handelskammern bieten geeignete Plattformen dafür.

Die Crew

Der Kapitän/Skipper muss seine Crew kennen. Er muss die Fähigkeiten und die Grenzen der einzelnen Crew-Mitglieder und der Crew als Ganzes kennen.

Das Geradeausfahren ist zwar nicht ohne Tücke, wie jeder weiß, der schon einmal an einem Steuerrad stand, es lässt sich aber schnell lernen. Größere Herausforderungen stellen die Manöver dar. Der Skipper ist dafür verantwortlich, dass die Manöver im richtigen Moment angeordnet und sauber ausgeführt werden. Zu diesen Manövern zählen insbesondere Kursänderungen. Auf Segelschiffen sind dazu sowohl Wenden als auch Halsen zu beherrschen. Das An- und Ablegen und Seenotmanöver zählen auch zu den Vorgängen, die eine besondere Aufmerksamkeit verlangen.

Darüber hinaus muss die Crew in der Lage sein, das Schiff instand zu halten. Dazu hat der Skipper sicherzustellen, dass die erforderlichen Kompetenzen jederzeit in der Crew abrufbar sind. Die elementaren Fähigkeiten sollten mehrfach in der Crew angelegt sein. Dazu zählen vor allem die grundlegenden nautischen Führungsfähigkeiten, das Schiff zu steuern, zu navigieren und am Funkverkehr teilzunehmen. Heute stehen der Besatzung nützliche elektronische Hilfsmittel zur Verfügung. Satellitengestützte Navigation, elektronische Seekarten mit automatisierter Positionsbestimmung und überall abrufbare Wetterdienste sind bereits Standard. Dennoch muss in der Besatzung noch die Fähigkeit bestehen, ohne diese Hilfsmittel den Standort zu bestimmen, den Kurs auf Papierseekarten unter Berücksichtigung von Abdrift, Strömungseinfluss und Deviation abzustecken und Wettersignale ohne Wetterdienst wahrzunehmen und kompetent zu beurteilen.

Die Fähigkeiten, an Manöverarbeiten mitzuwirken, sollten von allen Crew-Mitgliedern beherrscht werden. Daneben gibt es an Bord unterstützende Arbeiten, die gewisse Fähigkeiten erfordern, wie das Kochen für die Besatzung oder das regelmäßige Reinigen des Schiffes. Auch dies muss der Skipper sicherstellen, entweder durch feste oder durch rotierende Dienste.

Neben den „Schönwetter"-Fähigkeiten werden mechanische Fähigkeiten gebraucht, um im Bedarfsfall den Antrieb oder die Rudermaschine instand setzen zu können. Es werden Fähigkeiten im Knotenknüpfen und in der Spleißtechnik gebraucht, um Leinen vorzubereiten oder zu reparieren. Außerdem sind Fähigkeiten erforderlich, mit denen eingerissene Segel genäht und Lecks mit Bordmitteln abgedichtet werden können.

Und es muss auch die Fähigkeit angelegt sein, mit der Crew notfalls ein Unwetter zu überstehen. Schwere Stürme sind für Schiffe und ihre Besatzung immer noch große Gefahren. Um das Heraufziehen solcher Ausnahmesituationen rechtzeitig zu erkennen und dann schnell die richtigen Entscheidungen zu treffen (Ladungssicherung, Kursänderung, Segel reffen, Hafen anlaufen), brauchen Kapitäne/Skipper hervorragende Kenntnisse betreffend die Belastbarkeit von Material und Menschen, ausgeprägte Führungsfähigkeiten und eine besondere physische und psychische Stärke. Vor allem zeigt sich aber in solchen Ausnahmesituationen, wie gut die Crew wirklich zusammenarbeitet. Auf See ist die Besatzung auf die eigenen Fähigkeiten angewiesen. Es kann keine schnelle Hilfe von Dritten erwartet werden.

In Unternehmen außerhalb der Seefahrt werden Vorstellungsgespräche geführt, bevor neue Mitarbeiter in die Belegschaft aufgenommen werden. Diese Vorstellungsgespräche dürfen nicht an der Oberfläche bleiben, sondern müssen die relevanten Themen wirklich behandeln. Vor allem darf die Eignungsbeurteilung nicht nur auf die fachliche Eignung der Kandidaten beschränkt bleiben, sondern muss auch die persönlichen Eigenschaften umfassen. Thomas Krings, ein Management-Coach und Trainer, empfiehlt: „Wer geht vor was!" Es kommt besonders darauf an, dass der Kandidat gut in sein künftiges Umfeld hineinpasst. Die Arbeit selbst wird er bewältigen können, wenn er eine solide fachliche Basis mitbringt. Passt ein Kandidat aber persönlich nicht in sein Umfeld, wird es früher oder später zu Reibung kommen, die schwerlich beseitigt werden kann. Solche personellen Fehlentscheidungen kann sich kaum eine Organisation leisten. Am Ende kommt es ja darauf an, eine starke „Crew" aufzubauen. Die Crew ist das eigentliche Potenzial jedes Unternehmens, sie ist die Basis für Alleinstellungsmerkmale und Entwicklung.

Wie in der Seefahrt müssen Geschäftsführer mit ihrer Belegschaft gewisse Standardmanöver einüben, bis sie wirklich sitzen. Dazu zählen mit Sicherheit der Angebotsprozess, einschließlich der sicheren Kalkulation, und der Leistungserstellungsprozess mit den erforderlichen Prüfungen und Abnahmen. Aber auch „Mann-über-Bord-Manöver" müssen in Unternehmen geübt werden: der substanzerhaltende Umgang mit Fehlern, der Umgang mit schwierigen Situationen, wie hoher Wettbewerbsintensität, mit scharfen Attacken, unerwartetem Kundenverlust, einem spürbaren Markteinbruch oder Lieferschwierigkeiten eines Schlüssellieferanten. In solchen Situationen müssen alle Mitarbeiter am selben Strang ziehen. Jeder muss Beiträge zur Überwindung der Situation leisten. Damit das aber möglich wird, muss der Geschäftsführer zum einen sicherstellen, dass entsprechende Fähigkeiten in der Organisation ausgebildet sind, und zum anderen ein Vertrauensverhältnis hergestellt haben und die Belegschaft laufend offen über die aktuelle Situation und die Aussichten informieren.

Schließlich müssen Geschäftsführer auch wissen, welche zusätzlichen Belastungen sie ihrem Unternehmen und ihrer Belegschaft aufbürden können, ohne sie zu überlasten. Sie müssen beurteilen können, welchen „Sturm" ihr Unternehmen überstehen kann. In ruhigen Phasen können sie die „Sturmfähigkeit" ihres Unternehmens durchaus ausweiten. Die wichtigsten Ansatzpunkte dafür sind die gelebte Prozessqualität (Manöversicherheit), die Flexibilität der Organisation (Wendigkeit), Verträge und finanzielle Reserven (Stabilität).

Nautische Etikette
In der Seefahrt gibt es Gepflogenheiten, die gute Seeleute einhalten. Seeleute stehen füreinander ein. Sie sitzen „im selben Boot" und müssen gemeinsam erfolgreich sein. Seeleute helfen sich gegenseitig. Wenn ein Schiff in Schwierigkeiten gerät, kommen Besatzungen anderer Schiffe selbstverständlich zu Hilfe.

Zu der nautischen Etikette zählt auch die Identifikation der Besatzung mit ihrem Heimatland. Die Besatzung repräsentiert ihr Heimatland überall, wohin ihr Schiff fährt. Gleichzeitig bringt die Besatzung dem Land und seiner Kultur Respekt entgegen, in dem es sich befindet. Diese beiden Haltungen bringt die Besatzung durch das Hissen der Flagge des Heimatlandes am Heck des Schiffes und der Flagge des Landes, in dessen Gewässern sich das Schiff gerade aufhält, an der Steuerbord-Saling zum Ausdruck.

Unternehmen brauchen eine starke Identität, um sich von anderen Unternehmen deutlich abzugrenzen. Sie brauchen auch Gemeinsamkeiten mit anderen Organisationen, um sich in interorganisationale Geschäftsprozesse einzufügen. Geschäftsführer müssen dafür sorgen, dass die Einzigartigkeiten herausgearbeitet und kommuniziert werden, aber auch die Aspekte entwickeln und kommunizieren, die eine Anschlussfähigkeit der Organisation an ihr Umfeld ermöglichen. Alleinstellungsmerkmale können besondere, schwer nachzuahmende organisationale Fähigkeiten sein. Die Anschlussfähigkeit kann in definierten technischen, organisatorischen oder kommerziellen Schnittstellen zu anderen Unternehmen bestehen, die komplementäre Leistungen anbieten. Gute „Seeleute" booten sich nicht gegenseitig aus, sondern sind an einer langfristigen Partnerschaft interessiert. Entsprechend fair gehen sie miteinander um. Natürlich geht es am Ende um Gewinn, aber eine nachhaltige Einbindung in Geschäftsprozesse kann ein größerer Gewinn sein als kurzfristiges Abschöpfen. Gutes Management wird eben auch durch den Zugang zu guten Mitarbeitern (Employer Branding) und den Zugang zu attraktiven Aufträgen belohnt – und trägt so maßgeblich zur Stabilisierung des Unternehmens bei.

Literaturquelle

Boysen, Werner. 2009. *Management Turnaround*. Wiesbaden: Gabler Verlag.

Parallelen zwischen Ausdauersport und Management

Zusammenfassung

Aus dem Ausdauersport können Erkenntnisse gewonnen werden, die sich auf Organisationen übertragen lassen. In diesem Beitrag wird anhand des Triathlons die Bedeutung eigener Motivation und Leistungsbereitschaft auf die Leistungsentwicklung, aber auch die leistungssteigernde Wirkung von Intervalltraining und Trainingspausen gezeigt. Der Einfluss der Qualität von Teams auf die Motivation und die Leistung kann aus dem sportlichen Umfeld auf die Arbeit in Organisationen übertragen werden. Die Ernährung von Athleten im Ausdauersport lässt ebenfalls Schlüsse auf die richtige Energiezufuhr in Unternehmen zu. Und auch auf die Frage, ob neue Management-Methoden aufgegriffen werden sollten, hält der Sport Antworten bereit, die in diesem Beitrag ausgeführt werden. Schließlich legt ein Blick in die Welt des Sports nahe zu prüfen, welches Leistungsniveau von bestimmten Organisationen überhaupt erwartet werden kann und wie sie darauf vorbereitet werden können.

Durchbeißen

Einen Triathlon bewältigt kaum jemand aus dem Stand heraus. Die Sportart erfordert langjähriges, regelmäßiges Training mit hoher zeitlicher und physischer Beanspruchung. Dieses hohe Maß an Einsatz, Leistungsbereitschaft und Leistungsfähigkeit zu erbringen, verlangt nach einem starken Willen. Sowohl in den Trainingseinheiten als auch in den Wettkämpfen beißen sich Triathleten immer wieder durch und kämpfen nahe an ihren persönlichen Grenzen.

W. Boysen, *Grenzgänge im Management*, DOI: 10.1007/978-3-658-01024-9_8, © Springer Fachmedien Wiesbaden 2013

Durch diese regelmäßige Beanspruchung im Grenzbereich können Triathleten ihre eigenen Grenzen immer wieder ein Stück weiter hinausschieben und ihre Leistung noch weiter steigern.

„Die Grenze ist dort, wo die menschliche Vorstellungskraft endet."
(Norman Bücher, Extremsportler)

In der beruflichen Sphäre gilt dasselbe. Der Wille, ständig Leistung auf einem hohen-Niveau zu erbringen, ist eine notwendige Voraussetzung für hohe berufliche Leistungsfähigkeit. Die Kür ist dann erbracht, wenn darüber hinaus der Wille zur weiteren Leistungssteigerung besteht. Für Performer ist der berufliche Alltag ein Ausdauersport mit Hochleistungseinlagen. Auch im Beruf ist es erforderlich, sich durch Herausforderungen durchzubeißen. Hier liegen diese oft in der Erarbeitung durchsetzungsfähiger Lösungen und in der Begeisterung und Motivation der in die Umsetzung eingebundenen Menschen.

Pausen, Intervalle

Das ist aber nur eine Facette auf dem Weg zu erfolgreicher Hochleistung. Manche Triathleten kennen den Effekt eines Leistungsabfalls, wenn sie ihrem Körper keine Ruhephasen zugestehen. Ein Mehr an Einsatz allein führt nicht unbedingt zum Erfolg. Um zu Hochleistung zu gelangen, müssen Triathleten Reize setzen und ihrem Körper Zeit lassen, die Trainingseffekte zu verarbeiten. Das ausgewogene Wechselspiel zwischen harten Einsätzen und Ruhepausen ist ein wichtiger Schlüssel zum Erfolg. Für dieses ausgewogene Intervalltraining ist der Sportler selbst verantwortlich, aber sein Trainer muss diese Einsicht natürlich auch haben und in seine Trainingspraxis einbringen. Wird eine ganze Mannschaft ohne Ruhephasen trainiert, um den Erfolg vermeintlich schneller herbeizuführen, wird im Ergebnis das Gegenteil eintreten: Die Mannschaft wird erfolglos.

Auch im beruflichen Umfeld können wir beobachten, dass Mitarbeiter und Teams, die über einen langen Zeitraum unter höchster Anspannung arbeiten, ohne dass sie regelmäßig Ruhepausen einlegen können, ihre Leistung nicht aufrechterhalten können – vielmehr fällt das Leistungsvermögen ab. Jeder Mensch ist selbst für seine Leistungsfähigkeit verantwortlich. Diese Eigenverantwortung muss allerdings Hand in Hand mit den Rahmenbedingungen gehen, die das Management setzt. Eine von Kostendruck geprägte chronische Unterbesetzung trotz Auslastungsperspektive kann in die Sackgasse führen. Wenn die Hauptlast auf wenigen kompetenten Mitarbeitern liegt, die ständig in ihrem persönlichen Grenzbereich agieren, muss mit einem Leistungsabfall gerechnet werden, der sich sicherlich zu einem organisationalen Leistungsabfall ausweiten wird.

Team-Building

Triathleten sind im Prinzip Einzelkämpfer. In Liga-Wettkämpfen treten sie aber als Mannschaft an. Jeder Athlet trägt zum Ergebnis der Liga-Mannschaft seinen Leistungsanteil bei. Hier setzt der Team-Geist ein. Je besser sich die Sportler bereits in der vorbereitenden Trainingsphase gegenseitig motivieren und Energie geben, desto positiver entwickelt

sich der Mannschafts-Spirit. Die Mannschaft wächst zusammen. Als Mannschaft verset-
zen sich die einzelnen Sportler in die Lage, noch leistungsfähiger zu werden, als sie dies allein
zustande brächten. Eine durch die Gruppendynamik angefachte gewisse gegenseitige
Leistungserwartung fördert die Trainings-Disziplin. Außerdem erfahren die Sportler durch
ihren Austausch untereinander Impulse für ihre eigene Trainingsmethodik. Schwierigkeiten
und Formtiefs lassen sich in der Gemeinschaft besser auffangen als allein. Nicht zu vernachläs-
sigen ist auch der Spaß eines Gruppentrainings. Schließlich sind wir Menschen soziale Wesen.
Der Spaßfaktor in der Gruppe fördert die persönliche Leistungsentfaltung erheblich und stärkt
dadurch die Mannschafts-Performance. Trainer wissen, dass im Wettbewerb mit anderen
Mannschaften das Herausarbeiten der eigenen Mannschaftsidentität und scharfe Abgrenzung
zu anderen Mannschaften förderlich sind. Man denke an die Schlachtrufe von Teams.

In Unternehmen werden hervorragende Spezialisten und eine ausgeprägte Team-Stärke gebraucht. Einzelkämpfer in Unternehmen führen zu Abgrenzungen, lösen politische Spielchen aus und erhöhen die Reibung entlang der Prozesse, statt die Durchgängigkeit der Abläufe zu fördern. Selbstverständlich ist die klare Zuordnung von Verantwortung erforderlich. Zusätzlich ist aber sowohl auf die Anschlussfähigkeit zwischen den Arbeitsbereichen als auch insbesondere zwischen den eingebundenen Personen zu achten. Je besser sich die Mitarbeiter als Einheit verstehen, desto kraftvoller und abgestimmter werden sie ihre Potenziale für das Unternehmen einsetzen. Das erfordert allerdings, dass die Mitarbeiter das „Big Picture" erkennen. Auch hier spielt Eigenverantwortung eine große Rolle. Das Management muss von Mitarbeitern erwarten können, das Unternehmen in seiner Mission verstehen zu wollen. Aber auch das Management ist gefordert, den Mitarbeitern Orientierung zu geben und ihren Blick über die eigenen Abteilungsgrenzen hinaus zu richten. Je besser das gegenseitige Verständnis der Mitarbeiter für die Belange ausgeprägt ist, die sich an ihre Arbeitsgebiete anschließen, desto eher werden sie an einem Strang ziehen. Das Management muss deshalb darauf hinarbeiten, dass seine Organisation sich selbst möglichst gut kennt und kollektiv weiß, wie die Organisation „funktioniert". Dann wird sie in der Lage sein, ihre Stärken selbstbewusst und schlagkräftig im Markt auszuspielen und zu gewinnen.

Ernährung

Sind die Energiespeicher des menschlichen Körpers mit Glykogen, der Speicherform von
Glukose, gefüllt, ist der Körper in der Lage, 60 bis 90 Minuten Hochleistung zu liefern.
Werden keine weiteren Energieträger aufgenommen, kommt es nach dieser Zeit zu einem
abrupten und spürbaren Leistungsabfall. Bereits die olympische Triathlondistanz erfordert bei
hervorragenden Athleten zwei Stunden Spitzenleistung, bei der Mehrzahl der Hobbyathleten
um die drei Stunden, also deutlich länger, als die Energiespeicher Glukose liefern können.
Ausdauersportler müssen ihrem Körper bei langen Trainings- oder Wettkampfeinheiten
deshalb regelmäßig nicht nur Flüssigkeit, sondern auch Nährstoffe zuführen. Insbesondere
braucht der Körper Kohlenhydrate, um Glukose für die Leistungsabgabe zu bilden. Wichtig
ist eine leicht und schnell verfügbare Kohlenhydratzufuhr. Dafür werden gern Energieriegel in
kleinen Portionen eingesetzt. Sie enthalten einen hohen Anteil an Kohlenhydraten und kaum

Fett. Ein geringer Fettgehalt ist deshalb wichtig, weil Fett Nahrungsmittel lange im Magen hält. Damit würde die Energie, die der Körper aus den Kohlenhydraten gewinnen kann, der Muskulatur erst später zur Verfügung stehen.

Vor allem kommt es auf die rechtzeitige Aufnahme von Kohlenhydraten an. Das stellen Ausdauersportler dadurch sicher, dass sie regelmäßig Kohlenhydrate zu sich nehmen, etwa alle 20 Minuten einen Riegel, eine Portion Power-Gel, ein Stück Banane oder ein energiehaltiges Sportgetränk. Wenn die Kohlenhydrate erst dann zugeführt werden, wenn der Körper bereits Hunger signalisiert, ist es zu spät. Es wird ein schmerzlicher Leistungsabfall stattfinden, bis die spät aufgenommenen Kohlenhydrate in der Muskulatur ankommen.

Auch Unternehmen sind Ausdauersportler. In diesem Sinne sind auch Unternehmen auf eine laufende Energiezufuhr angewiesen. Unternehmen brauchen Energie in Form des von den Mitarbeitern bereitgehaltenen Potenzials. Dieses Potenzial kann in die Anwendung von Methoden, in die Entwicklung neuer Marktleistungen, in die Marktbearbeitung und in die Fertigungsprozesse geleitet werden und in Betriebsleistung umgesetzt werden.

Wird das Potenzial der Belegschaft bei langer und intensiver Beanspruchung voll ausgeschöpft, ohne dass neues Mitarbeiterpotenzial zugeführt wird, wird die Organisation einen Leistungsabfall hinnehmen müssen. Das Mitarbeiterpotenzial kann durch motivierende Führung weiter ausgeschöpft werden. Es kann auch regeneriert werden, indem Mitarbeitern Auszeiten zugestanden werden. Wenn sich allerdings wirklich Engpässe oder Grenzen abzeichnen, muss rechtzeitig neue Energie zugeführt werden. Rechtzeitig bedeutet, dass die Zufuhr nicht erst dann erfolgen darf, wenn sich Leistungsprobleme niederschlagen. Denn auch neu zugeführte „Energieträger" müssen sich zunächst orientieren und einarbeiten, bevor sie ihre Energie freisetzen und der Betriebsleistung zuführen können. Für eine stetige Leistungsentwicklung ist deshalb eine vorausschauende Personalplanung notwendig.

Dasselbe gilt für Ersatzinvestitionen. Ist beispielsweise eine Maschine bereits ausgefallen, wird die Betriebsleistung unweigerlich abfallen. Die Umsetzung der Ersatzinvestition fällt dann in den Bereich des Trouble-Shootings. Die Zeit, die für die Auswahl einer geeigneten Ersatzmaschine, für die Investitionsrechnung, für die Freigabe der Investition, für die Lieferzeit und für die Inbetriebnahmephase erforderlich ist, fügt der Organisation einen Schaden zu, der bei rechtzeitiger Ersatzinvestition vermieden werden kann. Darin besteht der wesentliche Vorteil regelmäßiger Planinvestitionen.

Offen für neue Methoden
Erfolgreiche Triathleten verlassen sich nicht auf einmal erlernte Muster; vielmehr scannen sie und ihre Trainer immer neue methodische Ansätze und prüfen sie vor dem Hintergrund ihrer eigenen sportlichen Zielsetzung und ihrer persönlichen Möglichkeiten. Die vergangenen Jahrzehnte haben gezeigt, dass sich Trainingsmethoden deutlich weiterentwickelt und ausdifferenziert haben. Dabei fällt die Entscheidung für eine Methode nicht leicht. Athleten und Trainer müssen sich mit der Materie intensiv auseinandersetzen, bisher angewandte Methoden immer wieder auf den Prüfstand stellen und interessante neue Ansätze vorsichtig und aufmerksam testen.

Auch Unternehmen müssen die Entwicklungen und Konvergenzen von Technologien und verfahrenstechnische Fortschritte erkennen und sorgfältig prüfen, ob und wie sie für ihr Geschäft eingesetzt werden können. Organisationale Stabilität ergibt sich aus der Flexibilität und Anpassungsfähigkeit der betroffenen Organisation. Je osmotischer das Management die Schnittstellen zwischen seinem Unternehmen und dessen Umfeld anlegt und je stärker es die Mitarbeiter animiert, Impulse auf die Unternehmenssituation zu beziehen, und sie dafür honoriert, immer wieder neue Ansätze mit Mut und Augenmaß auszuprobieren, desto dichter ist das Unternehmen am Puls des Marktes und desto gezielter kann es sich entwickeln.

Sprunghafte Leistungssteigerungen

Triathleten, die über einen längeren Zeitraum auf einem mittleren Leistungsniveau trainiert haben und nun einen spürbaren Leistungssprung erreichen möchten, treffen in der Regel auf unerwartete Schwierigkeiten. Sicher werden sie durch bessere Technik und bessere mentale Vorbereitung gewisse Leistungsfortschritte zeigen können. In dem Maße, in dem ihr Körper nun stärker gefordert wird, treten aber auch die Symptome degenerativer Veränderungen und nicht richtig auskurierter Verletzungen zutage. Außerdem kann die stärkere Beanspruchung den Sportler mit seinen athletischen und gesundheitlichen Möglichkeiten schlicht überfordern. Wenn Triathleten und Trainer zu schnell zu hohe Leistungserwartungen haben, werden beide Enttäuschungen hinnehmen müssen. Zunächst muss das Talent des Athleten bzw. der Mannschaft kritisch beurteilt werden. Nur wenn die Anlagen für höhere Leistungen gegeben sind, lohnt sich der Schritt, die Voraussetzungen für den angestrebten sprunghaften Leistungsschub zu schaffen. Das bedeutet, dass Athleten nun die Zeit und die Konsequenz aufbringen müssen, Verletzungen auszukurieren und gesundheitliche Schwachstellen zu beseitigen. Nur wenn diese Voraussetzungen erfüllt werden können, lohnt es sich, in der nächsten Phase Zug um Zug die Trainingsintensität und -häufigkeit zu erweitern. Sprunghafte Leistungssteigerungen werden mit hoher Wahrscheinlichkeit zu plötzlichen Rückschlägen führen, die die Situation gegenüber der Ausgangssituation sogar verschärfen können.

Manager, die sich mit ihren Unternehmen in einen verschärften Wettbewerb hineinbewegen oder ihr Unternehmen durch eine akute Krise führen müssen, sind geneigt, sprunghafte Leistungssteigerung zu erwarten. Sicher können gute Manager gewisse Missstände kurzfristig ausräumen, doch werden sie kaum in kurzer Zeit den Durchbruch erreichen. Wenn die Leistungserwartungen zu hoch sind, ohne dass zunächst solide Grundlagen geschaffen worden sind, wird die betreffende Organisation womöglich sogar kollabieren. Das ist eine natürliche Folge der falsch verstandenen Möglichkeiten. Zu den zu erfüllenden Voraussetzungen zählen vor allem der Aufbau methodischer Fähigkeiten und die gezielte Veränderung organisationaler Handlungsmuster. Neue Muster müssen verinnerlicht werden, und das braucht Zeit. Wenn Manager grundsätzlich davon überzeugt sind, dass die erforderliche Leistungssteigerung erreicht werden kann, sollten sie sich die für die Veränderung benötigte Zeit kaufen – von den Gesellschafter oder dritten Kapitalgebern. Bestünden grundsätzliche Zweifel an der Entwicklungsfähigkeit, sollte der Gedanke aufgegeben werden, die höhere Leistungsstufe zu erreichen. Vielleicht gibt es alternative Wege. Durch diese Weitsicht zeichnet sich verantwortungsvolles Management aus.

Leistungsmessung

Triathleten unterziehen sich immer wieder Leistungstests im Training und in Wettkämpfen. Anhand der Ergebnisse kann der Erfolgsgrad der angewandten Vorgehensweise beurteilt werden. Ohne jegliche Leistungsüberprüfung hätten die Athleten keinen Maßstab und keinen Anreiz. Es würde auch das Momentum fehlen, gegebenenfalls etwas an der bisherigen Vorgehensweise zu verändern. Die Aufschlüsselung der Wettkampfergebnisse nach den Disziplinen zeigt den Triathleten, wie ausgewogen trainiert sie sind und ob sie die Übergänge zwischen den Disziplinen reibungsarm bewältigen.

Auch in der Wirtschaftswelt werden Leistungstests benötigt. Unternehmen setzen sich laufend solchen Leistungstests aus. Sie stehen im Markt im Wettbewerb mit anderen Unternehmen. Aber was ist mit den Mitarbeitern, was ist mit den Teams? In welcher Form finden für sie Leistungstests statt? Wenn keine Messung stattfindet, ist die Organisation orientierungslos. Sowohl die individuelle als auch die organisationale Leistungsfähigkeit hängen zunehmend von der Fähigkeit ab, sich in verschiedenen Disziplinen zu bewegen. Deshalb bietet sich die Balanced Scorecard nach Kaplan und Norton als geeignetes Vorgabe- und Review-Instrument an, da sie auf die vier wesentlichen Leistungsfelder von Unternehmen eingeht: die Personalperspektive, die Finanzperspektive, die Prozessperspektive und die Kundenperspektive sowie auf die Abhängigkeiten untereinander. Leistungsmessung vor dem Hintergrund von Zielsetzungen ist ein wichtiges Führungsinstrument. Manager sollten sich fragen, ob sie die relevanten Leistungen wirklich messen.

Alterungsvorgänge

Sportler altern, ob sie nun trainieren oder nicht. Irgendwann gelangen auch gesunde Sportler an einen Wendepunkt, den sie akzeptieren müssen. Es wäre sinnlos, diesen Wendepunkt zu ignorieren. Jede Kraft, die darauf verwendet würde, gegen diesen natürlichen Lebenszyklus anzusteuern, wäre vergeudet und würde physischen und psychischen Schaden anrichten. Sportler müssen sich in ihren Lebenszyklus fügen. Zwar können sie vor allem durch bewusste Ernährung den Alterungsprozess hinauszögern, aber sie können ihm nicht entkommen. Umso wichtiger ist es für Sportler, andere Interessen zu pflegen und Hobbys aufzubauen, denen sie im fortgeschrittenen Lebensalter nachgehen können.

Aber Mannschaften können sich, anders als einzelne Sportler, sehr wohl regenerieren. Aus dem Profisport wissen wir, welche Bedeutung der Rekrutierung von Leistungssportlern zukommt. Der War for Talents entscheidet über Ergebnisse, Platzierungen und Einnahmen der Vereine. Mit einer gelungenen Mannschaftsbildung kann eine positive Rückkopplungsspirale nach oben eingeleitet werden. Deshalb ist die laufende Optimierung der Team-Zusammensetzung und des Zusammenspiels der Team-Mitglieder so wichtig. Der Trainer ist in seiner Rolle verantwortlich für den Erfolg. Der Hebel, den seine Tätigkeit bedient, ist enorm. Gelingt ihm die Aufgabe, steht er selbst hoch im Kurs, gelingt sie ihm nicht, wird er zeitnah ausgetauscht.

Dasselbe Phänomen gilt auch für betriebliche Organisationen – auch sie altern. Ihre Mitglieder, in Unternehmen die Belegschaft, aber auch Organisationen als Ganzes altern. Nur haben Organisationen, anders als einzelne Personen, die Möglichkeit, sich laufend und nachhaltig zu verjüngen. Sie müssen nicht mit den Gegebenheiten leben. Organisationen können sich theoretisch unendlich lange halten. Es gibt Unternehmen, die mehrere Hundert Jahre erfolgreich am Markt sind. Mit Bewunderung nahm ich vor einiger Zeit eine Unternehmenspräsentation des Bankhauses Johann Berenberg, Gossler & Co. KG wahr, da seine Geschäftstätigkeit bis in das Jahr 1590 zurückverfolgt werden kann. Das sind 422 Jahre Bestand. Diese organisationale Fähigkeit ist ein großer Vorzug einzelnen Menschen gegenüber, der aber auch konsequent erschlossen werden muss. Vor allem müssen dazu die Veränderungs- und die Anpassungsfähigkeit in Organisationen entwickelt werden. Impulse müssen aufgenommen und von der Organisation verarbeitet werden. Es müssen immer wieder Häutungen durchlaufen werden, während derer Neues eingeführt wird – aber auch eine beherzte Trennung von obsoleten Bestandteilen umgesetzt wird, um den Raum für das Neue zu schaffen und zu jedem Zeitpunkt strategische und operative Klarheit herzustellen, auch wenn sie sich mit den Veränderungen wandelt. Organisationen, die Lebenszyklen ihrer Geschäftsmodelle oder Marktleistungen als Cashcow auslaufen lassen, ohne rechtzeitig in den Aufbau neuer Standbeine investiert zu haben, können sich nicht halten.

Führungskräfte sind aufgefordert, die Bereitschaft zu diesem permanenten Wandel in der Belegschaft herzustellen. Das beginnt bei der Auswahl der Mitarbeiter und setzt sich bei der Führung fort. Weitsicht und ein Führungsstil, der Eigeninitiative fördert, indem Verantwortung mit einer angemessenen Fehlertoleranz im Einklang steht, fördern die Anpassungsfähigkeit, sichern die permanente organisationale Leistungsfähigkeit und führen zu einer hohen Lebenserwartung, die Sportlern nicht beschert wird. Führungskräfte, die diese Aufgabe meistern, werden hoch bezahlt, weil sie ihren Unternehmen ein Vielfaches ihrer Kosten einspielen. Führungskräfte, die nichts Wesentliches bewegen, müssen beherzt ausgetauscht werden wie wirkungslose Trainer. Sonst schaden sie ihrem Arbeitgeber durch verpasste Chancen zur Weiterentwicklung der Organisation.

Systemische Zusammenhänge am Beispiel des Triathlon

9

Zusammenfassung

Am Beispiel des Triathlons werden die wesentlichen Wechselwirkungen herausgearbeitet, die das Ergebnis beeinflussen. Dieser Beitrag zeigt, dass das Resultat sowohl im Triathlon als auch in der Führungspraxis nicht unerheblich von Übergängen und Kopplungen zwischen den Disziplinen abhängt. Er zeigt auch, dass die Wahl der Leistungsklasse die Entwicklung beeinflusst und welche Bedeutung die Mikronährstoffe auf eine ausgewogene, leistungsunterstützende Ernährung haben. Außerdem geht der Beitrag auf die Bedeutung der Technik und Möglichkeiten eines sinnvollen Umgangs mit Widrigkeiten ein. All diese Beobachtungen aus dem Triathlon werden auf die Managementpraxis übertragen und konkrete Empfehlungen herauskristallisiert.

Sowohl Triathlon als auch Management sind auf Ausdauer ausgelegt und beide Aktivitäten sind hoch komplex sowie anspruchsvoll und lassen deshalb ein großes Potenzial systemischer Lösungsansätze vermuten. Deshalb bot es sich für mich an, nach Erkenntnissen im Triathlon zu suchen, die sich auf die Unternehmensführung übertragen lassen.

Die besondere Herausforderung des Triathlons besteht in der Kopplung von drei Ausdauersportarten. Es bietet sich deshalb an, sich zunächst die Übergänge und die

W. Boysen, *Grenzgänge im Management*, DOI: 10.1007/978-3-658-01024-9_9,
© Springer Fachmedien Wiesbaden 2013

Kopplung der Disziplinen anzusehen, bevor nach Parallelen bezüglich Rückkopplungen und Anpassungsvorgängen gesucht wird.

Anschließend werden Gedanken über die Wahl der „Leistungsklasse" angestellt, um dann die Auswirkung der Belastungsart auf die Leistungssteigerung zu betrachten. In der Folge wird auf die Energie- und Baumaterialzufuhr, sprich auf die Ernährung eingegangen, und zwar sowohl auf die Bedeutung der Makro- als auch diejenige der Mikronährstoffe. Dann wird die unterstützende Technik behandelt, bevor auf den Umgang mit unerwartet eintretenden Widrigkeiten eingegangen wird. Schließlich wird die Sinnfrage angesprochen, über die Menschen am besten motiviert werden, und die Menschen Orientierung und den Aktivitäten ihre Richtung gibt.

Die Parallelen zwischen dem Triathlon und der Unternehmensführung sind erstaunlich und deren Betrachtung erschließt viele konkrete Verbesserungsmöglichkeiten für die Unternehmenspraxis.

Übergänge und Kopplung der Disziplinen

Triathlon erfordert von Sportlern Vielseitigkeit. Triathleten müssen nicht nur drei Ausdauersportarten beherrschen, sondern sie auch nahtlos koppeln können. Mehr als um Exzellenz in einzelnen Sportarten geht es also darum, den Energiefluss über die drei Sportarten hinweg zu erhalten, ohne Probleme beim Wechsel zu bekommen und ohne einzubrechen. Um die Übergänge zwischen den Disziplinen zu bewältigen, sind – neben der Grundlagenausdauer – die Wechsel zu üben und Koppeltrainings zu absolvieren. So werden erfahrene Triathleten die Schwimmstrecke mit Leistungsreserven absolvieren, um Energie für die folgenden Abschnitte zu sparen. Sie werden die letzten Minuten der Radstrecke relativ locker mit einer relativ hohen Trittfrequenz in einem kleinen Gang fahren, um die Beine bereits für die Laufstrecke zu lockern.

Diese *Weitsicht* und *Durchgängigkeit* können auf Unternehmensprozesse übertragen werden, die sich in der Regel aus gekoppelten funktionalen Teilabläufen zusammensetzen. Erfolgreich sind Unternehmen noch nicht dadurch, dass sie in verschiedenen betrieblichen Funktionen hervorragend arbeiten, sondern erst dadurch, dass der *gesamte Geschäftsprozess ganzheitlich angelegt ist und durchgehend flüssig abläuft.* Die *Gestaltung der Schnittstellen* zwischen den funktionalen Einheiten und Personen hat einen erheblichen Einfluss auf die organisationale Leistungsfähigkeit und das Unternehmensergebnis. Job Rotation, eine teamorientierte Arbeitsweise und eine prozessorientierte Kommunikation können maßgeblich dazu beitragen, ein funktionsübergreifendes Verständnis zu entwickeln.

Rückkopplungen und Anpassungsvorgänge

Zurück zum Triathlon: Mit der Kopplung der triathletischen Disziplinen ist es nämlich noch nicht getan. Vielmehr ist gerade beim Triathlon das Training in den einzelnen Disziplinen hinsichtlich der Trainingsfrequenz und des Umfangs sowie der Intensität der einzelnen Trainingseinheiten aufeinander abzustimmen. Denn die Art und Weise, in der eine Disziplin trainiert wird, wirkt sich auf die Leistungsfähigkeit des Sportlers in anderen Disziplinen spürbar aus. Wird eine Disziplin im Verhältnis zu anderen übermäßig trainiert – in der Regel wird dies die bevorzugte Disziplin sein, in der der Sportler sowieso schon gut ist –, dann leiden nicht nur die Fortschritte, sondern auch die grundlegenden Bewegungsabläufe der anderen Disziplinen darunter. Das Gesamtergebnis wird geschmälert. Rückkopplungen auf ihr Training erhalten Triathleten durch die Wettkampfergebnisse. Sie bieten Gelegenheit, das Trainingsprogramm zu hinterfragen und es gegebenenfalls in geeigneter Weise anzupassen.

In der Managementliteratur trifft man gelegentlich auf die Empfehlung, die Stärken zu stärken. Genau diese Haltung führt zu Unausgewogenheit. Besser als einzelne Stärken weiter auszubauen, sollte das Management dafür sorgen, *dass schwach ausgeprägte Fähigkeiten ergänzt werden.* Eine solche Ergänzung kann durchaus durch strategische Partnerschaften erfolgen. Insgesamt sollten *alle erforderlichen Fähigkeiten in einem ausgeglichenen Verhältnis* vorliegen. Wenn das Unternehmensergebnis nicht den Vorstellungen der Gesellschafter entspricht, sollte sich das Management mit einer *möglichen Anpassung der Führung* – im Sinne einer sinnvollen Weiterentwicklung – befassen. Statt an einer Linie unbeirrt festzuhalten, sollten sowohl die strategische als auch die operative Ausrichtung durchaus immer wieder auf den Prüfstand gestellt werden. *Eine hohe strategische und operative Anpassungsfähigkeit* sind ein systemischer Erfolgsfaktor.

Wahl der Leistungsklasse

Jeder Athlet muss „seine Distanz" und „sein Tempo" finden. Ein Triathlet, der über die olympische Distanz (1,5 km schwimmen, 40 km radfahren, 10 km laufen) Topleistungen bringt, muss nicht unbedingt für einen Ironman (3,86 km schwimmen, 180,2 km radfahren, 42,195 km laufen) gemacht sein – und umgekehrt. Wählt ein Triathlet eine Distanz, die nicht zu ihm passt, oder überfordert er sich, indem er sich an anderen Sportlern orientiert, die bessere Voraussetzungen haben als er, wird er rasch sein persönliches Limit erreichen, dann einen Leistungsabfall erleben und dadurch vielleicht seine Motivation verlieren. Auch wenn ein Trainer deutlich höhere Anforderungen an Athleten stellt, als sie verarbeiten können, führt dies nachweislich zum Gegenteil des gewünschten Erfolgs.

Zu beachten ist dabei, dass jede Organisation – analog zu Athleten – „ihre Distanz" und „ihr Tempo" finden muss. Unternehmen können keine Allrounder sein. Es ist wichtig, eine „Kampfklasse" zu wählen, die zum Unternehmen passt. Das mag eine Kombination aus *passenden Geschäftsfeldern, passenden Aufgabenstellungen, passenden Methoden und passenden Kunden* sein.

Weicht das Management zu weit von der Idealkonstellation ab oder überfordert es die bestehende Belegschaft mit seinen verfügbaren „Hilfsmitteln", kann es zu einem Leistungsabfall kommen. Systemisch angemessen zu führen heißt hier, die gegebenen Voraussetzungen realistisch einzuschätzen, passende Aufträge zu finden und *die Organisation schrittweise zu entwickeln.* Es nützt erfahrungsgemäß auch nichts, die bestehenden Führungskräfte durch solche zu ersetzen, die ein deutlich höheres Niveau haben, weil deren Impulse von der bestehenden Organisation in der Regel gar nicht aufgenommen werden können – vielmehr sollte „auf Sichtweite" geführt werden.

Intervall-Belastung

Sportler, die lange Zeit an ihrer Leistungsgrenze trainieren, erleben keine Leistungssteigerung mehr (Ceiling-Effekt), sondern werden sogar Leistungseinbußen hinnehmen müssen. Der Körper reagiert nämlich auf Überlastung mit Nebenwirkungen wie Müdigkeit, Schmerzen oder ernsthaften Verletzungen.

Ein Verständnis für den Aufbau der Muskeln, insbesondere aber der Sehnen, Bänder und Knorpel, hilft zu verstehen, dass es förderlich ist, im Training – beispielsweise durch Intervalltraining – gezielte Reize zu setzen und das Programm durchaus mit lockeren Trainingsabschnitten zu durchsetzen, statt immer an der Leistungsgrenze zu arbeiten. Sehnen, Bänder und Knorpel brauchen lange, um sich einer gesteigerten Belastung anzupassen, weil sie wenig durchblutet sind und deshalb nur in geringem Maße in die Stoffwechselprozesse eingebunden sind.

Ein höheres Belastbarkeitsniveau aufzubauen benötigt Jahre. Natürlich möchte jeder Sportler schnell sichtbare Fortschritte machen. Unsere schnelllebige Zeit suggeriert auch, schnell große Leistungssteigerungen zu bewältigen. Erfahrene Triathleten wissen, dass sie ihrem Körper genügend Zeit geben müssen, die Trainingsreize zu verarbeiten und zu reagieren. Sie gehen den Aufbauprozess langfristig an und steigern ihr Trainingspensum ganz allmählich im Einklang mit den körperlichen Anpassungsmöglichkeiten.

Außerdem geben sie ihrem Körper nach anspruchsvollen Trainingeinheiten aktive (Cool-Down, Wechselduschen, Sauna, autogenes Training) und passive (Massage, Schlaf, trainingsfreie Tage) Ruhephasen, damit der Körper wieder Reserven bilden und seine Leistungsfähigkeit steigern kann.

Wichtig sind gerade bei Ausdauersportarten die Abwechslung im Training und die Art und Weise, in der das Trainingsprogramm vermittelt wird. Ein Triathlet, der 12 × 200 m schwimmen soll, wird die Aufgabe wie eine Wand wahrnehmen und womöglich nicht seinen vollen Einsatz bringen. Wird ihm dagegen vermittelt, er möge 4 × 200 m schwimmen, die Intensität dabei jedes Mal leicht steigern und dann das Ganze zweimal wiederholen, wird die Aufgabe greifbarer, weil sie ins „Jetzt und Hier" geholt wird. Die Konzentration wird besser, der Trainingseffekt spürbarer sein, und beides wird sich schließlich in einer stärkeren sportlichen Leistung niederschlagen.

Dasselbe gilt auch für betriebliche Organisationen, die in ihrer Leistungsfähigkeit gesteigert werden sollen. In der Praxis kann man beobachten, dass die organisationale Leistungsfähigkeit sinkt, wenn die Mitarbeiter ständig unter Leistungsdruck gehalten werden. Manche Private-Equity-Gesellschaften, deren Prinzip eine relativ kurzfristige Cashflow-Generierung ist, wenden dieses Prinzip an. Das sind die zu Recht gefürchteten Heuschrecken der Zunft der Investoren, die in Kauf nehmen, dass sowohl die operative Belastbarkeit als auch die Kreativität der Mitarbeiter sinkt. Für Gesellschafter, die langfristige Renditeziele verfolgen, *macht dauerhafter Druck deshalb keinen Sinn.* Zielsetzungen sollten anspruchsvoll sein, müssen aber ohne „Verletzungen" erreichbar sein. Eine *allmähliche Entwicklung im Einklang mit den organischen Fähigkeiten des Unternehmens* ist erfolgversprechender als ein Crash-Programm. Auch in Unternehmen gibt es „schlecht durchblutete" Bereiche, die trotzdem in Veränderungsprozesse einbezogen werden müssen, um einen Gesamterfolg ohne langwierige „Verletzungen" sicherzustellen. Die Aufmerksamkeit des Managements sollte sich deshalb auch solchen Bereichen zuwenden.

Es empfiehlt sich allerdings durchaus, auch in betrieblichen Organisationen mit gezielten „Trainingsreizen" zu arbeiten, indem beispielsweise *Projekte unter hoher Präsenz und mit hoher Intensität durchgeführt, dann aber Ruhephasen eingeräumt werden*, um Reserven zu bilden. Übrigens arbeiten die namhaften Unternehmensberatungsgesellschaften schon seit Jahren nach diesem Prinzip.

Wirksame Reize können durch ein *gezieltes Führungskräfte-Coaching* gesetzt werden. Dabei muss *darauf geachtet werden, dass die Führungskräfte die Reize wirklich aufnehmen und verarbeiten*. Zur Verarbeitung muss hinreichend Zeit gegeben werden, ohne neue Reize zu setzen. Diese Vorgehensweise des *„enzymischen" Managements*, das heißt, auf einen Prozess einzuwirken, ohne selbst darin aufzugehen, kann zu einem gelungenen *Selbstregelungsprozess* führen.

Aufgaben sollten außerdem so vermittelt werden, dass die Ausführenden sie überblicken können und unmittelbar mit der Wertschöpfung beginnen, statt aus Respekt vor der Herausforderung zunächst zu zaudern. Weder in der Vergangenheit noch in der Zukunft, sondern nur *im „Jetzt und Hier"* kann etwas bewegt werden. Deshalb muss jedem Moment höchste Aufmerksamkeit zukommen.

Makronährstoffe

Wieder zurück zum Triathlon: Die Triathlon-Aktivitäten spielen sich vor dem Hintergrund verschiedener Randbedingungen ab, die teilweise von Sportlern beeinflusst werden können, teilweise aber auch nicht. Eine wesentliche von Sportlern zu beeinflussende Randbedingung ist die Ernährung. Biologisch können Nahrungsmittel als Energiequelle und als Baumaterial für die Erneuerung der Körperzellen betrachtet werden. Auf eine ausgewogene Zufuhr der Makronährstoffe Kohlenhydrate, Fette und Proteine achten Sportler besonders. Während Kohlenhydrate und Fette Energie liefern, werden aus Proteinen und Wasser Muskelstrukturen gebildet.

Die Ernährung sollte auf die jeweilige Trainingsphase abgestimmt werden. So braucht der Körper einige Stunden vor intensiven Trainingsabschnitten und Wettkämpfen besonders einfache Kohlenhydrate (beispielsweise Glukose), um die Glykogenspeicher zu füllen, aus denen die Muskeln während der Beanspruchung Energie zehren können. Wird keine besondere körperliche Beanspruchung nach einer konzentrierten Kohlenhydratzufuhr abgerufen, lagert sich die Energie aus den Kohlenhydraten platzsparend in Fettspeichern ein, damit sie später abrufbar wird. Das führt zu unerwünschter Gewichtszunahme.

Nach Trainingseinheiten benötigt der Körper insbesondere Proteine, um Muskelmasse aufzubauen. Würde ein Sportler vor einer belastenden Trainingseinheit Proteine, komplex strukturierte Kohlenhydrate (beispielsweise Vollkornprodukte) oder Fette zu sich nehmen, würde die Leistungsfähigkeit sinken, weil der Körper einen Teil seiner Energie für die Verdauung einsetzen würde.

Auch über verschiedene Trainingsphasen hinweg – von der Grundlagenausdauer über die wettkampfspezifische Vorbereitung, eine Tapering-Phase, den Wettkampf selbst bis zur Übergangsphase in eine erneute Grundlagenausdauerphase – verschiebt sich die Zusammensetzung der Nährstoffe entsprechend. In einer wettkampfspezifischen Vorbereitungsphase werden Sportler den Kohlenhydratanteil an ihrer Nahrung erhöhen, während sie in der sich anschließenden Übergangsphase den Fettanteil erhöhen werden.

Diese Beispiele veranschaulichen, dass die Ernährung nicht per se geeignet oder ungeeignet ist; ihre Qualität ergibt sich erst aus einer gelungenen Abstimmung mit den sportlichen Aktivitäten.

Diese Erfahrungen aus der Triathlonpraxis können auf die Unternehmenspraxis übertragen werden. Zunächst muss Unternehmen *ausreichend „Nahrung"* zugeführt werden. Die Makronährstoffe für Unternehmen bestehen aus Information, Beziehungen und Kapital, aus denen Organisationen ihre Strategien, ihre operativen Pläne, ihre Fähigkeiten und Kapazitäten sowie schließlich ihre Aufträge generieren können.

Gleichmäßig über das Jahr verteilte oder an den Umsatz gekoppelte Budgets für F&E- oder Marketing-Aufwendungen machen wenig Sinn. Budgets sollten eng mit der geplanten Unternehmensaktivität sowie *mit der Entwicklung der Rahmenbedingungen verzahnt* und *dynamisch nach den jeweiligen Erfordernissen alloziert* werden. Dabei sollten sowohl die Vorlaufphasen als auch die Auswirkungen von „Energiezufuhr" – beispielsweise im Vertrieb – auf andere Unternehmensbereiche – beispielsweise auf die Beschaffung, die Logistik oder die Fertigungsplanung – berücksichtigt werden.

Mikronährstoffe

Zurück zum Triathlon: Neben den „sichtbaren" Makronährstoffen wirken sich auch Mikronährstoffe, insbesondere Vitamine und (mineralische) Spurenelemente, auf die Form und die Leistungsfähigkeit von Sportlern aus und stabilisieren über Stoffwechselprozesse auch das Immunsystem. Obwohl diese Mikronährstoffe nicht „sichtbar" sind, kann ein Mangel oder eine Überdosis die menschliche Leistungsfähigkeit beeinträchtigen.

Was die Mikronährstoffe in menschlichen Stoffwechselprozessen sind, sind in Unternehmen vordergründig unauffällige, aber starke Einflüsse auf Geschäftsabläufe. Dies können eine Arbeitsatmosphäre sein, die durch mangelndes Vertrauen geprägt ist, oder Mitarbeiter, die aufgrund von Motivationsproblemen ihr Potenzial nicht voll einbringen, oder auch Lieferanten, die ihre „eigene Agenda" verfolgen.

Der Exkurs zur Ernährung verdeutlicht, wie wichtig es ist, dass alle wesentlichen Einflussgrößen auf Wirkungsgefüge als solche erkannt werden. Die 80/20 Pareto-Regel trifft für komplexe Problemstellungen nicht zu. Vermeintlich zu vernachlässigende Einflussgrößen können erhebliche Wirkungskraft haben. In der Wirtschaftspraxis können sich Mikronährstoffe beispielsweise in Form eines *kundenseitigen Vertrauensvorschusses* oder des *Goodwills von Geschäftspartnern* zeigen. Mikronährstoffe können auch in Form von *Beziehungen zwischen Dritten* auftreten, deren Ausprägung für das eigene Geschäft eine Rolle spielt.

Es ist nicht einfach, diese wichtigen, manchmal sogar ausschlaggebenden Mikronährstoffe zu erkennen. Deshalb lohnt es sich, die *tatsächlichen Wirkungsgefüge in Unternehmen sorgfältig zu analysieren und alle wesentlichen Einflussgrößen auf den Radar zu bringen.*

Die Technikfrage
Sportlicher Erfolg ist im Triathlon nicht nur an die körperliche Fitness geknüpft, sondern in erheblichem Maße auch an die Technik. Mit Technik sind

1. *die Kunst gelungener, energieeffizienter Bewegungsabläufe,*
2. *die Routine, beispielsweise bei den Wechselvorgängen und*
3. *technische Hilfsmittel (Kleidung, Laufschuhe, Fahrrad) gemeint.*

Ausdauersport ist vor allem eine Frage der guten Technik. In erster Linie geht es deshalb darum, die Bewegungsabläufe in allen drei Disziplinen beherrschen zu lernen. Beispielsweise unterstützt die richtige Armarbeit die Effektivität beim Laufen; ein guter Rundtritt mit einer Trittfrequenz von 90 bis 100 Tritten pro Minute verbessert die Leistung beim Radfahren. Ein begleitendes Koordinationstraining hilft, die Bewegungsabläufe abzustimmen.

Um die verfügbare Energie effektiv und effizient einsetzen zu können, müssen Triathleten ihren Körper bis in die letzte Faser kennenlernen. Eine Standardtechnik zu übernehmen, ohne sie auf die eigenen Verhältnisse anzupassen, wird nicht zum optimalen Ergebnis führen.

Auch die routinierte Vorgehensweise bei notwendigen nicht-sportlichen Aktivitäten, beispielsweise das Packen der Wettkampftasche und das Vorbereiten der Ausrüstung in der Wechselstation, kann helfen, das sportliche Ergebnis zu verbessern.

Schließlich kann ein leichtes, torsionsstabiles Fahrrad mit widerstandsarmen Laufrädern und einer geeigneten Übersetzung einen austrainierten Athleten deutlich erfolgreicher machen. Dasselbe gilt für Laufschuhe, einen Neopren-Anzug und andere technische Hilfsmittel.

In Analogie dazu dürfen Führungskräfte keine Bestleistungen von ihren Teams erwarten, wenn sie nicht für die entsprechenden technischen Voraussetzungen sorgen. Motivierte Mitarbeiter entfalten erst dann ihr Leistungspotenzial, wenn ihnen *nützliche Methoden und Vorgehensweisen* an die Hand gegeben werden. *Schulung und Weiterbildung* können hier wertvolle Dienste leisten.

Des Weiteren hat die Güte der Prozessqualität einen wesentlichen Einfluss auf das Unternehmensergebnis. Eine *Optimierung der Geschäftsprozesse aus systemischer Sicht* kann Unternehmen deutlich weiterführen. Dabei wird auf die *ganzheitliche Auslegung der Geschäftsprozesse* ebenso viel Wert gelegt wie auf die *Implementierung wirksamer Rückkopplungsmechanismen,* damit Lernprozesse im System verankert werden. Eine *sorgfältige Abstimmung der Teilabläufe aufeinander* hilft, die Effizienz zu erhöhen.

Analog zu Sportlern, die ihren Körper genau kennenlernen müssen, *sollten Führungskräfte ihre Organisation wirklich gut kennen und verstehen,* bevor sie versuchen, auf sie einzuwirken. Erst wenn Führungskräften klar ist, was sie von den einzelnen

Unternehmensteilen erwarten können und wie diese miteinander wirken, können Veränderungsprozesse wirklich greifen.

Schließlich kann das Unternehmensergebnis noch einmal verbessert werden, wenn die richtigen *Führungsinstrumente* im Einsatz sind und wenn Investitionsstaus vermieden werden. Mit der Methode der *Balanced Scorecard* können systemisch sinnvolle Ziele gesetzt und deren Umsetzung verfolgt werden. Auch mit dem *Investitionsverhalten* können Voraussetzungen für den Erfolg geprägt werden. In einer Wirtschaftswelt, in der sich Unternehmen immer stärker spezialisieren, führt kaum ein Weg an modernen Hochleistungsanlagen und -prozessen vorbei.

Szenarien für den sinnvollen Umgang mit Widrigkeiten

Nun können Triathleten hinreichend austrainiert sein, ihre ideale Wettkampfdistanz gewählt haben und das beste Equipment an den Start bringen; es können immer noch Widrigkeiten eintreten, die den Erfolg zweifelhaft werden lassen. So kann beispielsweise das Wetter unerwartet umschlagen, eine plötzlich eintretende Grippe kann die Form beeinflussen, ein Reifen am Fahrrad einen Platten bekommen, ein Triathlet wird beim Massenstart im See aus Versehen getreten oder er zieht sich eine Muskelzerrung zu.

Erfahrene Triathleten wissen, welche Widrigkeiten prinzipiell eintreten können, und bereiten sich darauf vor. In vielen Fällen können sie dazu beitragen, die Eintrittswahrscheinlichkeit zu senken, in anderen können sie sich auf den Eintritt einer solchen Widrigkeit vorbereiten. In manchen Fällen ist aber auch ein erfahrener Triathlet machtlos und kann Widrigkeiten nur sportlich akzeptieren. Auf einen Wetterumschlag kann man sich vorbereiten, indem man verschiedene Kleidung zum Wettkampf mitbringt. Auf eine Reifenpanne kann man sich vorbereiten, indem man einen Reserveschlauch und geeignetes Werkzeug mitführt und einen schnellen Schlauchwechsel geübt hat. Der betroffene Sportler wird einen Zeitverlust hinnehmen müssen, aber einen Totalausfall abwenden können. Beim Massenstart im See wird sich ein erfahrener Triathlet entsprechend seiner Leistungsfähigkeit als Schwimmer so aufstellen, dass er möglichst wenig Körperkontakt zu anderen Athleten befürchten muss.

Muskelverletzungen wird ein Triathlet durch das Aufwärmen der Muskulatur vor dem Wettkampf und durch geschmeidige Bewegungsabläufe so gut wie möglich vorbeugen. Gegen eine Grippe aber kann niemand etwas ausrichten – man muss sie akzeptieren.

In der Unternehmenspraxis gibt es trotz durchdachter Prozesse, geeigneter Strukturen und bester Positionierung ebenfalls *gefährliche Unbekannte*, mit denen Unternehmen umgehen müssen. Beispiele für solche Unbekannte (Nicht-Wissen) sind Technologiesprünge, plötzliche Markteinbrüche, das Wegbrechen eines wichtigen Kunden, eine kritische Rohstoffverknappung, relevante Gesetzesänderungen, der Totalausfall einer wichtigen Maschine oder ein zerstörerischer Tornado.

Auf viele solche Fälle können sich Unternehmen durch „*Corporate Foresight*"-Maßnahmen einstellen. Obwohl sie nicht wissen können, was genau geschehen wird, malen sich erfahrene Führungs-Teams *Szenarien* aus, die sich aus möglicherweise eintretenden Ereignissen in sich stimmig zusammensetzen. Anschließend können sie die Eintrittswahrscheinlichkeit einerseits und die Auswirkungen des Eintretens auf ihr Unternehmen andererseits abschätzen. In Abhängigkeit von diesen Parametern können sich Manager auf das Eintreten bestimmter Szenarien sinnvoll vorbereiten. Ein wirkungsvolles Instrument ist der Prozess des *Risk Self-Assessments*: In Form einer zyklisch wiederkehrenden Selbstbefragung beantworten Führungskräfte aus allen betrieblichen Funktionen und allen Geschäftseinheiten kritische Fragen zu den strategischen, operativen und Marktrisiken und versuchen, Ansätze zu finden, das Eintreten dieser Risiken zu verhindern bzw. mit den Folgen eintretender Risiken sinnvoll umzugehen. Das Risk Self-Assessment führt sowohl dazu, dass das Bewusstsein für Risiken auf breiter Front geschärft wird, als auch dazu, dass Führungskräfte Verantwortung übernehmen und Lösungsansätze suchen.

Auf mögliche Technologiesprünge kann man sich beispielsweise vorbereiten, indem man nicht alles auf eine Karte setzt (*Hedging*) oder Kooperationen mit Dritten aufbaut, in denen man Technologiesprünge abfedern kann (*Risk-Sharing*). Auf plötzliche Markteinbrüche oder das Wegbrechen eines wichtigen Kunden können Manager ihr Unternehmen vorbereiten, indem sie auf eine hohe Flexibilisierung achten, um die Kostenbasis in jede Richtung skalierbar zu halten. Operativ angelegte Unternehmenspartnerschaften und flexible Arbeitsverträge sowie auf *Flexibilität* ausgelegte Finanzierungskonzepte für Anlagen und Maschinen können ebenso zu einer ausgeprägten *Anpassungsfähigkeit* beitragen wie gewisse Kapitalreserven.

Dass eine kritische Rohstoffverknappung das gesamte Marktumfeld betrifft, tröstet nur wenig. Für manche Geschäfte mag es sinnvoll sein, rechtzeitig Materialalternativen auszuloten und sie hinreichend zu testen, bevor der Ernstfall eintritt. *Sinnvolle Redundanzen* sind in solchen Fällen existenzsichernde Maßnahmen, keine Streichpositionen!

Dem Totalausfall einer wichtigen Maschine kann man zwar durch planmäßige Materialerhaltung und rechtzeitige Ersatzinvestitionen in hohem Maße vorbeugen, ganz ausschließen kann man den Fall allerdings nicht. Für den kurzfristigen Ersatz lebenskritischer Anlagen und Maschinen sollten deshalb umsetzbare *Desaster-Recovery-Pläne* aufgestellt werden. Dazu sollten geeignete Anlagen bzw. Maschinen im Wettbewerbsumfeld identifiziert werden und mit den Führungskräften ggf. eine gegenseitige Ausfallunterstützung vereinbart werden. Viele Kunden werden solche Sicherheiten in jedem Fall fordern. Gegen den Eintritt von Gesetzesänderungen, die das eigene oder etwa das kundenseitige Geschäft betreffen, kann man in der Regel auch nichts unternehmen.

Oft kündigen sich solche Änderungen, beispielsweise die Immissionsgrenzen betreffend, aber bereits im Vorfeld an (weak Signals) und Manager können sich darauf einrichten, indem sie frühzeitig investieren, Preiserhöhungen argumentieren und verhandeln oder sich anders ausrichten.

Manager können zwar nicht genau wissen, was geschehen wird, aber sie können sich durchaus auf bestimmte Konstellationen vorbereiten, die voraussichtlich einen großen Einfluss auf ihr Geschäft haben werden.

Führen mit Sinn und Kompetenz

Triathleten trainieren aus eigenem Antrieb. Sie unterziehen sich freiwillig dauerhaft hartem Training. Im Wettkampf treten sie zwar gegen andere Sportler an, kämpfen aber im Wesentlichen gegen einen potenziellen Gegner: sich selbst!

Die hohe Eigenmotivation, die Triathleten zu regelmäßigem Training und zu einer ausgewogenen Ernährung anhält, beziehen sie aus dem Sinn, den sie in ihrem Sport sehen. Triathlon wirkt sich – mit Maß betrieben – sehr positiv auf die Gesundheit aus, die sportlichen Erfolge stärken das Selbstbewusstsein und in den Trainingsgruppen und Liga-Wettkämpfen werden soziale Kontakte gepflegt. Die Gruppendynamik trägt ebenfalls dazu bei, dass Triathleten ihre Motivation nicht verlieren und trotz verlockender Ablenkungen regelmäßig trainieren.

Schließlich zeichnen sich gute Trainer nicht dadurch aus, dass sie ihren Sportlern die Trainingsaktivität einpeitschen, sondern dadurch, dass sie ihnen als erfahrene Coaches, Sparrings-Partner und charismatische Motivatoren zur Verfügung stehen. Sie geben den Triathleten Anregungen für stilistische oder technische Verbesserungen, führen sie an geeignete Trainingsmethoden heran und gehen auf ihre persönliche Situation sowie ihre aktuellen Bedürfnisse ein. Dadurch geben sie den Sportlern Orientierung und führen sie außerdem kontinuierlich weiter.

Analog werden Mitarbeiter, die in den Aktivitäten ihrer Unternehmen und in ihren persönlichen Aufgaben einen *Sinn* sehen, *aus eigenem Antrieb Höchstleistungen bringen*. Die Herausforderung für das Management besteht darin, sein *Unternehmen auf wirklich sinnvolle Leistungen auszurichten und diesen Sinn zu vermitteln.*

Führungskräfte, die überwiegend aus ihrer hierarchischen Position heraus „regieren", werden das intrinsische Motivationspotenzial ihrer Mitarbeiter kaum erschließen können. Deshalb sollten sie auf die Interessenfelder und Fähigkeiten ihrer Mitarbeiter eingehen, Teamarbeit fördern und die emergierenden Teamfähigkeiten durch gezieltes Coaching weiterentwickeln. So gelangen Organisationen zu einer Einzigartigkeit und zu einer nachhaltigen, selbstinduzierten Leistungsfähigkeit.

Der Triathlon-Sport ist wie die Unternehmensführung eine komplexe Aktivität, in die viele Aspekte einbezogen werden müssen. Erst durch eine ausgewogene Gestaltung aller Parameter kann der Erfolg herbeigeführt werden. Der Erfolg wird sich nicht über Nacht einstellen, sondern das Resultat vieler Lernschleifen sein, die Athleten wie Manager bewusst durchlaufen müssen. Der Triathlon ist wie die Unternehmensführung eine große Herausforderung, die einen systemischen Ansatz verlangt – und Zeit, damit der Ansatz keimen und reifen kann.

Erfahrungen, die Triathleten in ihrem Sport machen, können sie auch in anderen Lebensbereichen, vor allem in ihrem Beruf, nutzbringend einsetzen. Menschen, die Leistungssport betrieben haben, sind oft auch geschäftlich erfolgreich. Besonders Triathleten haben in ihrem Sport gelernt, „alles zu geben", haben aber auch gelernt, mit wachem Verstand, ausgefeilter Technik und höchster Konzentration vorzugehen und nicht nur ihre Kraft einzusetzen. Und sie haben auch gelernt, sich in ihr Umfeld sinnvoll einzufügen und sich Erfolg versprechend zu positionieren.

Literaturquellen

Boysen, Werner. 2009. *Management Turnaround. Wie Manager durch Enzymisches Management wieder wirksam werden.* Wiesbaden: Gabler Verlag.

Boysen, Werner. 2011. *Kybernetisches Denken und Handeln in der Unternehmenspraxis. Komplexes Systemverhalten besser verstehen und gezielt beeinflussen.* Wiesbaden: Gabler Verlag.

Boysen, Werner. 2011. *Prinzipien der Kybernetik, Modelle, Methoden und Instrumente zur Anwendung in Organisationen, Eigenverlag Dr. Boysen Consulting.* Koblenz.

Welche Anregungen die Stauforschung für das Management bereithält

10

Zusammenfassung

Was hat die Stauforschung mit Management zu tun? Dieser Beitrag zeigt einige interessante Parallelen auf. Insbesondere wird anhand der Erkenntnisse darüber, wie Staus entstehen und wie sie sich wieder auflösen, auf Analogien in der Wirtschaft hingewiesen. Leser erfahren, wie sie auf Indikatoren für Rezessionen reagieren sollten, um sich selbst möglichst schadlos zu halten und die Rezession nicht durch ihr eigenes Verhalten zu verschärfen. Außerdem erfahren Leser, wie sie sich auf eine wieder anlaufende Wirtschaft vorbereiten sollten.

Im September 2009 hatte ich Gelegenheit, einem Vortrag über Stauforschung beizuwohnen, den Michael Schreckenberg, Professor für theoretische Physik an der Universität Essen-Duisburg, anlässlich einer Veranstaltung der Siemens AG in Koblenz hielt. Die Inhalte haben mir einige Impulse für die Unternehmenspraxis gegeben, die ich hier kurz ausführen möchte.

Zunächst habe ich mit Interesse aufgenommen, dass die gängige Praxis, in Baustellenbereichen die Geschwindigkeit zu reduzieren – wir kennen die 100-80-60-Drosselung –, weder den naturwissenschaftlichen Gesetzen noch den Beobachtungen aus der Natur selbst entspricht. Aus der Strömungsmechanik wissen wir, dass ein Fluid in Verengungen seine Geschwindigkeit

W. Boysen, *Grenzgänge im Management*, DOI: 10.1007/978-3-658-01024-9_10,
© Springer Fachmedien Wiesbaden 2013

erhöht, um die erforderliche Durchflussrate zu gewährleisten. Ameisen haben dieses Prinzip offenbar adaptiert, reihen sich in Verengungen strikt hintereinander ein und beschleunigen ihr Lauftempo, um Staus zu vermeiden. Das legt, wie Schreckenberg anregt, nahe, in Baustellenbereichen Überholverbot anzuordnen und gleichzeitig auf ein relativ hohes Tempo zu setzen, statt zwei zu enge Spuren anzubieten, von denen die linke eigentlich gar nicht ohne ein gewisses Geschick und eine hohe nervliche Belastbarkeit genutzt werden kann, und die Geschwindigkeit auf 60 km/h zu drosseln. Würden wir den Ameisen nacheifern, könnten wir die ungeliebten Staus vermeiden. Dazu müssen wir allerdings noch lernen, uns sauber hintereinander einzufädeln – und das scheitert immer wieder an opportunistischem Verhalten oder schlicht am Unverständnis vieler Verkehrsteilnehmer für das Reißverschlussverfahren. Ameisen schaffen das … Eine Frage der Bildung, der persönlichen Einstellung und der Information.

Sehen wir uns nun die gängige Wirtschaftspraxis an: In Fällen, in denen sich die Randbedingungen in einen kritischen Bereich entwickeln, beobachten wir immer wieder, dass die Entscheidungsfreudigkeit der Verkehrsteilnehmer abnimmt. Statt „Gas zu geben", um die Engpassphase zügig zu meistern, neigen die Verantwortlichen – vielen Autofahrern ähnlich – dazu, erst einmal abzuwarten. Erst dadurch entstehen oft Probleme.

Hinzu kommt, dass manche Führungskräfte ernste Lagen nicht erkennen oder gar nicht erkennen möchten und entsprechend unangemessen handeln. Analog zu den immer wieder auftretenden Problemen beim Einfädeln stellen sich bei sich abzeichnenden Rezessionen (nun signalisiert das unruhige, wechselnde Tempo des Verkehrsstroms eine Staugefahr!) längst nicht alle Führungskräfte darauf ein, die Kapazitäten ihrer Organisationen an eine dauerhaft niedrigere Nachfrage anzupassen. Trotz offensichtlich verringerter Nachfrage, dokumentiert in deutlich eingebrochenen Auftragseingangszahlen, halten sie ihre Betriebsleistung unverändert hoch, lagern unverkaufte Fertigware ein, erhöhen dadurch die Kapitalbindung und reduzieren ihre Flexibilität. In den folgenden Phasen versuchen sie, sich gegebenenfalls mit Kurzarbeit über einige Monate hinwegzuretten, *ohne aber wirkliche kapazitive und strukturelle Anpassungen anzugehen, die eigentlich nötig wären.* Signale werden verkannt. Das Ergebnis soll, trotz der dunklen Wolken am Himmel, so lange wie möglich gut aussehen. Oft hängen am Ergebnis ja auch Bonuszahlungen. Jedenfalls müssen die Geschäftsfeldverantwortlichen dem Executive Board nichts erklären, solange die Zahlen stimmen. Das Problem kann erfolgreich vertagt werden. Dass die Liquidität stärker als erforderlich in Anspruch genommen wird und wertvolle Zeit für wirkliche Anpassungsschritte verstreicht, wird zunächst ausgeblendet. Im Vordergrund steht, trotz der Anzeichen für einen „Stau" ein möglichst hohes Tempo zu halten, statt früh damit anzufangen, wirklich greifende Wege zu suchen. Dieses unverantwortliche Verhalten kann zur Zahlungsunfähigkeit führen.

Erst wenn es keine Alternative mehr gibt, werden echte Anpassungsprojekte angefasst. Nicht selten *überreagieren* die Verantwortlichen dann allerdings, vergleichbar mit dem plötzlichen Abbremsen im Straßenverkehr, wodurch die Geschäftspartner, die in die Wertschöpfungskette eingebunden sind, in rascher Folge ebenfalls zu übertrieben starken Reaktionen (Überbremsen) veranlasst werden – und schließlich eine Krise (ein

Stau) wirklich entsteht. Die Verkehrsteilnehmer selbst führen den Stau herbei. Keine externe Kraft wirkt daran mit.

Die Stauforschung brachte bereits Anfang der 1990er- Jahre eine schlüssige und simulierbare Erklärung für solche *„Staus aus dem Nichts": Auslöser sind das Überreagieren nach dem Bremsen des Vordermannes und das verzögerte Anfahren bei Stauauflösung.*

Das legt nahe, dass sowohl eine frühzeitige, aber angemessene Reaktion auf erste klare Signale für eine Trendwende als auch ein konsequentes Ausleiten aus der Krise, das ohne Verzögerung initiiert wird, die Krise selbst verkürzen können.

Auch hieraus können wir Hebel für die Unternehmenspraxis ableiten: Es kommt offenbar darauf an, den Auftragsbearbeitungsfluss über die Wertschöpfungskette hinweg möglichst gleichmäßig zu halten. Lokal überreizte Anforderungen an Umsatzerlöse und Ergebnisse, vergleichbar mit hohem Tempo in sich verdichtendem Verkehr, erhöhen die Nervosität in Märkten und die Wahrscheinlichkeit, dass als Folge von Überreaktionen die Situation aus dem Gleichgewicht gerät. Eine gute informationstechnische formale und informelle Verzahnung mit dem wirtschaftlichen Umfeld, eine hohe „osmotische" Durchlässigkeit und eine dezentrale Entscheidungsfähigkeit helfen, Krisenanzeichen frühzeitig zu erkennen und ohne Verzögerung darauf zu reagieren.

Belebt sich die Nachfrage wieder, merken manche Unternehmen dies erst spät, manche können dann nicht schnell genug reagieren und verlieren Chancen und Kunden. Geschwächt durch die Krise können sie die steigende Nachfrage nicht mehr bedienen, weil ihnen Ressourcen fehlen und sie das Umsatzwachstum nicht finanzieren können. Diese Unternehmen können die sich verbessernde Lage nicht an ihre Lieferanten weitergeben. Der „Stau" löst sich an diesen Stellen im Wertschöpfungsprozess nur zäh wieder auf und bremst die gesamte wirtschaftliche Erholung.

Lindernd wirken folgende Maßnahmen

1. eine hoch wache Marktbeobachtung durch möglichst viele Beteiligte, die über geeignete Kommunikationsstrukturen eingebunden sind,
2. kurze Entscheidungsprozesse (Fahrerreaktionszeit),
3. systemisch angelegte Management-Cockpits, die schnelle Reaktionen unterstützen (keine übertriebenen Sicherheitsabstände),
4. geeignete Vereinbarungen mit Lieferanten, etwa Konsignationsläger oder eine vertraglich vereinbarte Lieferbereitschaft, die im Bedarfsfall eine kurzfristige Vormaterialversorgung sicherstellt (rasch ansprechende Beschleunigung),
5. flexible Fertigungsstrukturen mit Partnern (Turbolader), die Auslastungsspitzen übernehmen können (die linke Spur kann wieder genutzt werden!) sowie
6. eine Wachstumsfinanzierung über Factoring und freie Kontokorrentlinien (Drehmoment- und Kraftstoffreserven).

Die Fähigkeiten zu diesen Maßnahmen müssen rechtzeitig vor Kriseneintritt erworben worden sein. Einen Turbolader kann man sich auch nicht unmittelbar kurz vor einem geplanten Beschleunigungsmanöver installieren.

Die Stauforschung zeigt außerdem, dass Störungen im Verkehrsablauf durch Kommunikation mit den Verkehrsteilnehmern aufgelöst werden können. Das geschieht durch situativ angesteuerte elektronische Verkehrszeichen und durch Verkehrsmeldungen im Radio, gekoppelt mit Empfehlungen moderner Navigationssysteme. Eine weitere erhebliche Verbesserung kann durch Kommunikation zwischen den Verkehrsteilnehmern erzielt werden. Es gibt bereits Projekte, in denen Fahrzeuge Fahrdaten an andere Fahrzeuge übermitteln, die aus der Summe der empfangenen Informationen die jeweils geeignete Route ermitteln. Die Einbeziehung der Verkehrsteilnehmer in diesen Regelungsprozess führt offenbar zu einem veränderten sowie verbesserten Verkehrsfluss und damit wiederum zu einem veränderten Informationsfluss. Die ausgetauschte Information über die Qualität der Abläufe und die Qualität der Abläufe selbst sind zwei Größen, die sich wechselseitig beeinflussen und regeln.

Der Straßenverkehr ohne Kommunikation zwischen den Teilnehmern ist ein nichtkooperatives System mit sich selbst zerstörender Prognose. Jeder Verkehrsteilnehmer interessiert sich ausschließlich für Ereignisse vor dem eigenen Fahrzeug. Alles, was hinter ihm passiert, ist ihm egal. Nicht-kommunizierende Verkehrsteilnehmer können vermeintlich ausschließlich beeinflussen, was hinter ihnen passiert, nicht aber, was vor ihnen vor sich geht. Stehen den Verkehrsteilnehmern relevante Informationen über das Geschehen vor ihrem Fahrzeug zur Verfügung, können sie sehr wohl ihr Schicksal und damit das Schicksal anderer Verkehrsteilnehmer, die sich hinter ihnen befinden, beeinflussen und verbessern. Das Problem liegt darin, dass jeder Verkehrsteilnehmer primär seine eigenen Interessen verfolgt. Indem jeder die Einzelinteressen über die Optimierung des Verkehrsflusses als Ganzes stellt, verschlechtert er die Situation auch für sich selbst. Das nach seinem Entdecker benannte Braess-Paradoxon ist ein Beispiel dafür, dass die rationale Optimierung von Einzelinteressen im Zusammenhang mit einem öffentlich bereitgestellten Gut tatsächlich zu einem für jeden Einzelnen suboptimalen Zustand führen kann.

Bezogen auf die Unternehmenspraxis bedeutet dies, dass folgende drei Voraussetzungen für flüssige Geschäftsprozesse geschaffen werden sollten:

1. ein offener Kommunikationsfluss über die generellen Ziele und die Ergebnisentwicklung von der Geschäftsleitung an die Mitarbeiter,
2. ein reger Austausch zwischen den Mitarbeitern über die Möglichkeiten, sich innerhalb des Zielsystems frei zu arrangieren, sodass hinreichende Ergebnisse erreicht werden, und
3. ein kooperatives Geschäftsverständnis, das die Optimierung des Gesamtprozesses fördert.

Durch kommunikative Vernetzung bilden Organisationen emergente Eigenschaften heraus, die nicht unmittelbar aus den Eigenschaften ihrer Mitglieder abgeleitet werden können. Sichtbar und wirksam wird das Oberflächenverhalten der Organisation als System. Dennoch sind es die Mitglieder, die durch ihre Vernetzung das Systemverhalten bewirken. Sie sind Teile des Systems, so wie Verkehrsteilnehmer Teile eines Staus sind, in dem sie feststecken.

In Analogie zu Staus können Störungen im betrieblichen Ablauf durch einen engen und offenen kommunikativen Austausch mit und zwischen den Beteiligten bei kooperativer Grundhaltung aufgelöst werden. Mitarbeiter, die über eine Wertschöpfungskette miteinander verbunden sind, können ihre Zukunft durch kooperative Kommunikation gestalten, also Staus vermeiden bzw. rasch wieder auflösen.

Auch der Begriff „Mobilität" kann aus ökonomischer Perspektive betrachtet werden. Bezogen auf den Verkehr verstehen wir unter Mobilität die Dichte und die Lage der Orte, die potenziell aufgesucht werden können. Damit ist Mobilität (lat.: Beweglichkeit) eine Facette von Freiheit. Unbeweglichkeit schränkt die Freiheit ein. So können wir Mobilität auf strategische, operative oder gedankliche Beweglichkeit beziehen. Indem wir die Beweglichkeit erhöhen, erschließen wir uns Möglichkeiten jenseits des bislang wahrnehmbaren Horizonts. Beweglichkeit heißt nicht, dass wir uns unbedingt immer tatsächlich bewegen, also Verkehr erzeugen müssen, sondern dass wir in jedem Moment Entwicklungsmöglichkeiten erschließen können. Strategisch mobil zu sein bedeutet, die strategische Richtung kontinuierlich an die Umfeldbedingungen anpassen zu können. Operativ mobil zu sein heißt, so wenig wie möglich festzulegen und so eine hohe operative Flexibilität und Skalierbarkeit zu erreichen. Gedanklich mobil zu sein bedeutet, für Entwicklungen offen zu sein und Möglichkeiten zu erkennen, Unverbundenes zu Innovativem zu verbinden.

Was macht „große" Musik aus, was zeichnet „große" Management-Leistungen aus?

11

Zusammenfassung

Dieser Beitrag richtet die Aufmerksamkeit auf die Musik. Er geht der Frage nach, welche Merkmale wirklich große Musik ausmachen und welche Fähigkeiten dafür erforderlich sind. Offensichtlich ist es nicht einfach, große Musik zu machen, und es ist auch für gute Musiker alles andere als selbstverständlich. Wer aber keine große Musik macht, bleibt in der Regel weit abgeschlagen. Der Beitrag geht auf die Bedeutung von Talent und Übung sowie auf die Bereitschaft und die Fähigkeit, die Musik zu verinnerlichen, ein und erfasst das Spannungsfeld zwischen der Rolle von künstlerischer Kreativität und der Fähigkeit, im Ensemble zusammenzuspielen. Auch der Einfluss der geschickten Wahl des Repertoires auf den Erfolg wird hinterfragt. Schließlich wird die Rolle des Dirigenten und sein Einfluss auf die Qualität der Musik beleuchtet. Die Beobachtungen aus dieser Betrachtung werden auf die Managementpraxis übertragen und münden in bemerkenswerten Erkenntnissen.

Viele Menschen musizieren. Aber ist das wirklich immer große Musik? Sicherlich gibt jede Musik den Menschen etwas, sei es Entspannung oder die Einbindung in das soziale Umfeld mit anderen Musikern. Wirklich große Musik entsteht aber nur in Ausnahmefällen. Wodurch hebt sich große Musik von dem Durchschnitt ab?

Blinde Imitation ohne eigene Interpretation

Musikschüler beginnen damit, vorgegebene Noten möglichst unverändert wiederzugeben. Sie lernen, geschriebene Noten eins zu eins in definierte Töne umzusetzen. Dabei ist es für viele schon eine Herausforderung, die Melodie und, mit dieser verbunden, den Rhythmus wie vorgesehen zum Ausdruck zu bringen. Wenn dann noch die Begleitung stimmig ist, sind viele Musikschüler bereits recht zufrieden. Sie können vom Blatt spielen. Das beschränkt sich allerdings auf die grundlegende Technik.

Für Musiker mit einem höheren Anspruch beginnt die Arbeit jetzt erst. Sie bemühen sich, über die Variation der Lautstärke, durch harmonische Übergänge und mit einer sensiblen Modulation der Geschwindigkeit der einzelnen Passagen, die Musik zum „Leben" zu erwecken. Sie bauen eine eigene Beziehung zur Musik auf, die Wirkung entfaltet. Wenn sie es außerdem verstehen, diese rein musikalische Leistung über ihr Charisma auf das Publikum zu übertragen, begeistert die Musik. So entsteht große Musik. Nur wenige Musiker haben das Talent und das Potenzial dazu, dieses Niveau zu erreichen. Es ist die Aufgabe von Talentsuchern, in die Erfolg versprechenden Personen mit Talent und dem Willen, sich persönlich einzusetzen, zu investieren, und die Aufgabe von Musikproduzenten, diese Talente für ihre Labels zu gewinnen und an sich zu binden.

Talent und das Erlernen des Handwerks

Musik als Handwerk gut zu erlernen, ist sehr zeit- und energieaufwendig. Darunter verstehe ich, Musik selbst zu praktizieren und nicht, viel über Musik zu wissen, beispielsweise Stilrichtungen einordnen zu können und sich in der Musikgeschichte auszukennen. Letzteres fällt nicht in das Metier der Musiker, sondern in das der Musikwissenschaftler.

Gute Musiker haben in der Regel sehr früh in ihrer Kindheit begonnen, ein Musikinstrument zu spielen. Typischerweise kam später mindestens ein weiteres Instrument hinzu. Schon in der Kindheit bedeutet eine musikalische Ausbildung Verzicht auf andere Tätigkeiten.

Das Talent, die Themen zu erkennen und sie auch in der Durchführung wiederzuerkennen, in der die vorgestellten Themen verarbeitet und miteinander in Verbindung gebracht werden, und das Talent zu einem schönen Anschlag auf dem Piano oder einem sauberen Ton auf der Violine kann recht früh erkannt werden. Aber Talent allein reicht nicht: Harte und stetige Übung im Wechselspiel mit einem regelmäßigen kritischen Hinterfragen der eigenen Leistung müssen hinzukommen, um sich immer wieder um eine weitere Nuance weiterzuentwickeln, seinen eigenen Stil scharf herauszubilden und vortragssicher zu werden, bis ein talentierter Schüler schließlich zu einem wirklich großen Musiker wird.

In diesem Prozess ist auch der richtige Lehrer und Mentor wichtig, der eine konstruktive Beziehung mit seinem Schüler aufbauen und unterhalten muss. Ein solches Pensum über einen langen Zeitraum durchzuhalten, ist für die meisten Musikschüler keine Selbstverständlichkeit. So gehen viele gute Talente auf diesem Weg verloren und bleiben im mittleren Leistungsfeld hängen. Sie werden Musik wohl als Hobby beibehalten, aber keine großen Musiker werden. Manche dieser Musiker treten dann doch öffentlich auf, werden aber nie zu den Großen ihres Fachs zählen.

Auch das Management von Organisationen ist ein Handwerk, das man lernen kann und muss, wenn man seinen Job gut machen möchte. Ich unterscheide bewusst zwischen der universitären Ausbildung zum Diplom-Betriebswirt oder Diplomkaufmann und einem (Executive) Master of Business Administration (MBA). Während in erstgenannten Ausbildungsgängen die Grundlagen der Betriebswirtschaft vermittelt werden, ist eine MBA-Ausbildung auf die Management-Komponente ausgerichtet. Immer wieder entbrennt die Diskussion, ob denn nun ein Diplom-Betriebswirt oder ein MBA-Absolvent einer Business School die bessere Wahl für eine Management-Position ist. Meines Erachtens werden hier zwei Ausbildungsgänge unzulässig miteinander verglichen. Ein Diplomkaufmann wird zwar die betriebswirtschaftlichen Grundlagen beherrschen, aber er wird nicht gelernt haben zu führen. Ihm fehlt die „Vortragssicherheit" für seine Führungsarbeit. Ein MBA-Absolvent hingegen, der keine betriebswirtschaftlichen Grundlagen erlernt hat, wird schnell ins Straucheln geraten, wenn er sich im Job mit betriebswirtschaftlichen Zusammenhängen befassen muss. Ideal ist eine Kombination von beidem.

Die Lehrinhalte beider Ausbildungsgänge sind meiner Einsicht nach als Gutachter für die FIBAA, einer Akkreditierungsagentur für betriebswirtschaftlich ausgerichtete Studiengänge, funktional gegliedert. Studierende lernen über Operations Management, Corporate Finance, Logistics Management, Marketing und Controlling, und sie lernen Aspekte des General Managements kennen. Allerdings fehlt mir als Systemiker oft die integrative Sicht, die Klammer, die alles zusammenhält und durch die sich das Gesamtgeschehen definiert. Diese Klammer müssen sich Manager selbst aneignen, wenn sie wirklich Entscheidendes bewegen wollen. Andernfalls werden sie Einzelfragestellungen isoliert lösen, ohne die Vernetzungseffekte angemessen zu berücksichtigen. Das kann in der Management-Praxis leider immer wieder beobachtet werden. Die beteiligten Akteure zählen nicht zu den Großen.

Um Großes zu bewirken, ist auch im Management eine laufende, intensive Beschäftigung mit der Materie erforderlich. Manager müssen mit der Anwendung der einschlägigen Management-Theorien und -Methoden vertraut sein; sie müssen sie aber auch miteinander in Beziehung setzen können, sie situationsbezogen kombinieren und adhoc einsetzen können. Das erfordert die ständige Neugier, das ungebrochene Interesse am jeweils aktuellen Stand der wissenschaftlichen Diskussion, die Suche nach Best Practices und die ständige Weiterentwicklung der eigenen Vorgehensmodelle und Praktiken. Wer Management als eine Berufung auffasst, sich fortlaufend inspirieren lässt und sich jeden Tag weiterentwickelt, hat die Möglichkeit, sich irgendwann zu einem großen Manager zu entwickeln. Auf diesem Weg darf er weder müde noch nachlässig werden, noch darf er Arroganz zeigen; er muss einfach professionell seinen Job machen. Leider gibt es viele Manager, die nicht zu den Großen gehören und trotzdem in verantwortungsvollen Positionen stehen. Anders als Musiker, die eine andere Karriere einschlagen, sobald sie bemerken, dass sie nicht zu den Großen gehören, machen mittelmäßige Manager in der Regel weiter – und richten nicht selten großen Schaden an.

Das Zusammenspiel

Nun ist Musik nicht auf das Wirken von Solisten beschränkt. Vielmehr entsteht große Musik oft erst durch das Zusammenspiel mehrerer talentierter und erfahrener Top-Musiker. An dieser Stelle treten weitere Herausforderungen auf. Die Musiker müssen miteinander harmonieren. Es kommt auf die Qualität der Abstimmung zwischen den Musikern an, die zum koordinierten Aufbau von Spannung und zu Harmonie führt. Eine Ansammlung guter Solisten macht noch keine gute Band oder kein gutes Orchester aus. Top-Musiker, die erfolgreich gemeinsam große Musik machen, haben den Zustand der Primadonna überwunden. Sie kennen die Fähigkeiten ihrer Mitspieler und stellen sich feinfühlig darauf ein, indem sie ausgleichend aufgreifen und weiterentwickeln, was ihnen zugespielt wird. Sie stellen sich auf eine einzigartige, charakteristische Interpretation aus einem Guss ein. Das Ergebnis ist große Musik.

Auch im Management können wir unterschiedliche Stufen der Leistungsentwicklung feststellen. Es gibt Autodidakten, die über die Herausforderungen in die Managementaufgabe hineinwachsen, und es gibt die Absolventen einer Business-School, die mit den Techniken und Methoden theoretisch vertraut sind, aber kaum über Praxiserfahrung verfügen. Im besten Fall können sie „vom Blatt spielen", aber sie erkennen noch keine Wirkungszusammenhänge, haben noch kein „Bauchgefühl", keine Intuition, entwickelt. Am oberen Ende der Skala stehen die Profi-Manager, die über eine solide theoretische Grundlage verfügen und sich in der Praxis umfassende Erfahrung angeeignet haben. Sie haben schwierige Situationen gemeistert, haben Krisen unterschiedlicher Couleur erlebt und können gestützt auf ihre Fähigkeiten und Erfahrungen Situationen sowie Potenziale sicher einschätzen und wissen, was funktioniert und wie sie ihre Ideen durchsetzungsfähig machen und umsetzen können. Diese Menschen können Mitarbeiter für ihre Ziele gewinnen und die Kraft ihres persönlichen Einsatzes über die Mitarbeiter potenzieren. Sie erfassen den Betrieb als ein Beziehungs- und Informationsgefüge, das über Prozesse verbunden ist. Sie „hören" die Schnittstellen, kennen nicht nur ihre „Stimme", sondern das Gesamtwerk, und verstehen es in seinen Möglichkeiten. Innerhalb dieses Rahmens kennen sie die eigenen Einsatzmöglichkeiten und nehmen sie verantwortlich wahr. Sie verstecken sich nicht hinter anderen Musikern, die „dieselbe Stimme spielen", sondern beherrschen „ihren Part" selbstverständlich. Sie arbeiten unprätentiös in Teams zusammen und ergänzen sich konstruktiv sowie ergebnisorientiert. Sie leisten professionelle und durchaus kreative Beiträge, ohne aber unabstimmbare Freestyle-Elemente in die Zusammenarbeit einzustreuen. Sie definieren sich über das Ergebnis der gemeinsamen Mission, nicht über eine Primadonna-Stellung innerhalb des Teams, in Situationen, in denen kein Solo vorgesehen ist.

Wie schaffen Unternehmensführer es, solche Top-Leute für sich zu gewinnen, die Leistungsträger und Team-Player zugleich sind? Nur mit solchen Top-Kräften können Führungs-Teams aufgebaut werden, die koordiniert zusammenwirken und Unternehmen zu permanenter Hochleistung führen – Hochleistung, die sich in bemerkenswerten Resultaten niederschlägt und begeistert. Solche Hochleistung zieht weitere Potenziale an: In einem selbstverstärkenden Effekt zieht sie Kapital, hervorragende Bewerber, attraktive Kunden und leistungsstarke Lieferanten an. Es kommt auf das Top-Management-Team an.

Es wird nicht nur große Musik gehört

Täglich beobachten wir, dass nicht nur „große Musik" gehört wird. Menschen neigen offenbar dazu, sich mit Darbietungen zu befassen, die sie verstehen; sie suchen „leicht Verdauliches". Dasselbe trifft auch für Lektüre und das Fernsehprogramm zu. Das macht den Erfolg so vieler durchschnittlicher Interpreten möglich. Und es ermöglicht den kometenhaften Erfolg und ebenso raschen Abstieg von Eintagsfliegen. Gleichzeitig hält dieses Phänomen, wie ich es beobachte, wirklich große Musiker oft lange vom kommerziellen Erfolg fern, den ja die Masse trägt. Insofern kommt es auch zu einer den Trend zu mittelmäßiger Musik verstärkenden Gruppendynamik. Soziale Kräfte sorgen dafür, dass mehr von dem gehört wird, was das Umfeld hört. Außerdem sind viele Menschen an wirklich große *Musik nicht herangeführt worden und haben gewisse Berührungsängste, die durch das soziale Umfeld nicht abgebaut werden. Haben sie das Selbstbewusstsein, sich mit großer Musik zu befassen, laufen sie Gefahr, sozial ausgegrenzt zu werden.*

Dafür mögen aber auch die Interpreten verantwortlich sein. Die junge norwegische Ausnahmeviolinistin Vilde Frang merkte in einem Fernsehinterview, das am 20. Mai 2012 im Rahmen einer ttt-Sendung in der ARD ausgestrahlt wurde, an: „Es gibt ja Menschen, die geben sich so brillant und virtuos, dass du dich nur noch verkriechen willst. Die ziehen dich richtig runter. Und es gibt die, da denkst du, wundervoll, genau das ist es, die laden dich auf mit Energie. Es geht nicht darum, etwas zu beweisen, es geht darum, etwas zu teilen."

Auch hier sehe ich Parallelen zur Wirtschaftswelt. Sich den Zugang zu großen Management-Leistungen zu erschließen, ist nicht trivial. Das liegt meiner Erfahrung nach daran, dass nach schnellen Lösungen für akute Probleme gesucht wird. Wird ein Vertriebsproblem wahrgenommen, sucht man schnell nach einem Vertriebsprofi, der dieses Problem lösen soll. Nicht wahrgenommen wird sehr häufig, dass das vermeintliche Vertriebsproblem nur die Auswirkung einer entgleisten Produktentwicklung ist und die eigentliche Baustelle dort liegt. Ein großer Manager würde dies sehen und Zeit sowie Geld für wirkungslose kosmetische Arbeiten im Vertrieb vermeiden. Aber mir ist auch klar, dass richtige Entscheidungen oft schwierig durchzusetzen sind, weil sie eine differenziertere Argumentation erfordern, die nicht immer den Zeitgeist trifft. Je schwieriger die Situation für eine Organisation wird, desto stärker verengt sich der Tunnelblick der Verantwortlichen. Statt wirksame Entscheidungen zu treffen, werden typischerweise zu kurz greifende Maßnahmen ergriffen.

Auch hier haben wir es häufig mit einer Gruppendynamik im Management-Team zu tun, die nicht selten zu einer Gruppendenke wird. Wider besseren Wissens oder besseren Bauchgefühls traut sich niemand, aus den gesetzten Bahnen auszubrechen, weil er das persönliche Risiko scheut, ausgegrenzt zu werden. Es werden weiterhin Symptome behandelt, statt die wahren Ursachen aufgedeckt und angegangen. So werden oft Möglichkeiten zu großem Management verschenkt. Wirklich souveräne Manager verfügen sowohl über die Freiheit als auch über die Fähigkeit, notwendige, wirksame Schritte anzusprechen, auch wenn sie nicht der gegenwärtigen Gruppendenke entsprechen. Und sie sind in der Lage, „des Kaisers neue Kleider" aufzudecken, ihr Umfeld für ihre Ideen zu gewinnen und anderen Energie für die Umsetzung zu geben, um gemeinsam wirklich „große Musik" zu machen.

Das erfordert auch, sich immer wieder mit neu ausbrechenden Widerständen auseinanderzusetzen und sie abzufangen. Wirklich große Management-Leistungen brauchen Zeit, bis sie ihre Wirkung entfalten. Große Manager bringen die erforderliche Stärke und Ausdauer mit, um sicherzustellen, dass der Erfolg versprechende Weg nicht vorzeitig verlassen wird.

Verinnerlichen der Musik

Wer ein Musikinstrument spielt, wird bestätigen, dass man in ein Musikstück eintauchen und sich auf die Musik einlassen muss, um sie wirklich aufzunehmen und zu verstehen. Dann befindet man sich in einer ganz anderen Dimension, als wenn man ein Musikstück nur mechanisch herunterspielt. Große Musiker überwinden die Distanz zu der Musik – sie werden eins mit ihr. Das sind erfüllende Momente, die nicht nur der Musiker selbst spürt. In diesen Momenten springen Funken zum Publikum über. Ich möchte noch einmal Vilde Frang zitieren, die sagte, es ginge nicht darum, etwas zu beweisen, sondern darum, etwas zu teilen, Energie zu geben. „Das Größte ist doch, andere zu inspirieren." Vilde Frang hat ihre eigentliche Tätigkeit überwunden – sie geht im Erlebnis der Musik auf: „Ich fühle mich nicht wie eine Geigerin. Denn ich versuche ja was anderes, wenn ich spiele. Ich hab dann gar nicht das Gefühl, Geige zu spielen." Die eigene Tätigkeit steht nicht mehr im Vordergrund des Bewusstseins; sie wird nicht als eine Last empfunden, sondern als Mittel zu einem großen Erlebnis.

In der Wirtschaftspraxis wimmelt es nur so von Menschen, die ihre Stücke mechanisch abspulen und sich in gewisser innerer Distanz zu ihrem Metier halten. Unsere arbeitsteiligen Strukturen geben immer weniger Anreize und Möglichkeiten, den Sinn einer Tätigkeit im Gesamtkontext zu verstehen. Genau an dieser Stelle setzen sowohl die Eigenverantwortung jedes Einzelnen als auch die Führungsverantwortung an. Wenn Menschen verinnerlichen, was die Produkte leisten sollen, an deren Erstellung sie mitwirken, wenn sie beginnen, darüber nachzudenken, wie sie diese Funktionen besser sicherstellen können, dann fangen sie an, ihre „Produkte zu leben". Sie treten in eine ganz neue, sie innerlich erfüllende Dimension des Arbeitens ein. Sie wissen, dass sie mit ihrer Leistung etwas Wertvolles zu einem Gesamtergebnis beitragen, die so – ohne dieses tiefe Eintauchen in die Zusammenhänge und ohne die Identifikation mit dem Beitrag der Marktleistung zur Lösung eines bestehenden Kundenproblems – nicht möglich wäre. Dann stiftet das Arbeiten Sinn – und Sinn treibt zu ausgerichteter Hochleistung an.

Die Aufgabe des Dirigenten

Wenn die Musik von allen Musikern im Orchester wirklich verstanden wird, braucht der Dirigent nicht mehr auf die Einsätze der einzelnen Stimmen zu achten; vielmehr wird er sich dem Feinschliff des Zusammenspiels widmen können. Seine maßgebliche Aufgabe besteht darin, das Verständnis für die Musik herbeizuführen, zu vermitteln, was die Musik ausdrücken soll, was sie bei den Zuhörern bewegen soll. Er muss dafür sorgen, dass jeder einzelne Musiker die Wirkung der Musik, wie sie erst durch das Zusammenspiel des Ensembles möglich wird, verinnerlicht. Erst dann kann große Musik entstehen.

So sollten auch Manager ihre Belegschaft dahin entwickeln, dass nicht mehr einzelne Arbeitsgänge überprüft werden müssen, sondern dass es zu einer Selbstverständlichkeit wird, dass die richtigen Tätigkeiten „handwerklich" richtig ausgeführt werden. Das Augenmerk von Managern sollte darauf gerichtet sein, wie gut von der Belegschaft das „Big Picture" der von der Organisation erwarteten Leistung verinnerlicht ist. Die Qualitätsanmutung der Leistung, die die Organisation vermittelt, hängt maßgeblich von der Güte dieser Orientierung ab. Das ist die entscheidende Managementaufgabe.

Das Repertoire

Nun können die besten Interpreten nicht reüssieren, wenn das Stück, das sie spielen, nicht gelungen ist. So fällt der Auswahl des Repertoires eine entscheidende Rolle zu. Mit der Frage nach dem Repertoire stellt sich natürlich auch die Frage nach geeigneten Komponisten. Diese Entscheidung darf nicht losgelöst vom Musiker bzw. vom Orchester getroffen werden; vielmehr muss das Repertoire gut mit den Fähigkeiten und Möglichkeiten der Musiker abgestimmt sein.

In der Wirtschaft wird das Repertoire vom Produktmanagement zusammengestellt und im Bereich der Produktentwicklung in „Werke" umgesetzt, die dann in der Produktion „zu spielen" sind. Das Produktmanagement speist sich aus Informationen der Marktforschung. Die „Werke" werden dann über das Marketing in Position gebracht und schließlich vom Vertrieb verkauft.

Bei der Entscheidung für das Produktportfolio ist es natürlich wichtig, mit den Marktleistungen an die Nachfrage anzuknüpfen. Mindestens ebenso erfolgskritisch ist es aber auch, darauf zu achten, dass die Organisation auf die Erstellung und Vermarktung der Leistungen vorbereitet ist. Werden einer Organisation Leistungen zugemutet, die sie nicht effizient herstellen kann oder für die sie über keinen geeigneten Zugang zu den Zielkunden verfügt, wird der Erfolg genauso ausbleiben, als wenn keine marktfähigen Produkte im Angebot sind. Das Produktmanagement ist verantwortlich für diese Gratwanderung und wird in gut geführten Organisationen Hand in Hand mit der Organisationsentwicklung arbeiten. Das Erkennen und Nutzen der gegenwärtigen eigenen Stärken sind ebenso wichtig wie die marktgerechte Weiterentwicklung der Organisation und des Produktportfolios.

Wie bewältigt die Landwirtschaft unternehmerische Herausforderungen?

12

Zusammenfassung

Die Landwirtschaft ist wohl der älteste Wirtschaftszweig überhaupt und einer der wichtigsten für die Menschheit. Vor allem hat die Landwirtschaft im Laufe der letzten 100 Jahre deutlich an Intensität und Produktivität gewonnen. Deshalb bietet es sich an, die Praktiken in der Landwirtschaft zu betrachten, um daraus Erkenntnisse für andere Wirtschaftszweige zu ziehen. Die Art und Weise zu verstehen, wie Landwirte im Einklang mit der Natur wirtschaften, wie sie mit knappen Ressourcen umgehen, wie sie Hilfsmittel dosieren und wie sie zu natürlich gesetzten Grenzen stehen, kann Managern helfen, ihre Organisationen verantwortungsvoll zu führen. Dieser Beitrag gibt konkrete Anregungen dazu.

Die Landwirtschaft ist die Grundlage unseres Lebens. Sie soll die Ernährung der Weltbevölkerung sichern. Deshalb lohnt sich ein Blick in die Landwirtschaft, um Erkenntnisse für Empfehlungen für das Management zu gewinnen.

Landwirtschaft ist die zielgerichtete Herstellung pflanzlicher oder tierischer Erzeugnisse auf einer zu diesem Zweck bewirtschafteten Fläche. Der Anbau von Nutzpflanzen und die Haltung von Nutztieren dienen in erster Linie der Nahrungsmittelproduktion und in zweiter

W. Boysen, *Grenzgänge im Management*, DOI: 10.1007/978-3-658-01024-9_12,
© Springer Fachmedien Wiesbaden 2013

Linie der Herstellung von Rohstoffen für die Herstellung von Bekleidung.[1] Mittlerweile sind Landwirte allerdings auch an der Erzeugung regenerativer Energieträger beteiligt.

In der Landwirtschaft wird die extensive von der intensiven Bewirtschaftung unterschieden. Wenn der Produktionsfaktor Land im Überfluss vorhanden ist, wird von einer extensiven Bewirtschaftung gesprochen. Typische Formen der extensiven Landwirtschaft sind die Fernweidewirtschaft, der Wanderfeldbau und die Sammelkultur – Formen, die in der Regel mit dem Nomadentum verbunden sind. Eine intensive Bewirtschaftung baut bei knappem Land vorrangig auf andere Produktionsfaktoren. Typische Beispiele, die den Übergang zur intensiven Nutzung markieren, sind Bewässerung, Trockenlegung, Rodung, Terrassenfeldbau und zielgerichtete Düngung.[2] Heute finden wir fast überall auf der Welt intensive Bewirtschaftung.

Aber auch bei intensiv bewirtschaftenden Landwirten läuft nicht alles nach einer externen Uhr ab (chronos). Vielmehr setzen erfahrene Landwirte ihr Gespür für die Entwicklung der Rahmenbedingungen ein. Sie beobachten das Wetter ebenso wie die Märkte für ihre Erzeugnisse. Um das richtige Timing für Saat, Bewässerung oder Ernte zu finden, setzen sie sowohl Prognosen als auch ihre Intuition ein, die gefühlte Zeit (kairos). Landwirte tragen mit ihren Entscheidungen Verantwortung für ihre Existenz. Eine Entscheidung für eine zu späte Ernte kann die Existenz ruinieren. Je spezialisierter ihr Geschäft ist, desto gravierender können eintretende Risiken durchschlagen. Das wissen Landwirte und sichern sich entsprechend ab.

Landwirte pflegen die Kulturlandschaften aus Eigeninteresse. Über eine Schonung der natürlichen Ressource „Boden" machen sie sich Gedanken, weil sie intensive Landwirtschaft betreiben. Sie sind nämlich auf die langfristige Erhaltung ihres Bodens angewiesen. Über die Erhaltung der Ressource Wasser denken sie in der Regel erst nach, wenn es knapp oder teuer wird.

Je knapper die bewirtschaftete Fläche ist, desto höher wird in der Regel der Flächenertrag getrieben. Die Nährstoffe, die die Nutzpflanzen dem Boden entziehen – besonders Phosphate und Stickstoff –, müssen wieder zugeführt werden. Das geschieht durch Düngung mit Kunstdünger, Gülle und Stalldung. Kluge Landwirte wissen, dass die Einstellung „Viel hilft viel" keine nachhaltige Lösung ist. Sie düngen nur in der erforderlichen Menge, um den Ertrag zu sichern. Ihnen ist bewusst, dass zusätzlicher Einsatz von Düngemitteln nicht den Ertrag erhöhen, sondern zur Überdüngung führen würde. Durch Überdüngung kommt es zu einem zu starken Nährstoffeintrag in den Boden, der zu einer künstlichen Eutrophierung desselben führen kann. Die durch übermäßige Düngung zunehmende pflanzliche Produktion zieht auch einen verstärkten mikrobiellen Abbau der pflanzlichen Substanz nach sich, der dem Boden wiederum mehr Sauerstoff entzieht. Dadurch können in Sedimenten gebundene Phosphate freigesetzt werden, die in einem selbstverstärkenden Prozess zu einer weiteren Nährstoffanreicherung des Bodens führen. Der Boden setzt dann

---

[1] http://de.wikipedia.org/wiki/Landwirtschaft, letzter Zugriff am 5. Juli 2012.
[2] Dito.

hohe Mengen an klimaschädlichen Stickoxiden und an Methan frei.[3] Verantwortliche Landwirte wenden deshalb Düngemittel wohldosiert an.

Zur weiteren Intensivierung der Landwirtschaft mögen manche Landwirte mehr Pflanzenschutzmittel anwenden. Mittlerweile ist vielen Landwirten allerdings bewusst, dass die Anwendung von Pflanzenschutzmitteln zu einem höheren Eintrag von Pflanzenschutzmitteln in den Boden und ins Grundwasser führt. Sie bemerken, dass diese Pflanzenschutzmittel, die die Nutzpflanzen vor Krankheiten und Schädlingen bewahren sollen, um die Lebensmittelversorgung sicherzustellen, die Nahrungsmittel belasten und mit der Zeit gesundheitsschädlich auf den Menschen wirken. Der Handel und die Konsumenten werden zunehmend kritischer und mündiger in der Wahl landwirtschaftlicher Erzeugnisse. Es ist mehr Information über die Nahrungsmittelerzeugung verfügbar. Märkte werden transparenter. Landwirte, die nicht den Einsatz von Pflanzenschutzmitteln auf das notwendige Maß beschränken, erhalten zunehmend Kritik und riskieren den Absatz ihrer Erzeugnisse.

Aber auch die Natur hilft, die Arbeitsweise der Landwirte umweltverträglich anzupassen. Denn Landwirte werden sogar mit einer verstärkten Resistenz der Krankheitserreger gegen Pestizide und Fungizide konfrontiert. Es stellt sich offenbar ein Kräftegleichgewicht auf höherem Niveau ein, das allerdings erheblich höhere Aufwendungen, einen erhöhten Energiebedarf und höhere CO_2-Emission bedingt. Diese Aufwands- und Kostensteigerung können landwirtschaftliche Betriebe nur durch eine erheblich höhere Arbeitsproduktivität bewältigen. Sie lösen dies üblicherweise durch Zusammenschlüsse zu größeren Betriebseinheiten, die maschinelle Bewirtschaftung größerer Flächen und eine Spezialisierung auf den Anbau bestimmter Nutzpflanzen. Zusätzliche Flächen werden von den Eigentümern stillgelegter landwirtschaftlicher Betriebe entweder erworben oder gepachtet. Diese Entwicklung ist in den USA und in Großbritannien schon weit vorangeschritten. Je intensiver die Landwirtschaft allerdings betrieben wird, desto eher besteht die Gefahr einer Störung der Mikrofauna durch eine hohe Verdichtung des Bodens, die auf die Bewirtschaftung mit schweren Maschinen zurückzuführen ist. Werden Bodenflächen lange mit gleichen Nutzpflanzen bewirtschaftet oder stark bewässert, kann allerdings Bodenerosion eintreten. Die Humusschicht wird durch Wasser- und Windeinflüsse abgetragen und der Boden verarmt. Auch diesen Effekt spüren die Landwirte nun. Verantwortliche Landwirte versuchen, die Bodenverdichtung nach Möglichkeit zu vermeiden, indem sie leichtere Maschinen einsetzen und sie so sparsam wie möglich einsetzen.

Nicht nur die Auswirkungen der spezialisierten, intensiv betriebenen Landwirtschaft selbst hinterlassen ihre Spuren in der Umwelt. Mit zunehmender Professionalisierung der Landwirtschaft ändern sich auch die landwirtschaftlichen Markt- und Handelsstrukturen. Sowohl Vorprodukte als auch die landwirtschaftlichen Erzeugnisse werden über immer längere Distanzen transportiert. Diese Tendenz trägt zu erhöhtem Energiebedarf und zu einem höheren CO_2-Ausstoß bei. Ökologisch arbeitende Landwirte legen Wert auf

---

[3] Vgl.: Kirschenmann, Birgit; Kaschwich, Matthias: [Intensive Landwirtschaft], S. 9.

möglichst kurze Transportwege. Sie beziehen Vorprodukte bevorzugt aus der Region und vermarkten ihre Erzeugnisse lokal. Sie finden zurück zu ursprünglichen Arbeitsformen, die nicht nur ökologisch, sondern auch wirtschaftlich nachhaltig sind.

Landwirte kennen die irreparablen Auswirkungen intensiver und einseitiger Bewirtschaftung und gehen angemessen damit um, um die Ertragskraft ihrer Böden zu erhalten. Aber der Zwang zur Produktivitätssteigerung, die Subventionspolitik und früher auch politisch gewährte garantierte Mindestpreise verzerren die natürlichen Motivatoren, die eine Erhaltung der natürlichen Ressourcen nahelegen. So können „künstliche" Marktkräfte dazu führen, dass natürliche Potenziale ausgelaugt werden – nicht etwa trotz, sondern gerade wegen der Zahlungen an die Landwirte.

Betreffend die Versorgung der Bevölkerung mit Nahrungsmitteln kommt ein weiterer Störfaktor hinzu: Mit steigenden Energiepreisen werden Getreide, Mais, Raps und Zuckerrohr zunehmend auch als Energieträger interessant. Werden auf den Energiemärkten höhere Preise erzielt als auf den Lebensmittelmärkten, werden potenzielle Lebensmittel auf Energiemärkten verkauft. Die ursprüngliche Aufgabe der Landwirtschaft als Quelle für die Nahrungsmittelversorgung wird sich verschieben. Das mag verschärfte Ernährungsprobleme für die weiter steigende Weltbevölkerung nach sich ziehen.

Die Landwirtschaft arbeitet grundsätzlich unter ähnlichen Bedingungen wie andere Wirtschaftszweige. Sowohl in der Landwirtschaft als auch in anderen Wirtschaftszweigen haben wir es mit knappen Ressourcen zu tun, durch die Entscheidungen auf bestimmte Aktivitäten gelenkt werden. Landwirtschaftliche Flächen sind wesentliche Produktionsfaktoren für Landwirte. Deshalb lassen sich diese „Flächen" mit den wesentlichen Produktionsfaktoren in anderen Wirtschaftszweigen vergleichen. Bei einem Transportunternehmen wird es der Fuhrpark sein, bei Produktionsunternehmen die Fertigungskapazitäten, bei Dienstleistungsunternehmen wird es der Mehrwert generierende Teil der Belegschaft sein, etwa die Berufsträger in einer Wirtschaftsprüfungsgesellschaft. Jedes Unternehmen muss seinen kritischen Produktionsfaktor entwickeln und pflegen wie der Landwirt seine Flächen. Aus dem kritischen Produktionsfaktor muss jedes Unternehmen seine Betriebsleistung ziehen – und zwar kosteneffizient. Diese Anforderung treibt in jeder Branche laufende Bemühungen um weitere Effizienzsteigerung. Dabei ist aber zu beachten, dass diese kritischen Produktionsfaktoren, analog zum Boden in der Landwirtschaft, nicht überstrapaziert werden dürfen, weil die Leistungsfähigkeit sonst kippt.

Reicht der Ertrag nicht aus, kann das Management die Dimension des kritischen Produktionsfaktors ausbauen oder eine noch intensivere „Bewirtschaftung" anstreben. Oft werden weitere Produktionsstandorte übernommen und angegliedert, die Spezialisierung der einzelnen Fertigungsstätten weiter vorangetrieben und die Arbeitsintensität erhöht. Der Rationalisierungsdruck, der im globalen Wettbewerb zunimmt, führt in den meisten Sektoren zu einer „Intensivbewirtschaftung", die sich in zunehmender Spezialisierung und stärkerer Vernetzung niederschlägt. In der Industrie bedeutet „Intensivbewirtschaftung", die Abläufe so zu gestalten, dass aus Rohstoffen das Maximum an Wertschöpfung herausgeholt wird. Anders als in der Landwirtschaft, wo die Naturverbundenheit noch eher gegeben ist, wird in anderen Wirtschaftszweigen (noch) nicht auf die natürlichen Grenzen der Arbeitsintensität geachtet. Die Folgen einer dauerhaften Überreizung sind uns in Form der Erstarrung überschlanker Organisationen und Burn-out-Erscheinungen auf individueller Ebene bekannt. Wird laufend jeder Trieb, der nicht unmittelbar zur aktuellen „Nutzpflanzung" gehört, abgeschnitten, werden damit auch jegliche Keime für Neues entfernt. Unternehmen, die operativ höchst effizient arbeiten, sind deshalb besonders gefährdet, sich nicht an Veränderungen anpassen zu können, die in ihrem Umfeld geschehen.

Weitere Auswirkungen der „intensiven Bewirtschaftung" sind die starke und dauerhafte physische und psychische Belastung der Belegschaft. Werden Mitarbeiter, insbesondere Manager, über lange Zeiträume über ihre natürliche Kapazität hinaus beansprucht, wehren sich ihre Körper durch eine nicht beeinflussbare Leistungsverweigerung. Obwohl den meisten Führungskräften diese Konsequenzen mittlerweile weitgehend bekannt und viele von ihnen selbst betroffen sind, verändern sie ihre Verhaltensmuster kaum. Weil überall so vorgegangen wird, nimmt der Erfolgsdruck im Wettbewerb zu, ohne wirklich zu einer Verbesserung der wirschaftlichen Situation zu führen. Das erinnert an den Seefahrer, der einen Punkt am Horizont erreichen möchte. Der angepeilte Punkt verschiebt sich mit jeder bewältigten Strecke entsprechend nach hinten. Deshalb lässt der Kapitän die Mannschaft immer schneller rudern, bis die Seeleute erschöpft sind. Das Schiff erreicht den Punkt nie. In einer solchen Situation sind kaum Lösungen zu erwarten, wenn nur mehr von Demselben getan wird. Vielmehr muss der gesamte Geschäftsansatz infrage gestellt und möglicherweise ein radikaler Wandel eingeleitet werden, um mit vertretbarem Aufwand Erfolg zu haben. Widerstand, der sich dem Geschäftserfolg entgegenstellt, ist häufig systemisch bedingt. Oft besteht die Nachfrage nach den Marktleistungen in ihrer bisherigen Form nicht mehr. Kreative Ideen sind gefragt, um ein wettbewerbsfähiges Geschäftsmodell zu konzipieren und umzusetzen, – nicht erhöhter Druck, um ein Auslaufmodell gegen Widerstände im Markt zu halten.

Wie in der Landwirtschaft setzt auch in anderen Wirtschaftszweigen das Nachdenken über eine bessere Rohstoffausnutzung und Möglichkeiten zur Ausschussvermeidung erst ein, wenn Rohstoffe knapp und/oder teuer werden. Ökologischer Nutzen fällt eher als Nebeneffekt von Kostensenkungsmaßnahmen an, wird dann allerdings zur Vermarktung herangezogen.

Personaleinstellungen können als Saat betrachtet werden. Kündigungen entsprechen dem Herausschneiden von ausgetrockneten Pflanzen und Unkraut.

Die regelmäßige Saat ist eine Voraussetzung, um immer wieder ernten zu können. In vielen Unternehmen wird die Saat irgendwann vernachlässigt. Die Folge ist dann, dass die bestehende Belegschaft altert und auch keine frischen Impulse von Menschen mit anderem Hintergrund mehr erhält. Irgendwann lassen die Erträge „älterer Pflanzen" nach. Wenn nicht einmal die Möglichkeit besteht, die Erfahrung an jüngere Mitarbeiter weiterzugeben, weil diese nicht rekrutiert worden sind, wird es mit der Zeit immer schwieriger, neue Mitarbeiter in die gewachsene Organisation einzugliedern. Eine gute Personalpolitik sorgt für eine regelmäßige Entwicklung der Belegschaft durch eine gesunde Fluktuation. Innerbetriebliche Nachfolgeregelungen und eine damit einhergehende Rekrutierung junger Talente sind ein wichtiger Baustein guter Personalarbeit.

So selbstverständlich, wie in der Landwirtschaft tote Pflanzen und Unkraut aus dem Nutzpflanzenbestand entfernt werden, müssen sich Führungskräfte konsequent von Mitarbeitern trennen, die nichts zum Mehrwert beitragen oder sich sogar schädlich auf die Belegschaft auswirken. Von Mitarbeitern, mit denen Führungskräfte definitiv nicht zusammenarbeiten wollen, muss das Unternehmen sich trennen. Andernfalls wird das Problem lediglich vertagt, aber nicht gelöst.

Ein weiterer Baustein sind die laufende Entwicklung der aktiven Mitarbeiter und die Entwicklung der Organisation als Ganzes. Bewirtschafteter Boden muss gedüngt und Nutzpflanzen müssen gepflegt werden. Der Düngung entsprechen Schulungen sowie die Anwendung von Ziel- und Bonussystemen. Auch dies sind Maßnahmen, die nicht immer vorbildlich wahrgenommen werden. Ich kenne Unternehmen, in denen Schulungen eher die Ausnahme sind, und andere, die ihre Mitarbeiter übertrieben intensiv schulen. Ersteren Unternehmen fehlt irgendwann der Zustrom von Methoden, Skills und Impulsen; Letztere riskieren, ihre Mitarbeiter mit Wissen „aufzupumpen", sie quasi zu „überdüngen". Dadurch wird der Blick zwar wie erwünscht auf übergeordnete Belange gerichtet, aber zu dem Preis, dass irgendwann womöglich die Aufmerksamkeit für die Chancen und Risiken des Augenblicks nicht mehr hinreichend gegeben ist. Trotz bester Ausbildung der Mitarbeiter zerfällt die Basis der Organisation.

Damit kommen wir zu den Aspekt der Führung. Den Einsatz von Reporting-Systemen und Personalgesprächen möchte ich der Anwendung von Pflanzenschutzmitteln gleichsetzen. In angemessener Dosierung sind Reporting-Systeme und Personalgespräche durchaus sinnvoll und nützlich. Sie können zur Steigerung der Ertragskraft beitragen. Insbesondere die Vermittlung von Orientierung, eine gute Abstimmung und das sorgfältige Managen von Erwartungen helfen bei der effektiven Führung von Organisationen. Ohne „Pflanzenschutzmittel" würden Organisationen verwildern und der Ertrag würde rasch sinken. Während ungepflegte landwirtschaftliche Flächen ohne Erträge weiter existieren können, wären Organisationen, die sich nicht selbst tragen, nicht lebensfähig und würden zerfallen: Die Organisationsbestandteile würden allerdings auch nach dem Zerfall der Organisation weiter existieren. Mitarbeiter würden anderen Beschäftigungen nachgehen, Maschinen würden veräußert und an anderer Stelle weiterhin ihre Dienste verrichten, geräumte Immobilien würden in ein neues Nutzungskonzept überführt.

Ein übermäßiger Einsatz dieser Führungsinstrumente kann sich allerdings schädlich auswirken. Besonders in Unternehmen, die von angelsächsischen Gesellschaftern geführt werden, beobachte ich ein engmaschiges Reporting, das zum einen viel Zeit in Anspruch nimmt, zum anderen aber auch Kreativität erschlägt. Oft geht es um das Vereinbaren von Planungen und die Planerfüllung. Solange abgestimmte Pläne erfüllt werden, ist die Welt in Ordnung. Wenn unterjährig Risiken eintreten, die nicht geplant waren, wird es ebenso schwierig, als wenn sich Chancen ergeben, die nicht im Plan aufgeführt sind. Auch zu eng abgesteckte Befugnisse können zu einer Lähmung führen, weil Verantwortungen dann nicht im erforderlichen Maße wahrgenommen werden können und die persönliche Weiterentwicklung der Betroffenen erstickt wird.

Bei der Bemessung der Maßnahmen nutzen viele erfahrene Führungskräfte nicht nur Fakten, sondern vor allem ihre Intuition. Sie wissen, was funktioniert, machen sich ein eigenes Bild von den unterschiedlichen Informationen, die sie erhalten, und spüren, was aus dem Ruder laufen kann. Entsprechend umsichtig steuern sie die Aktivitäten in ihrer Organisation. Sie agieren mit Weitblick und strategischem Konzept und reagieren rasch und angemessen auf Ereignisse, die das Geschäft beeinflussen können.

In Analogie zur Entwicklung in der Landwicklung finden ebenso in anderen Wirtschaftszweigen Strukturveränderungen statt. Im Zuge der Globalisierung sind viele Wertschöpfungsketten bzw. -netze über verschiedene Kontinente verteilt, beispielsweise in der Automobilindustrie und in der Bekleidungsindustrie. Mit der Globalisierung verbunden sind lange Transportwege, die ökonomisch sinnvoll sein mögen, ökologisch aber bedenklich sind. Außerdem steigen die Transaktionskosten, insbesondere getrieben von Kosten für die Koordination und Kontrolle der verteilten Wertschöpfung. Erst mit weiter zunehmenden Transport- und Transaktionskosten mag in manchen Wirtschaftszweigen eine Rückbesinnung auf regionale Fertigungs-Cluster stattfinden. Mittlerweile sind einige Unternehmen aus Südostasien zurückgekehrt, weil sich das Engagement unterm Strich dort doch nicht gerechnet hat.

Es ist bekannt, dass Subventionen den Markt, wie es in der Landwirtschaft der Fall ist, verzerren können. Investitionen werden umgelenkt auf geförderte Leistungen. Ganze Branchen richten sich nach öffentlichen Förderungen aus und werden erschüttert, sobald die gängige Förderpraxis geändert wird. Besonders fällt dies im Baunebengewerbe auf. Entfallen beispielsweise öffentliche Förderprogramme für Isoliermaßnahmen an Bestandsimmobilien, entfällt typischerweise ein Großteil des Bedarfes und des Marktes für diese Leistungen. Auch verantwortliche Unternehmer nehmen natürlich solche öffentlichen Förderprogramme in Anspruch, stellen sich aber gleichzeitig strategisch so auf, dass ihre Leistungen auf natürliche Nachfrage treffen. Dadurch stabilisieren sie nicht nur ihre wirtschaftliche Lage, sondern können sicher sein, dass sie natürlichen Bedarf decken.

Literaturquelle

Kirschenmann, Birgit und Kaschwich, Matthias. [Intensive Landwirtschaft] Umweltfolgen-intensiver Landwirtschaft, Universität Hamburg, Fachbereich Geowissenschaften,Inter disziplinäres Seminar zu globalen Umweltveränderungen bei Dr. G. Lammel und Dr. J. Leonardi, im Internet unter URL: http://www.mi.uni-hamburg.de/fileadmin/files/static_html/Globale_Umweltveraenderungen/WS01-02/Kirschenmann-Kaschwich-Hausarbeit-Landwirtschaft.pdf, letzter Zugriff am 5. Juli 2012.

Zierpflanzenbau und Personalentwicklung

13

Zusammenfassung

Belegschaften mit Ziergärten zu vergleichen, erscheint auf den ersten Blick weit hergeholt und unangemessen. Doch tun sich bei näherem Hinsehen durchaus Parallelen auf, die manchen nicht nur zum Schmunzeln veranlassen, sondern auch dazu, einen anderen Bezug zur Entwicklung seiner Belegschaft zu erhalten. Sowohl für Ziergärten als auch für Belegschaften gilt, dass derjenige, der die verschiedenen Input-Möglichkeiten kennt und sie in einem angemessenen Verhältnis dosiert, mit einem lohnenden Output rechnen kann.

Zierpflanzen brauchen Licht, Wasser und Nährstoffe. Das ist jedem klar. Meinen Lesern wird wohl auch sofort klar, was diese Erkenntnis mit der Personalentwicklung zu tun haben könnte. Natürlich brauchen auch Mitarbeiter eine Form von „Licht", „Wasser" und „Nährstoffen", um zu gedeihen und seinem Umfeld Freude zu machen.

W. Boysen, *Grenzgänge im Management*, DOI: 10.1007/978-3-658-01024-9_13, © Springer Fachmedien Wiesbaden 2013

Begehen wir einen angelegten, aber etwas verwilderten Garten, können wir oft noch eine Struktur erkennen. In manchen, weiter fortgeschrittenen Fällen der Verwilderung ist auch diese nicht mehr auszumachen. Wird nichts unternommen, erreicht jeder Garten irgendwann das Stadium eines homogenen Erscheinungsbildes. Wir werden nur noch solche Pflanzen antreffen, die sich in diesem Biotop auf natürliche Art und Weise durchsetzen können. Der größtmögliche Ausgleich erfolgte und der Garten befindet sich in der größtmöglichen Stabilität. Allerdings vermag ein solcher Garten Betrachter nicht gerade zu entzücken. Auch der Freizeitwert eines solchen stabilen Gartens ist recht begrenzt. Wollen wir an dieser Situation etwas ändern, müssen wir uns mit dem Garten intensiv befassen. Aus Erfahrung wissen wir, dass wir nicht wenig Energie zuführen müssen, um Ordnung zu schaffen und zu halten. Die investierte Energie gibt uns der Garten dann in Form von Ansehnlichkeit und Freizeitwert mehrfach zurück. Wir können aber nicht darauf vertrauen, dass sich ein einmal erreichtes Maß an Ordnung von selbst erhalten wird; vielmehr ist die kontinuierliche Pflege erforderlich. Übrigens sagt ein Garten meines Erachtens einiges über seinen Besitzer aus.

Wenden wir uns nun einzelnen Pflanzen zu. Damit sich eine Zierpflanze gut entwickeln kann, kommt es zunächst auf ihren Standplatz an. Pflanzen, die viel Licht brauchen, vor allem alle Pflanzen, die blühen, wie Rosen, Blauregen, Geranien, Sonnenhut und Flieder, werden sich unterhalb von Büschen und Bäumen nicht entfalten. Ebenso werden Pflanzen, die viel Wasser brauchen, wie Hortensien, Magnolien und Tulpen, unterhalb von Baumkronen über ihre Wurzeln nicht hinreichend Regenwasser erhalten und ohne zusätzliche Wasserversorgung verkümmern. Auch die Beschaffenheit des Bodens spielt eine große Rolle. Beispielsweise können sich Tiefwurzler, wie Laubbäume und Lorbeerbüsche, auf Felsboden, der lediglich mit einer dünnen Humusschicht bedeckt ist, nicht stabilisieren. Erkennt man die Bedürfnisse einer Pflanze, kann man sie an eine geeignetere Stelle umsetzen und sie dadurch retten.

Manche Pflanzen brauchen oberirdisch genügend Raum, um sich voll zu entwickeln. Stoßen sie neben sich an andere Pflanzen, werden sie ihre Struktur nicht ausbilden können und mickrig bleiben. Dabei kommt es auch auf die Art der Pflanzen der Umgebung an. Es gibt Pflanzen, die sich stärker durchsetzen als andere und sich dominant entwickeln. Ich denke an Efeu, Bambus und manche Gräser, die immer weiter wuchern. Andere Pflanzen wie Disteln und die Sonnenbraut bevorzugen, in Gruppen angesiedelt zu sein. Wieder andere Pflanzen wie der Mohn, wachsen besser in gemischten Beeten und Aukuben wachsen am liebsten einzeln gepflanzt. Schließlich sollen auch die attraktiven, aber giftigen Pflanzen erwähnt werden. Zu dieser Kategorie gehört beispielsweise die Schlangenwurz. Um den gewünschten Zierpflanzen ihre Chance auf gutes Gedeihen zu geben, ist es wichtig, die unterschiedlichen „Charaktere" der Pflanzen zu kennen und gezielt darauf zu reagieren.

Steht eine Zierpflanze an einem Ort, der für sie geeignet ist, wird ihr der Freiraum erhalten und angemessene Düngung zugeführt, kann sie sich gut entwickeln. Manche Pflanzen, insbesondere Gräser, müssen allerdings regelmäßig vor Wintereinbruch zurückgeschnitten werden, damit sie im darauf folgenden Frühjahr wieder frisch ausschlagen können. Manche müssen im Winter geschützt werden, damit sie nicht erfrieren.

Was für Zierpflanzen gilt und von jedem Gärtner beherzigt wird, gilt auch für Personal. Es wird uns nicht gelingen, eine Pflanze, die viel Licht braucht, durch „gutes Zureden" an ein Schattendasein zu gewöhnen. Auch Menschen haben gewisse, ihnen eigene Veranlagungen, die wir nicht wesentlich verändern können. Schon lange habe ich den Gedanken aufgegeben, Mitarbeiter durch Qualifizierungs- und Führungsmaßnahmen für Aufgaben zu verändern, die nicht auf ihr Naturell zugeschnitten sind. Deshalb kommt es darauf an, sich mit den Menschen zu befassen und sie wirklich kennenzulernen, um eine geeignete Funktion für sie zu finden. Ich habe schon mehrfach erlebt, dass Mitarbeiter, die in ihrer Funktion weder Leistung noch Potenzial gezeigt haben, sich an anderer Stelle, die in besserem Einklang mit ihren Anlagen und Interessen stand, gut entwickelt haben. Die Maßnahme einer teuren und immer unangenehmen Kündigung konnte dadurch vermieden und Know-how im Hause gehalten werden. Die Frage nach dem Einsatz eines Mitarbeiters beinhaltet die Art und den Anspruch der Aufgabenstellung (Verfügbarkeit von Licht und Wasser) sowie die Einbindung in ein Team und in Unternehmensprozesse (pflanzliches Umfeld). Durch Schulungsmaßnahmen können wir allerdings erkannte Talente fördern und die Ausbildung von spezifischen Stärken ermöglichen. Das ist dann aber eher ein „Düngungseffekt".

Was für Pflanzen der Zugang zu Grundnährstoffen ist, ist für Mitarbeiter der Zugang zu Informationen, Methoden und Instrumenten. Ich erlebe immer wieder, wie sich Mitarbeiter in professionellen Umfeldern, in denen sie Zugang zu Know-how haben, entwickeln, während andere in weniger professionellen Umfeldern deutlich hinter Ersteren zurückbleiben.

Ebenso wichtig ist das Äquivalent zu „Spurennährstoffen" für Mitarbeiter. Hierzu zählen besonders Wertschätzung und Anerkennung, die sich aus dem Betriebsklima und dem praktizierten Führungsstil ergeben. Der Bedarf an „Spurennährstoffen" ist individuell durchaus verschieden. Eine breitflächige „Düngung" ist deshalb nicht die beste Lösung; vielmehr sollten Führungskräfte selektiv Wertschätzung und Anerkennung zuteilen. Gezielte Kritik ist aber ebenso wichtig. Manche Mitarbeiter müssen „zurückgeschnitten" werden, damit sie nicht ungerichtet wuchern. Einige Mitarbeiter entwickeln sich von allein, andere brauchen Unterstützung in Form von Impulsen, Anweisungen und Kontrollen und müssen wie manche Pflanzen „an eine Stange gebunden" werden, damit sie gestützt werden und gerade wachsen.

Führungskräfte sollten sich mit ihren Mitarbeitern beschäftigen, um geeignete Voraussetzungen für jeden Einzelnen zu schaffen.

Insbesondere sollten sich Führungskräfte das Zusammenspiel zwischen ihren Mitarbeitern genau ansehen. Wer nimmt anderen Mitarbeitern das „Licht" (Profilierung zulasten anderer)? Wer entzieht anderen ihre Nährstoffbasis (Informationsentzug)? Wer erdrosselt andere Mitarbeiter (Mobbing)? Wer geht in Gruppenarbeit auf, wer ist Einzelkämpfer? Wer bevorzugt homogene Gruppen Gleichgesinnter und ist auf Konsens aus (Gruppenpflanzungen), und wer sucht die konstruktive Auseinandersetzung (gemischte Beete)? Wo bleiben Potenziale durch ein verbesserungsfähiges Zusammenspiel, ungünstig angelegte Prozesse oder Führungsdefizite unerschlossen?

Wenn ich in Unternehmen komme und die Belegschaft sehe, fühle ich mich manchmal an einen gepflegten Garten, manchmal aber auch an einen vernachlässigten Garten, in dem gerade noch die Struktur einer Anlage durchschimmert, oder sogar an ein verwildertes Stück Land erinnert. In der Regel steht der Output der Belegschaft in proportionalem Verhältnis zu ihrem Pflegezustand. Die Belegschaft spiegelt die Qualität, mit der im Unternehmen Führungsaufgaben wahrgenommen werden, wider. Auch die Altersstruktur der Belegschaft und die Leistungsfähigkeit der einzelnen Mitarbeiter reflektieren die Arbeit in der Personalentwicklung. Fehlen Leistungsvorgaben und finden keine regelmäßigen Mitarbeitergespräche und Zielüberprüfungen statt, „welken" die Mitarbeiter vor sich hin, „verholzen" und „sterben womöglich sogar langsam ab", ohne dass dieser Prozess bemerkt wird. Das Ergebnis ist dann eine Belegschaft, von der keine Weiterentwicklungsbeiträge mehr erwartet werden können, die methodisch, technologisch und kommerziell stagniert. Bewegung in eine solche Belegschaft hineinzubringen, ist oftmals mit erheblichem Aufwand verbunden. Totes Holz zu schlagen und unerwünschte Fauna zu beseitigen, ist kostenintensiv. Um die anderen Pflanzen zu reaktivieren, muss durch Coaching, Sparrings-Gespräche und aufgabenbezogene Führung ein nicht zu unterschätzendes Trägheitsmoment überwunden werden. Schließlich muss im Garten nachgepflanzt werden, wo Lücken zu füllen sind. Nicht jede neu gesetzte Pflanze wurzelt erfolgreich, nicht jede hält sich im Umfeld.

Besonderes Augenmerk ist auf das Gesamtkonzept zu richten. Soll die ursprünglich angelegte Struktur freigelegt und fortgesetzt werden oder ist vor dem Hintergrund veränderter Anforderungen ein ganz neues Konzept erforderlich? Wo müssen noch wirkende alte Pfade entfernt und neue angelegt werden? Wo müssen noch durchschimmernde alte Muster beseitigt werden, um eine schlüssige Gesamtkonzeption zu erreichen? Ist die angedachte neue Konzeption in Anbetracht des verfügbaren Budgets, der verfügbaren Zeit und der sonstigen Rahmenbedingungen tatsächlich umsetzbar? Gibt es vielleicht gute Kompromisse, die eine gewisse Nutzensteigerung versprechen?

Überlebensstrategien in der Natur und betriebliche Existenzsicherung

14

Zusammenfassung

Die Vielfalt der Natur hat sich im Laufe der Evolution im Wettbewerb entwickelt. Wie in der Wirtschaft ist es auch in der Natur immer darum gegangen, sich durch das Ausbilden besonderer Fähigkeiten gegenüber natürlichen Feinden durchzusetzen und freie Nischen zu besetzen. Wegen dieser Parallele ist es interessant, sich mit Überlebensstrategien in der Natur zu befassen und Erkenntnisse daraus dann auf die Wirtschaftspraxis zu übertragen. Dieser Beitrag zeigt, welche Ausprägungen die beiden wesentlichen Überlebensstrategien „Fressen, statt gefressen zu werden" und „Täuschen und tarnen" in der Natur aufweisen und welche Schlüsse auf die Existenzsicherung von Organisationen gezogen werden können.

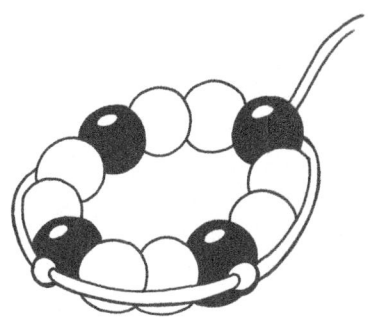

In der Natur richtet sich alles auf das Ziel „Überleben" aus – Überleben als Individuum und überleben als Art. Die beiden dabei verwendeten und oft gekoppelten Strategien sind „Fressen, statt gefressen zu werden, und sich vermehren" sowie „Täuschen und tarnen". Das gilt gleichermaßen für Tiere wie für Pflanzen – mit Ausnahme des Fressens im engeren Sinne. Daneben wirken verschiedene Verhaltensweisen bei unmittelbarer Bedrohung.

W. Boysen, *Grenzgänge im Management*, DOI: 10.1007/978-3-658-01024-9_14, © Springer Fachmedien Wiesbaden 2013

Je nach Situation können Tiere angreifen, flüchten oder erstarren, um zu überleben. Die Entscheidung wird in der Regel nicht bewusst, sondern vom Instinkt gesteuert.

Gehen wir zunächst auf die Tarnung ein. Tiere und Pflanzen tarnen sich, um nicht gefressen zu werden. Tiere wenden die List des Tarnens auch an, um sich eine günstigere Position für einen Angriff auf Beute zu verschaffen. Die Methode des Tarnens beruht darauf, Beutetiere und Raubtiere zu täuschen und dadurch relative Vorteile zu erzielen. In der Natur finden wir optische Täuschungen, wie das Streifen- oder Fleckenmuster des Fells vieler Raubtiere, bewegungs- und geräuschloses Verharren, die Geruchlosigkeit mancher Tierjungen, sowie Verhaltensweisen, die in die Irre führen sollen. Die meisten Tarnungen oder Verhaltensweisen haben sich seit vielen Generationen evolutionär herausgebildet und werden vererbt.[1] Beispiele hierfür sind das weiße Fell der Eisbären und das Hakenschlagen von Hasen. Antrainiert sind im Grunde lediglich Feinheiten, beispielsweise die Steigerung der Geschicklichkeit beim Jagen.

Durch geschickte Tarnung (Mimese) scheinen Tiere einschließlich ihres Schattens in ihrer Umgebung aufzugehen. Auch Bewegungsmuster, beispielsweise das Laufen dicht an einer Wand oder das Schwimmen nahe am Meeresboden, vermeiden verräterische Schattenbildung. Bei vielen Tieren fallen nicht einmal die Augen auf, weil sie in dunklen Fell- oder Körperstreifen liegen. Manche Tiere oder Pflanzen passen sich optisch ihrem Umfeld so gut an, dass sie kaum als Lebewesen erkannt werden können. Andere Lebewesen können zwar optisch wahrgenommen werden, erscheinen aber leblos und werden deshalb von Räubern nicht als mögliche Beute wahrgenommen. Beispielsweise imitieren Grashüpfer Pflanzen, Stabheuschrecken Zweige (Phytomimese) und manche Käfer Steine (Allomimese). Diese Tiere sehen nicht nur so aus wie ihr Umfeld; vielmehr bewegen sie sich auch so, nämlich wie Blätter im Wind bzw. gar nicht (Steine). Es gibt auch Tiere, die andere Tiere imitieren (Zoomimese). Andere Tiere wirbeln Staub auf oder stoßen dunkle Farbe ab, um in dem entstehenden Nebel zu entkommen.

Wieder andere Tiere praktizieren das Gegenteil der Tarnung: Sie warnen. Indem sie sich imposant in Szene setzen, bluffen sie und schlagen sogar Angreifer in die Flucht, die erheblich größer und kräftiger als sie selbst sind. So blähen Hunde ihr Nackenfell imposant auf, zeigen die ganze Länge ihrer Zähne und geben einschüchternde Geräusche von sich.

Manche Tiere und Pflanzen schmecken nicht und zeigen sich oft in besonders auffälligen Farben. Dadurch signalisieren sie Tieren auf Nahrungssuche, die schon einmal eine solche ungenießbare Pflanze oder ein solch ungenießbares Tier probiert haben, dass sie es hier wieder mit einem solchen Fall zu tun haben und lieber davon Abstand nehmen sollten. Die auffällige Farbe schützt sie deshalb vor dem Gefressenwerden. Lebewesen imitieren andere Lebewesen, um von deren Eigenschaften zu profitieren (Mimikry).

Wenn sich das Umfeld verändert, können einmal erfolgreiche Tarnungen hinfällig werden. Bekannt ist das Beispiel von Birkenspannern, die überwiegend weiß gefärbt waren und sich an Birkenstämmen gut verstecken konnten. Wenige Mutanten waren

---

[1] S. Darwin, Charles: [Origin of Species].

überwiegend schwarz gefärbt und fielen Vögeln als Beute zu. Doch während der industriellen Revolution im 19. Jahrhundert wurden die Birkenstämme von Ruß verschmutzt, wodurch die weißen Birkenspanner nun stärker auffielen als die schwarzen. Die Mutanten hatten nun die besseren Überlebenschancen und erhöhten ihren Anteil an den Birkenfaltern innerhalb von 50 Jahren auf 95 %.

Mitte des 19. Jahrhunderts entdeckte der englische Naturforscher Henry Walter Bates in Brasilien unter einer giftigen Schmetterlingsart auch Schmetterlinge, die zwar sehr ähnlich aussahen, aber ganz anderer Abstammung und nicht giftig waren. Interessant an dieser Entdeckung war, dass die giftigen Schmetterlinge von Vögeln gemieden wurden. Indem sich die ungiftigen Schmetterlinge so angepasst hatten, dass sie aussahen wie die giftigen, wurden auch sie von Vögeln verschont (Bates'sche Mimikry). Diesen Mechanismus kennen wir auch von Insekten, die sich die schwarz-gelben Ringe, die für Wespen und Bienen stehen, „zugelegt" haben. In der Natur wird sogar beobachtet, dass Arten das bewährte Abwehrverhalten anderer Arten imitieren. Dadurch wird die Zahl der Opfer über mehrere Arten hinweg gering gehalten.

Aber auch diese Tarnung funktioniert nur so lange, bis irgendwann ein Räuber auftaucht, der sich von der Giftigkeit weniger Exemplare nicht beeindrucken lässt und alle Tiere einfach frisst.

Es gibt auch Tiere, die nicht selbst jagen, sondern sich darauf spezialisiert haben, anderen Tieren ihre Beute abzunehmen. In der Natur sind Skuas, Raubmöven, dafür bekannt, anderen Sturmvögeln ihre Beute „abzufordern". Die Skuas lassen erst dann von den Sturmvögeln ab, wenn diese ihren Schnabel geöffnet oder sogar bereits geschluckte Beute wieder heraufgewürgt haben. Andere Vogelarten haben dieses erfolgreiche Muster der Skuas „kopiert". Sie haben ein Flügelmuster, das weitgehend dem der Skuas entspricht, attackieren andere Sturmvögel mit ähnlichen Flugbewegungen wie die Skuas und sind dabei recht erfolgreich.

Mit dem Ziel der Fortpflanzung stellen Lebewesen ihre Vorzüge besonders heraus. Sie werben um die besten Partner, damit ihre Nachkommen möglichst gute Voraussetzungen für ihre Entwicklung erhalten. Das Fortpflanzungsverhalten ist ein ganz anderes als das Tarnverhalten. Konkurrenzkämpfe im Zusammenhang mit der Paarung setzen zwar das individuelle Leben auf's Spiel, tragen aber dazu bei, dass sich bessere Substanz fortpflanzt. Diesbezüglich arbeitet der individuelle Überlebenswille mit dem Überlebenswillen der Art Hand in Hand zusammen.

In der Natur werden zwei diametral entgegengesetzte Fortpflanzungsstrategien beobachtet. Die sogenannte r-Strategie setzt auf eine hohe Reproduktionsrate r, während die K-Strategie auf eine geringe Anzahl an Nachkommen mit einer hohen individuellen Überlebenschance setzt. Grundsätzlich gilt für die Entwicklung der Population P: $P_{(t+1)} = P_{(t)} + r\,P_{(t)}$, wobei die Wachstumsrate r die Differenz aus der Natalität und der Mortalität ist. Stehen im betrachteten Biotop hinreichend Energie und Nährstoffe für Nachkommen zur Verfügung, trifft man die r-Strategie an, sind Energie und Nährstoffe eher knapp, gewinnt die K-Strategie an Präferenz. Entsprechend steht das K für Kapazität.

Arten, die eine r-Strategie anwenden, erzeugen verhältnismäßig viele Nachkommen, kümmern sich aber typischerweise nur wenig um diese. Sie „investieren" nur wenige Ressourcen in die Nachkommen und überlassen sie mehr oder weniger sich selbst. Es finden keine Brutpflege und keine laufende Nahrungsversorgung der Nachkommen statt. Mit der r-Strategie können Arten Biotope mit geringer Konkurrenz und wenigen Räubern schnell besiedeln oder wieder besiedeln. Die Bedingungen in Biotopen, in denen die r-Strategie zu beobachten ist, sind oft hochvariabel. Bei vielen Nachkommen und kurzen Generationsabständen ist die Wahrscheinlichkeit einer individuellen und evolutionären Anpassung offenbar höher. Man findet die r-Strategie bei niedrig entwickelten einfachen Arten, aber auch bei sozialen Insekten wie Bienen und Ameisen. Diese Arten zeigen in der Regel eine schnelle Individualentwicklung und einen frühen Fortpflanzungsbeginn der Nachkommen.

Arten, die mit ihrer Population die Kapazitätsgrenze ihres Biotops erreicht haben, wenden eine K-Strategie an. Sie müssen effizienter mit den verfügbaren Ressourcen umgehen und konzentrieren sich deshalb darauf, die Bedingungen für eine hohe Überlebenswahrscheinlichkeit der Individuen zu schaffen. Sie kümmern sich intensiv um ihren zahlenmäßig begrenzten Nachwuchs und sichern ihr Revier sorgfältig ab. Die Population wächst nicht entscheidend, weil die Ressourcen die Wachstumsgrenze setzen. Sollte die Populationsdichte trotzdem zunehmen, steigt infolgedessen die Sterblichkeit und reguliert die Population wieder auf eine verträgliche Größe. Die K-Strategie treffen wir bei höher entwickelten Arten, insbesondere bei Säugetieren, an. Die individuelle Entwicklung ist bei diesen Arten eher langsam und der Fortpflanzungsbeginn spät. Allerdings ist die individuelle Lebenserwartung vergleichsweise hoch. Die K-Strategie eignet sich nicht für eine rasche räumliche Ausbreitung einer Art und nicht für die rasche Besiedelung neuer Biotope. So trifft man die K-Strategie eher in älteren Habitaten an. Außerdem zeichnen sich die Biotope, in denen die K-Strategie im Einsatz ist, durch relativ konstante Bedingungen aus. Für die betreffenden Arten besteht dann nicht der Zwang einer schnellen Anpassung.[2]

Höher entwickelte Tiere können im Rahmen der Fähigkeiten, die ihnen die Evolution mitgegeben hat, bewusste Entscheidungen treffen. Sie entscheiden, ob sie ein Beutetier jagen oder nicht. In bedrohlichen Situationen wird das bewusste Entscheiden allerdings durch den Instinkt überlagert, der genau zwei Optionen vorsieht: angreifen oder flüchten, um eine Starre möglichst zu vermeiden. Instinktiv wird aus diesen beiden Optionen adaptiv die vorteilhaftere ausgewählt. Das unmittelbare Umsetzen der Entscheidung bei großem Stress hilft, rasch zu reagieren, ohne bewusst und zeitaufwendig abwägen zu müssen. Es läuft als Notfallprogramm „automatisch" ab. Dabei werden durch den Stress enorme Kraftreserven freigesetzt und der Umsetzung zur Verfügung gestellt. Nur in einer ausweglosen Situation fällt die instinktive Entscheidung auf Starre. Auch das kann sinnvoll sein, wenn man daran denkt, dass Raubtiere auf bewegliche, lebendige Ziele ausgerichtet sind.

---

[2] http://de.wikipedia.org/wiki/Fortpflanzungsstrategie, Zugriff am 10. April 2012.

Ein bewegungsloses Objekt kann aus dem Beuteschema des Räubers fallen. Insofern gibt auch diese Option dem bedrohten Lebewesen eine Überlebenschance. Diese instinktiv angelegte Fähigkeit höherer Tiere ist ein Überlebensinstrument.

Betrachten wir nun die Wirtschaftswelt, muss – wie in der Natur – zwischen individuellem Überleben in Organisationen oder im Markt und dem Überleben von Organisationen unterschieden werden. Im Zusammenhang mit Organisationen wäre es nicht angebracht, von Arten zu sprechen, weil man nicht voraussetzen kann, dass Mitarbeiter ihre Organisation als „ihre Art" betrachten. Dazu ist die Individualität und Unabhängigkeit der Menschen zu stark ausgeprägt. Als Artgenossen können eher ähnlich gesinnte Kollegen betrachtet werden, nicht aber Organisationen als ganze Einheiten. Die Frage ist deshalb dahingehend zu stellen, welche Überlebensstrategie Menschen in ihrer Rolle als Mitarbeiter im Biotop ihrer Organisation anwenden. Davon getrennt kann der Frage nachgegangen werden, welche Überlebensstrategien Organisationen anwenden, um sich im Wettbewerbsumfeld und im Markt durchzusetzen.

In den Biotopen der Wirtschaft finden wir die gleichen Überlebensstrategien, die wir aus der Natur kennen. Tarnen und täuschen gehören ebenso dazu wie das Fressen und das Vermeiden, gefressen zu werden. Die Unternehmensakquisition soll rasches Wachstum erzeugen, und die Unternehmernachfolge ist ein Thema, das das Überleben von Organisationen sicherstellen soll. Über Instinkte sprechen wir in Verhandlungssituationen. Unter Stresseinwirkung laufen bei Menschen und damit auch bei Organisationen Verhaltensmuster ab, die nicht rational gesteuert, sondern vom Unterbewusstsein ausgelöst werden.

Wie tarnen sich Mitarbeiter erfolgreich? In der Belegschaft von Organisationen treffen wir die einschlägigen Formen der Tarnung an, die wir aus der Natur kennen. Für Führungskräfte lohnt es sich, die gängigen Tarnmechanismen zu verstehen.

Es gibt Mitarbeiter, die sich unsichtbar machen. Sie fallen nicht auf, weder angenehm noch unangenehm, stören nicht, stechen nicht durch überraschende Leistungen hervor, aber kommen auch nicht mit irgendwelchen Forderungen oder Erwartungen. Sie passen sich ihrem Umfeld perfekt an und würden nie etwas an ihrem Umfeld verändern. Sie schwimmen mit. Man kann ihnen nichts konkret vorwerfen. Sie beherrschen die „Phytomimese", werden einfach übersehen und überleben mit dieser Strategie oft erstaunlich lange.

Dann sind da die Menschen, die sich gern im Umfeld einflussreicher Kollegen aufhalten. Sie spekulieren darauf, dass sie im selben Licht wie die einflussreichen Personen wahrgenommen werden und davon profitieren können. Wer sich in den USA vorstellt und beschreibt, was er tut, stellt fest, dass das eigentlich niemanden interessiert; nach mitleidigem Blick wird das Thema gewechselt. Führt er hingegen aus, mit welchen bekannten Personen er sich austauscht, erzielt er eine Wirkung. Diesen Effekt nutzen manche Menschen konsequent zur Positionierung. Ist das nicht dieselbe Form der Tarnung, wie den Wespen zu ähneln?

Wieder andere Mitmenschen sind sehr schlagfertig und wehren dadurch Angriffe im Ansatz ab, wie es Tintenfische durch den überraschenden Ausstoß von Farbstoff tun. Vernebelung ist ein beliebtes Mittel in Organisationen, um von unliebsamen Themen abzulenken, wenn auch nur für eine Weile. Aber diesen Vorsprung sichern sich „Tintenfische", um zu entkommen.

Daneben gibt es Mitarbeiter, die sich lange tarnen, um sich aus der Deckung heraus über die Zeit eine vorteilhafte Position gegenüber Kollegen oder gegenüber ihrem Vorgesetzten zu sichern. Aus dieser Position heraus können solche „Tiger" durchaus Überraschungsangriffe durchführen. Sie schaffen Fakten, mit denen sie zu einem gegebenen Zeitpunkt Forderungen durchsetzen können.

Dann sind da die „schwarzen Birkenspanner", die erst dann ihre Fähigkeiten ausspielen können, wenn sich ihr Umfeld dramatisch verändert. Bis dahin werden sie mitunter ignoriert, verachtet oder sogar gemobbt. Manche werden gekündigt, andere verlassen das Unternehmen. Nur wenige halten sich. Nun tritt eine bedeutende Umfeldveränderung in Form eines Management-Wechsels ein, vielleicht durch die Übernahme des Unternehmens seitens eines anderen Unternehmens. Wenn mit diesem Management-Wechsel auch ein plötzlicher Kulturwechsel einhergeht, werden sich die veränderten Erwartungen an das Verhalten der Mitarbeiter auf deren Wertschätzung auswirken. Stand unter der bisherigen Führung etwa eine Haltung des blinden Gehorsams hoch im Kurs und wünscht sich die neue Führungsriege nun mündige Mitarbeiter, die auch mal laut querdenken, dann werden die letzten, bislang ungeliebten Querdenker aus ihren Ecken kommen und zu Verantwortung und Ansehen gelangen, während die Ja-Sager, die sich noch in der Überzahl befinden, verdrängt werden. Die schwarzen Birkenspanner erleben ihre Hochphase.

Schließlich kennen wir die „Kopierer der Skuas", die überzeugend vorgeben, über gewisse Kompetenzen zu verfügen, sie aber niemals wirklich zeigen. Hier fallen mir spontan einige Beraterkollegen und Manager ein, die über einen Grundwortschatz an Management-Buzz-Words verfügen und unbestritten gute Small-Talker sind, aber nicht imstande sind, Sachverhalte systematisch aufzuarbeiten, geschweige denn etwas zu bewegen. Dennoch überleben auch diese Kollegen erstaunlich lange in immer wieder neuen Positionen, die ein hohes Maß an Verantwortung erfordern. Das „Flügelmuster" der Skuas zu kopieren, reicht häufig zum Überleben.

Fortpflanzung und Management – was hat das eine mit dem anderen zu tun? Ich sehe zunächst den Hang von Managern, sich einen Unterbau in der Organisation zu erarbeiten. Sie protegieren eine Schar von Führungskräften und ziehen sie heran, um mittelfristig die eigene Position zu festigen. Hier sehe ich eine klare Parallele zur Aufzucht von Jungen. Hinzu kommt, dass Manager dazu neigen, ihr Revier zu markieren und es zu schützen. Wir kennen das Phänomen des Abgrenzens von Abteilungen. Wagt jemand, über den „Abteilungszaun" zu blicken, muss er mit einem Nackenschlag rechnen. Das eigene Nest wird beschützt. Das trifft auch auf Situationen zu, in denen Personal oder andere Ressourcen zwischen Abteilungen verschoben werden soll, um Engpässe aus Abläufen zu entfernen. In diesen Fällen wird der Abteilungsschutz gern über das Wohl der Gesamtorganisation gestellt – das ist ein klassisches Fortpflanzungsphänomen.

Auch die fortpflanzungsstrategischen Ausrichtungen (r-Strategie, K-Strategie) finden wir in der Wirtschaftspraxis wieder. In jungen Märkten, deren Potenzial noch unerschöpflich wirkt und für deren Entwicklung hohe Budgets bereitgestellt werden, sehen wir viele Ideen und viele Geschäftsansätze. Man kann es sich erlauben, vieles auszuprobieren, ohne jede Idee mit hoher Aufmerksamkeit zu verfolgen und deren Umsetzung zu betreiben. Dabei rechnen Investoren und Ausführende damit, dass sich ein Großteil der Saat nicht öffnen wird, in der Hoffnung, dass wenige durchkommen – es wird eine r-Strategie verfolgt. Die dadurch angelegte Vielfalt stellt auch sicher, dass größere Veränderungen, wie sie in jungen Märkten auftreten können, gut bewältigt werden. Eine schnelle Marktentwicklung und -durchdringung erfordert Masse.

In reiferen Märkten müssen neue Geschäftsansätze bereits gut ausgereift sein, um überhaupt eine Chance auf Umsetzung zu bekommen. Die Rahmenbedingungen sind in der Regel relativ klar. Ressourcen sind verteilt und Margen oft knapp. Deshalb konzentriert man sich in reifen Märkten auf gezielte Aktivitäten, die gut vorbereitet und mit hohem spezifischen Engagement verfolgt werden, wendet also eine K-Strategie an. Ein straffes Projektmanagement und Controlling-Instrumente sollen sicherstellen, dass die Initiativen, über deren Verfolgung entschieden wurde, wirklich zum Erfolg geführt werden. Die knappen verfügbaren Ressourcen werden stark gebündelt.

In großen Unternehmensberatungen werden in jedem Jahr verhältnismäßig viele Hochschulabsolventen eingestellt. Die Juniorberater müssen sich schnell bewähren und ihr Potenzial zu Höherem zeigen. Manche setzen sich gegenüber anderen mit ihrer Kompetenz und ihrem Verhalten durch und dürfen bleiben, während viele das Unternehmen nach kurzer Zeit wieder verlassen (müssen). Auch hier wird mit der r-Strategie gearbeitet. Die Investition in die Junioren ist verhältnismäßig gering, während die Qualität der Beratungsarbeit und mit ihr die Reputation des Unternehmens langfristig gesichert werden kann.

Wird ein Nachfolger für einen Geschäftsführer gesucht, wird die Suche sorgfältig vorbereitet und durchgeführt. Eine Fehlentscheidung bei der Auswahl der richtigen Person würde erheblichen Schaden anrichten. Ist ein Erfolg versprechender Kandidat unter Vertrag genommen, wird oft eine gründliche Einführungs- und Einarbeitungsphase vorgesehen, die der „Aufzucht" entspricht. In diesem Fall wird die K-Strategie angewendet. Der neue Kandidat wird relativ lange brauchen, bis er sein volles Potenzial entfaltet. Man sollte schon mit einigen Jahren rechnen.

Auch instinktiv ausgelöste Strategieoptionen kennen wir im Management. Wenn der persönliche Erfolgsdruck auf Manager einen kritischen Schwellenwert überschreitet, blenden sie typischerweise jede Komplexität und differenzierte Handlungsoptionen aus und entscheiden sich aus der Tunnelperspektive heraus für einfache Handlungsmuster: Angriff oder Flucht. Die Beteiligten neigen dann dazu, „Positionen" aufzubauen. Streitigkeiten, die in einer sachlichen Verhandlung durchaus ausgeräumt werden könnten, werden dann vor Gericht ausgetragen – oft mit einem schlechteren, in jedem Fall aber mit einem weniger beeinflussbaren Ergebnis und mit zusätzlichen Kosten. Besser sind kooperative Lösungen. Um solche kooperativen Lösungen zu finden, sollten sich Manager darum bemühen, die Interessenlage der Beteiligten zu erfassen und in Szenarien zu denken. Unter Anwendung von Erkenntnissen aus der Spieltheorie können sie ihre Möglichkeiten ausloten und sich in die Lage versetzen, das Geschehen in ihrem Sinne zu beeinflussen.

Das Phänomen des Tarnens kennen wir nicht nur auf der Individualebene, sondern auch auf organisationaler Ebene. Technologiekonvergenzen ermöglichen Unternehmen, in Branchen einzutreten, in denen sie bislang nicht aktiv waren. So verschwimmen inzwischen Grenzen von Telefontechnologie, bildgebenden Verfahren, Unterhaltungselektronik und Kollaborationstechnologien – etwa in sozialen Foren. Die Branchen waren früher klar voneinander getrennt. Manche Unternehmen erwerben Know-how, das für eine Anwendung in einer anderen Branche erforderlich ist, und fallen dann plötzlich in die Zielbranche ein (Zoomimese).

In der Werbung, beispielsweise auf Corporate-Websites, formen und kultivieren Unternehmen ihr Image. Sie schaffen ein Bild von sich selbst, das sie nicht unbedingt realitätsgetreu widerspiegelt. Das Bild suggeriert Dritten, was sie von dem Unternehmen erwarten können. Es kann dazu geeignet sein, Kompetenz zu signalisieren und das Preisniveau hoch zu halten (Pfauenrad). Dadurch kann es helfen, interessante und potenzialstarke Geschäftspartner und Kunden zu gewinnen (Balzverhalten).

Unternehmen, die als Followers die Leistungen innovativer Unternehmen imitieren, sind mitunter wirtschaftlich erfolgreicher als diejenigen Innovatoren, die über eine Trial-and-Error-Kette zu den erfolgreichen Marktleistungen finden müssen. Ein Großteil der Forschungs- und Entwicklungsleistung, insbesondere der Aufwand für Marktflops bleibt Unternehmen, die auf Me-too-Produkte setzen, erspart. Followers profitieren auch von Markteinführungen durch Innovatoren. Sie verhalten sich wie die Sturmvögel, die die Skuas nachahmen, und schöpfen einen Teil der von Innovatoren erarbeiteten Margen ab.

Es kann sogar Vorteile bringen, nicht Marktführer zu sein, sondern an zweiter oder dritter Position zu rangieren. Marktführer sind nämlich ständig unter Beobachtung. Sie stehen viel stärker im Rampenlicht der Branche und können ihre Position nur verlieren. Deshalb müssen Marktführer mehr Aufwand dafür betreiben, ihre Position zu halten als Unternehmen auf nachfolgenden Rängen. Sie sind darauf angewiesen, immer innovativ zu sein, Marken besonders aggressiv auszubauen und zu wachsen. Unternehmen auf den Rängen 2 bis 5 können davon profitieren, den Marktführer zu beobachten. Auf den hinteren Rängen ergeben sich Chancen als hoch profitable Anbieter von Nischenbedarf, den die vorderen, auf Volumen ausgerichteten Unternehmen aufgrund ihrer Strukturen nicht decken können.

Wieder andere Unternehmen schwimmen im Sog großer Unternehmen mit, ohne sich selbst ins Rampenlicht zu setzen. Solche Fälle finden wir in den Lieferketten im B-to-B-Geschäft. Wer stellt beispielsweise Fassungen für Lampen her? Ein Unternehmen aus Arnsberg ist in diesem Produktbereich führend, ohne dass dies außerhalb der Lieferkette bekannt ist. Hier haben wir es mit einem Hidden Champion[3] zu tun. Er schöpft seine Gewinne daraus, dass er nicht in Außendarstellung investiert, sondern seine Ressourcen auf die Produktqualität und eine gute Abstimmung mit der Lieferkette konzentriert. Hidden Champions erledigen ihre Arbeit gut und davon profitieren letztlich auch deren Kunden. Das ist auch eine Art erfolgreicher Tarnung.

---

[3] In Anlehnung an Hermann Simon, der den Begriff geprägt hat; s.: Simon, Hermann: [Heimliche Gewinner].

Die Absicht, zu fressen, und zu vermeiden, selbst gefressen zu werden, gilt in der Wirtschaft genauso wie in der Natur. Unternehmen versuchen, ihre Unabhängigkeit zu behalten, indem sie ihre Finanzkraft stärken. Das kann vor allem durch den Ausbau der Marktposition, durch durchsetzungsfähige Verträge und durch gute Margen erfolgen. Unternehmen, die ihre finanzielle Unabhängigkeit verlieren, werden zu Übernahmezielen anderer Unternehmen wie verletzte Tiere. Wenn die Gesellschafter finanziell strauchelnder Unternehmen selbst finanziell an der Grenze ihrer Möglichkeiten stehen, werden sie aufgeschlossen dafür, sich von ihrem Unternehmen zu trennen und gegebenenfalls noch Geld mitzugeben (negativer Kaufpreis), nur um weitere Belastungen auszuschließen und ihre Aufmerksamkeit auf andere Aktivitäten zu konzentrieren.

Zu den Überlebensstrategien von Unternehmen zählt – anders als in der Natur – auch, in einem gegebenen Augenblick die Bereitschaft zu zeigen, gefressen zu werden. Durch den Akt der Übernahme ist ein Unternehmen ja nicht zwangsläufig dem Verdauungsprozess ausgesetzt, sondern kann durchaus erhalten und besser finanziert werden, um in einem geeigneteren Umfeld zu prosperieren. Deshalb müssen Manager die Möglichkeit einer sogenannten feindlichen Übernahme nicht unbedingt verteufeln, sondern sollten durchaus Chancen für ihr Unternehmen sehen und die erfolgreiche Realisierung in Abstimmung mit den Gesellschaftern unterstützen.

Es kommt natürlich auch vor, dass angeschlagene Unternehmen weitere angeschlagene Unternehmen erwerben, für die sie einen negativen Kaufpreis zahlen. Das Kapital, das sie zur Sanierung des Übernahmeobjektes erhalten, schleusen die Erwerber in ihr Stammgeschäft, um dieses zu stabilisieren. Das Übernahmeobjekt lassen sie irgendwann fallen. In solchen Fällen tarnen sich die Erwerber als starke Retter, sie bluffen. Verkäufer tun gerade in der Not gut daran, die wirklichen Motive für die Kaufabsicht der Interessenten zu ergründen und deren finanzielle Möglichkeiten zu erfassen. Vielleicht sind sie selbst nicht überlebensfähig.

Wie oben dargelegt ist, ist die Fortpflanzung eine Komponente zur Existenzsicherung. Wenn Geschäftsideen in Tochterunternehmen ausgegründet werden, ist es das Ziel, dass sich das Management der Tochtergesellschaften auf die Entwicklung der Idee zu einem Geschäft voll konzentrieren soll. In der Anfangsphase wird das junge Unternehmen in der Regel stark von der „Mutter" unterstützt. Es bekommt eine finanzielle Ausstattung, erhält IT- und Controlling-Leistungen zu Vorzugskonditionen und ihm werden vielleicht Räumlichkeiten günstig zur Verfügung gestellt (Aufzucht bei K-Strategie). Irgendwann wird der Tochtergesellschaft allerdings nahegelegt, eine eigene wirtschaftliche Basis zu erarbeiten. Zwischen verschiedenen Töchtern kann es auch durchaus zu „Futterneid" kommen.

Viele Überlebensstrategien aus der Natur sind bereits in der Wirtschaftspraxis angekommen. Ist nicht Wirtschaft im Grunde lediglich ein Auszug aus der modernen menschlichen Natur? Manager, die sich bewusst machen, dass wir es in der Wirtschaft mit einem verlängerten Vorgang aus der Natur zu tun haben, werden sich vielleicht nicht so oft über das Verhalten von Menschen und Organisationen in ihrem beruflichen

Umfeld wundern. Die Übertragung mancher Überlebensstrategie aus der Natur auf die Wirtschaftspraxis kann Vorteile für die betreffenden Unternehmen bringen.

Literaturquellen

Blüchel, Kurt G., und Sieger, Helge. 2009. [Krisenmanagerin Natur] *Was Wirtschaft und Gesellschaft vom erfolgreichsten Unternehmen aller Zeiten lernen können.* München: DWC Medien.

Darwin, Charles. 2012. [Origin of Species] *On the Origin of Species by Means of Natural Selection, or the Preservation of Favoured Races in the Struggle for Life,* John Murray, London, 1859, Quelle: http://darwin-online.org.uk/content/frameset?itemID=F373&viewtype=text&pageseq=1. letzter Zugriff am 2. Juli 2012.

Simon, Hermann. 1996. [Heimliche Gewinner] *Die heimlichen Gewinner.* Frankfurt am Main und New York: Campus.

Was macht den Wert von Kunst aus? Gibt es einen Bezug zum Wert von Management-Leistungen?

Zusammenfassung

Kunst und Management – liegen die beiden Begriffe nicht zu weit auseinander? Vielleicht macht es gerade deshalb Sinn, Vergleiche zu ziehen, weil diese Assoziationen nicht unmittelbar auf der Hand liegen und die Kreativität deshalb besonders fördern können. In diesem Beitrag wird zunächst hinterfragt, was den Wert von Kunst ausmacht und wer diese Bewertung eigentlich vornimmt. Das führt auch zu der Frage, weshalb sich Menschen überhaupt mit Kunst beschäftigen. Dies sind für das Management relevante Aspekte. Kunst nicht nur als Ergebnis eines kreativen, effizienten Prozesses zu definieren, sondern zunehmend einen kreativen, effizienten Prozess selbst als Kunst aufzufassen, führt spätestens zu Ansatzpunkten eines Vergleiches mit der Management-Tätigkeit. Entsprechende Analogien werden in diesem Beitrag angestellt und münden in Empfehlungen, um den Wert der Management-Ergebnisse und der Management-Tätigkeit zu steigern.

W. Boysen, *Grenzgänge im Management*, DOI: 10.1007/978-3-658-01024-9_15,
© Springer Fachmedien Wiesbaden 2013

Bevor wir uns mit dem Wert von Kunst befassen können, sollten wir zunächst klären, was Kunst überhaupt ist. Immanuel Kant definierte Kunst als „interesseloses Wohlgefallen" und Johann Christoph Friedrich von Schiller bezeichnete Kunst als „eine Tochter der Freiheit". Andererseits hört man auch: „Kunst kommt von Können". Pablo Picasso sagte 1926 auf seine verblüffend direkte Art: „Sie erwarten von mir, dass ich Ihnen definiere: Was ist Kunst? Wenn ich es wüsste, würde ich es für mich behalten." In Lexika finden wir Definitionen wie diese: „Bezeichnung für die Gesamtheit des von Menschen Hervorgebrachten, das nicht durch eine Funktion eindeutig festgelegt oder darin erschöpft ist, zu dessen Voraussetzungen hohes und spezifisches Können gehört und das sich durch seine gesellschaftliche Geltung auszeichnet als Ausdruck von Besonderheit."[1] Bei Wikipedia lesen wir: „Kunst bezeichnet im weitesten Sinne jede entwickelte Tätigkeit, die auf Wissen, Übung, Wahrnehmung, Vorstellung und Intuition gegründet ist. [...] Kunst ist ein menschliches Kulturprodukt, das Ergebnis eines kreativen Prozesses. [...] Das Kunstwerk steht meist am Ende dieses Prozesses, kann aber seit der Moderne auch der Prozess selbst sein."[2] Darum geht es doch auch im Management, oder? Kann gutes Management dann auch Kunst sein? Sollte nicht auch der Künstler selbst zusammen mit dem Kunstwerk, das er erzeugt, in den Begriff „Kunst" eingebunden werden? Kunstwerke sind doch ohne ihre Schöpfer gar nicht existent. Auch nach ihrer Erstellung leben sie von der Persönlichkeit des Künstlers.

Künstler und Kunst genießen in Deutschland und vielen anderen Ländern Kunstfreiheit. In Deutschland ist die Kunstfreiheit ein durch Artikel 5 Absatz 3 des Grundgesetzes geschütztes Grundrecht. Die Kunstfreiheit enthält das Verbot, auf Methoden, Inhalte und Tendenzen der künstlerischen Tätigkeiten einzuwirken, insbesondere den künstlerischen Gestaltungsraum einzuengen oder allgemein verbindliche Regelungen für diesen Schaffungsprozess vorzuschreiben. Die Kunstfreiheit garantiert Künstlern Rahmenbedingungen für eine freie, kreative Entfaltung. Sogar die Bewerbung von Kunst ist frei, weil das Grundgesetz anerkennt, dass Kunst auf die Wahrnehmung in der Öffentlichkeit angewiesen ist.[3] Im Gesetz ist auch geregelt, was Kunst ist, dass sie nämlich durch einen subjektiven, schöpferischen Prozess gekennzeichnet ist, dessen Ergebnis vielfältige Interpretationsmöglichkeiten zulässt, dass Kunst also das ist, was der Künstler als Kunst bezeichnet, auch wenn andere darüber streiten mögen, ob es Kunst ist. Rechtliche Einschränkungen gibt es für Künstler allerdings, wenn es um Plagiate geht: Für Kunst ist nämlich eine gewisse „Schöpfungshöhe" notwendig. Diese setzt nach Ulmer, der den Begriff der Schöpfungshöhe in der Kunst geprägt hat, eine persönliche, individuelle und geistige Schöpfung voraus, welche eine durch die menschlichen Sinne wahrnehmbare Form besitzt.[4] Plagiate und Imitate werden nicht als Kunst anerkannt, wenngleich sie großartige handwerkliche Fähigkeiten erfordern. Wenn kopierte Werke nicht als Plagiate gekennzeichnet werden, steht das Imitieren sogar unter Strafverfolgung.

---

[1] Meyers Großes Taschenlexikon, Band 12, S. 240.

[2] http://de.wikipedia.org/wiki/Kunst, aufgerufen am 6. August 2012.

[3] Karpen, Ulrich; Hofer, Katrin: [Kunstfreiheit], S. 952ff.

4 Eugen Ulmer: [Formgebung], S. 1.

Warum befassen sich Menschen mit Kunst? Kein Tier kommt auf die Idee, sich mit Kunst zu beschäftigen. Ist die Beschäftigung mit Kunst dann ein nicht lebensnotwendiger Luxus? Evolutionswissenschaftler sehen in der Beschäftigung mit Kunst im engeren Sinne zwei alternative Gründe. Die erste Hypothese stellt den Selektionsvorteil in den Vordergrund: Wer sich mit Kunst beschäftigen kann, hat keine existenziellen Probleme und signalisiert damit, dass er ein vorteilhafter Lebens- und Sexualpartner ist. Sich künstlerisch zu betätigen wird als ein Auswahlkriterium zur Fortpflanzung betrachtet. Wenn diese Hypothese zuträfe, wäre Kunst bei Menschen als Bedürfnis biologisch verankert und nicht nur ein Ergebnis sozialer Prägung. Die zweite Hypothese beinhaltet, dass Menschen, die sich künstlerisch betätigen, über besondere Fähigkeiten verfügen. Der zeitliche und materielle Aufwand, den sie auf künstlerische Tätigkeit verwenden, wird durch Vorteile, die diese Menschen aus ihren Fähigkeiten ziehen, überkompensiert. Die künstlerische Tätigkeit wird quasi als Nebeneffekt besonderer Fähigkeiten und Leistungen erklärt, die das Überleben sichern.

Das führt auch zu der Frage, welchem Bereich des Gehirns künstlerische Fähigkeiten zugeordnet werden können. Neurowissenschaftler sind zu dem Ergebnis gelangt, dass viele Gehirnregionen in neuronale Prozesse eingebunden sind, die künstlerische Ergebnisse hervorbringen, und dass unterschiedliche neuronale Prozesse erforderlich sind, um Kunst zu erzeugen.

Welche Leistungen als Ergebnis eines kreativen Prozesses werden nun als Kunst empfunden? Wikipedia klärt auf, dass „bei vergleichbarer Wirkung [...] nicht der höhere, sondern der vergleichsweise maßvollere Aufwand die höhere Wertschätzung als Kunst [erfährt]. „Das bedeutet jedoch nicht, dass das Instrumentarium nur einfach und bescheiden sein müsste oder dass es für den Künstler immer einfach ist, zur einfachsten Lösung eines Problems oder zu den wirkungsvollsten Ausdrucksmitteln zu gelangen. Die einzelnen Formen von Kunst unterscheiden sich aber in der Art der Wirkung, und diese hängt vom Sachgebiet ab. Das Ziel der Ingenieurkunst ist z. B. die elegante Brücke, das Wesentliche am Essay ist die scharfsinnige Analyse, der Schwerpunkt der schönen Künste liegt vorwiegend im Wecken und Anregen von Gefühlserlebnissen. Ärztlich ist die Kunst, wenn sie wirkungsvollere Wege findet, die Gesundheit zu erhalten oder sie wiederherzustellen, und das mit weniger Aufwand als mit den gängigen Methoden. Man kann viele Tätigkeiten als Kunst im weitesten Sinn ausüben. Die Kriterien sind Kreativität und Effizienz.“[5] Es ist indes nicht unbedingt erforderlich, dass Kunst etwas völlig Neues ist. Nur wird Neues und Revolutionäres oft in seinem künstlerischen Wert zu hoch eingestuft. So schrieb Johann Wolfgang von Goethe in einem Brief[6]: „Das gewöhnliche Publikum liebt nur das Neue, und an der ganzen Poesie und Kunst eben nichts, als das Neue." Bei der Beurteilung von Kunst kommt es meines Erachtens darauf an, dass Dinge gut gemacht sind und wirken. Vielleicht müssen wir aber gar keine rationale Begründung für die Beurteilung von Kunst

---

[5] http://de.wikipedia.org/wiki/Kunst.
[6] Theater-Briefe von Goethe, Berlin, 1835, Vereinsbuchhandlung, Brief X, S. 15).

suchen. Pablo Picasso regte einen entspannteren Umgang mit Kunst an. Ihm wird zuge-
schrieben, gesagt zu haben: „Jeder möchte die Kunst verstehen. Warum versucht man
nicht, die Lieder eines Vogels zu verstehen? Warum liebt man die Nacht, die Blumen, alles
um uns herum, ohne es durchaus verstehen zu wollen? Aber wenn es um ein Bild geht, denken die Leute, sie müssen es verstehen."[7]

Ob und in welchem Maße Aktivitäten und ihre Ergebnisse als Kunst bezeichnet werden,
ist wohl auch von der Umgebung abhängig, in der die Aktivität ausgeübt wird. „Derselbe
Engel auf einer Jahrmarkts-Orgel wird zum Beispiel von vielen ganz anders empfunden
werden als in einer Kirche. Deutlich wird die Schwierigkeit einer bewussten Beurteilung
von Kunst […]."[8]

Interessant ist die Wahrnehmung von Kunst durch Wissenschaftler der Universität St.
Gallen als etwas, das sich erst aus seinem Umfeld und zufälliger, situativer
Rahmenbedingungen als solchen ergibt: „Heute weiß niemand, nicht einmal der Aussteller
genau, ob und wieso das als Kunst der Gegenwart Dargebotene tatsächlich Kunst ist, da es
heute keinen Konsens mehr darüber gibt, welche Kriterien konstitutiv sind für Kunst von
heute und von morgen. Es zeigt sich jeweils erst im Nachhinein, welche Inszenierungen
bzw. Künstler Akzeptanz und nachhaltigen Erfolg haben und daher tatsächlich in die
Kunstgeschichte eingehen. Seit der Moderne ist Kunst zusehends zu einem unvorhersagba-
ren, sich nicht linear entwickelnden dynamischen System mit chaotischem Verhalten
geworden […]. Die Bewertung der Kunst entsteht aus der Interaktion zwischen Künstler,
Vermittlern, Publikum u. a., und sie ist heute nicht rational. Dabei spielen die Besucher für
die Inszenierung des Werkes eine notwendige Rolle."[9] Es ist nicht genug, etwas zu tun: Das
Ergebnis muss auch einem Publikum zugeführt werden, es muss kommuniziert werden,
um Kunst zu werden. Denn Kunst entsteht erst im Kopf der Betrachter. „Kunst findet im
Kopf statt."[10]

Dieser Gedanke führt noch einen wichtigen Schritt weiter. Semir Zeki, Neurobiologe an
der Universität London, ist überzeugt, dass alles Visuelle Reflexion, Denken, Interpretation
und alles Sehen eigentlich nur der Gebrauch einer Syntax ist.[11] Farben sind keine
Eigenschaften von Oberflächen, sondern die absorbierende und die reflektierende
Spektralfrequenz des betrachteten Gegenstands. Die reflektierten Lichtstrahlen „besitzen"
auch keine Farbe; sie können aber, wie bereits Isaac Newton feststellte, „eine gewisse Kraft
oder Disposition, Sensationen der einen oder der anderen Farbe hervorzurufen". Zeki stellt
fest, dass die Farbempfindung ausschließlich von der Außenwelt bestimmt werde. „Dieselbe
Frequenz kann radikal unterschiedliche Farbempfindungen hervorrufen, und verschiedene
Frequenzen können in ein und derselben resultieren. […] Einfach ausgedrückt, wird eine

---

[7] 13 Tage im Leben von Pablo Picasso, Ein Film von Pierre Daix, Pierre Philippe, Pierre-André
Boutang, Arte Edition, 2006.

[8] http://www.humanistische-aktion.homepage.t-online.de/kunst.htm, Zugriff am 15. Juni 2012.

[9] Salome Schmid-Isler: [Kunst der Gegenwart].

[10] Zeki, Semir: [Inner Vision].

[11] Lars Gustafsson: [Neurobiologie und Kunst].

rotempfindliche Zelle bei manchen Gelegenheiten auf Rot reagieren, aber bei anderen nicht, je nachdem, ob das langwellige Licht, das von der Oberfläche reflektiert wird, einen gewissen Schwellenwert überschreitet, der mit der umgebenden Situation variiert."[12] Ist der Schluss zulässig, dass die Wahrnehmung eines Ergebnisses kreativer und schöpferischer Leistung als Kunst also nicht von dem Objekt selbst, sondern ausschließlich von seinem Umfeld abhängt? Das ließe Rückschlüsse auf die Bedeutung der gezielten Positionierung von Objekten, die zu Kunst werden sollen, zu.

Ein weiterer Aspekt sollte nicht vernachlässigt werden: Kunst dient für Künstler in der Regel auch, wenn nicht sogar vorrangig, als Mittel zur Deckung des Lebensbedarfs. Deshalb kann nie ausgeschlossen werden, dass Kunst nicht rein die Vorstellungen von Künstlern repräsentiert, sondern sich auch an den Erwartungen der Auftraggeber orientiert. Johann Christoph Friedrich von Schiller warnte bereits: „Der Künstler ist zwar der Sohn der Zeit, aber schlimm für ihn, wenn er zugleich ihr Zögling oder gar noch ihr Günstling ist." Daraus ergeben sich Zweifel, ob Kunst überhaupt rein sein kann. Erst mit wirtschaftlicher Unabhängigkeit werden Künstler wirklich frei in ihrem Tun. Dann allerdings können sie sich alles erlauben, sogar die Kunst selbst infrage zu stellen und Denkanstöße zu geben. So sagte Pablo Picasso einmal: „[…] Wenn ich aber allein mit mir bin, kann ich mich nicht als Künstler betrachten im großen Sinne des Wortes. Große Maler waren Giotto, Tizian, Rembrandt und Goya. Ich bin nur ein Spaßmacher, der seine Zeit verstanden hat und alles, was er konnte, herausgeholt hat aus der Dummheit, der Lüsternheit und Eitelkeit seiner Zeitgenossen."[13] Picasso ging in seiner Rede sogar so weit zu sagen: „Kunst ist eine Lüge, die uns die Wahrheit erkennen lässt."

Auf das Maß des Abstrakten in der Kunst angesprochen, soll Paul Klee erwidert haben: „Je schreckensvoller diese Welt, desto abstrakter die Kunst, während eine glückliche Welt eine diesseitige Kunst hervorbringt."[14] Diese Antwort beschäftigt mich, weil ich versucht bin, die Aussage auf den Abstraktionsgrad von Management-Lösungen für schwierige Probleme zu beziehen. Auf meine Befürchtungen in diesem Zusammenhang möchte ich nachfolgend näher eingehen.

Entscheidend zur Beurteilung von Kunst ist am Ende das eigene, freie Urteil des Betrachters. Wichtig ist doch nur, dass die zu beurteilende Kunst dem Betrachter gefällt und für ihn einen Nutzen stiftet. Er zeigt damit Mut und Souveränität. Würde sich der Betrachter gegen seine eigene Überzeugung am Urteil der Allgemeinheit orientieren, würde er sich keinen Gefallen tun.

Legen wir die gängige lexikalische Definition der Kunst zugrunde, dann kann Management auch als Kunst aufgefasst werden, handelt es sich doch um eine Tätigkeit, die nicht durch eine Funktion eindeutig festgelegt oder darin erschöpft ist, zu deren

---

[12] *Newton, Isaac: Vol. 1730, London 1704, S. 108f.*

[13] Auszug aus einer Rede von Pablo Picasso am 2. Mai 1952 in Madrid,
Quelle: http://www.kunstnet.de/thema/18342-p-i-c-a-s-s-o, letzter Zugriff am 2. Juli 2012.

[14] *Felix Klee (Hrsg.): Paul Klee, Tagebücher, Köln 1957, Tagebuch 1915, Nr. 951.*

Voraussetzungen hohes und spezifisches Können gehört und die sich durch ihre gesellschaftliche Geltung als Ausdruck von Besonderheit auszeichnet. Auch die oben angeführte erweiterte Definition, die bei Wikipedia zu finden ist, ist in Bezug auf Management interessant. Erstens bezieht sich diese Definition von Kunst auf jede entwickelte Tätigkeit, die auf Wissen, Übung, Wahrnehmung, Vorstellung und Intuition gegründet ist – also auch auf gutes Management. Zweitens wird das Ergebnis eines kreativen Prozesses als Kunst betrachtet. Und drittens kann nicht nur das Ergebnis dieses Prozesses – also die betriebswirtschaftlichen Ergebnisse –, sondern auch der Prozess, also beispielsweise die Aktivität des Managements als Kunst bezeichnet werden. Management-Leistungen sind wie Kunst eng mit dem Akteur, in diesem Fall mit dem Manager, verknüpft. Management-Leistungen sind ebenso wenig wie Kunst standardisierbar. Das Können, das zur Kunst führen kann, zeigt sich während der Tätigkeit des Managers. Wie bei Kunst im engeren Sinne basiert gutes Management auf Grundlagenwissen und Know-how, die erlernt werden müssen.

Nicht ganz mit dem Management zur Deckung gebracht werden kann die Kunstfreiheit, weil Management nicht auf „interesseloses Wohlgefallen" ausgerichtet ist, wie es die Kunst ist. Vielmehr dient Management einem ganz konkreten Zweck: nämlich das Ergebnis der Aktivitäten einer Organisation zu optimieren. Insofern müssen sich Manager mit ihrer Leistung durchaus an konkreten Vorgaben messen lassen. An die Formulierung im Grundgesetz anknüpfend, stimme ich darin überein, dass Management-Leistungen eine gewisse „Schöpfungshöhe" erreichen sollten. Eine reine Weiterführung von Bestehendem mag dem Anspruch von „Business Administration" gerecht werden, nicht aber dem gestalterischen Anspruch, den Manager an ihre Leistungen stellen sollten.

Auch bei der Beurteilung von Plagiaten unterscheiden sich Kunst und Management. Im Management kann das Beherrschen der Klaviatur einschlägiger Methoden durchaus Kunst sein. Selbstverständlich ziemt es sich, den Ursprung der Methoden anzuführen. Um dies zu tun, müssen Manager zunächst einmal die gängigen Methoden kennen. Sie müssen die Wirkung der Methoden aber auch fallbezogen beurteilen können, um dann aus dem Methodenbaukasten gezielt die geeigneten Methoden herausziehen und anwenden zu können. Diese Fähigkeit erfordert einige Jahre an Erfahrung und immer wieder Selbstreflexion und Weiterentwicklung. Erst nach vielen Jahren, in denen auch Misserfolge verkraftet werden müssen, können Manager zu Künstlern ihres Faches werden. Die richtige und dosierte Anwendung bewährter Methoden und das Heranziehen von Best Practices aus selbst erlebten Fällen oder aus der Literatur sind deshalb in der Management-Zunft keineswegs verpönt, sondern steigern die Professionalität. Es muss nicht immer etwas Neues sein. Vor allem sollten Manager nicht jede neue Management-Mode annehmen, die Berater ausrufen. Vielmehr zeichnen sich gute Manager durch ihr Augenmaß und ihr Urteilsvermögen betreffend die Leistungsfähigkeit von Management-Methoden aus. Sie werden ihren Blick offenhalten für Neues, aber gut abwägen, welche Vorgehensweisen sie in ihrer spezifischen Situation wirklich weiterführen.

Welche Kriterien sollten an die Beurteilung der Management-Güte angelegt werden? Wird die Qualität von Management durch das Management selbst bewiesen oder ist es wie in der Kunst, dass das Umfeld dem Management eine Qualitätsnote erteilt? Diese Frage ist nicht banal und ich bin überzeugt, dass manchen Managern ein Ruf vorauseilt, den sie in ihrer Praxis erst bestätigen müssen. Die andere Frage ist aber, ob nicht Manager, die einen guten Ruf genießen, wirklich erfolgreicher sein können, weil die Organisation, die sie führen sollen, bereits vorwegnimmt, dass die Mission gelingen wird (Self-fulfilling Prophecy). Auch das wäre ja unbestreitbar ein Nutzen für den Auftraggeber, weil der zu erwartende Trägheitsmoment in der Organisation gegenüber Veränderungen geringer wäre und sich Maßnahmen schneller durch- und umsetzen ließen. So wirken sich Einschätzungen, die über die Wirksamkeit des Managements bestimmter Führungskräfte kolportiert werden, direkt auf den künftigen Erfolg der Management-Einsätze derselben Führungskräfte aus. Es liegt ein selbstverstärkender Effekt vor: Erfolg begünstigt weiteren Erfolg und umgekehrt.

Gute Management-Leistungen zu erbringen, ist kein „Rocket-Science" – vielmehr ist es ein solide erlerntes Handwerk, gepaart mit Talent für die Bewältigung von Führungsaufgaben. Wie in der Kunst sind es einfache, geniale Ideen, die Gefallen finden. Und wie in der Kunst liegen solche einfachen Ideen nicht auf der Straße. Kreativität und geniale Eingebungen lassen sich nicht erzwingen. Für Manager ist es nicht selbstverständlich, einfache und wirksame Lösungen zu finden. Meines Erachtens ist es sowohl eine Frage der Problemlösungsfähigkeit und der Erfahrung mit der Bewältigung komplexer Probleme als auch eine Frage der Ruhe, mit der Problemlösungen entwickelt werden können. Am Ende entscheidet die Wirkung, nicht der Aufwand, der betrieben wurde. Wie in der Kunst haben Lösungen, die wenig Aufwand erfordern, einen besonderen Charme. Deshalb würde ich die Kriterien für Kunst auch für gutes Management anerkennen: nämlich Kreativität und Effizienz.

Nun assoziiert man mit Management immer rationale Entscheidungen und ein geplantes Vorgehen. Früher hätte ich dieser Aussage auch zugestimmt. Wenn ein Manager nicht ex ante genau erläutern kann, wie er vorgehen wird, mangelt es ihm an planvollem Vorgehen, hätte ich wohl geantwortet. Mittlerweile denke ich anders darüber und stelle Management eher in die Ecke der Kunst. Wie ein Künstler kann auch ein guter Manager nicht im Voraus beschreiben, wie die Lösungen für Herausforderungen genau aussehen werden. Wie ein Künstler wird er die Kräfte und Möglichkeiten jedes Augenblicks nutzen, um sich vor dem Hintergrund eines rasterhaften Konzeptes schrittweise vorzutasten. Er wird die Leinwand füllen und Wirkung erzielen, aber aus der Kraft des Augenblicks heraus und nicht, indem er einen einmal erstellten Maßnahmenplan abarbeitet. Insofern wird jede Diskussion schwierig, die das Kunstwerk des Managements im Vorfeld völlig erklären soll.

Diesbezüglich habe ich zunehmendes Verständnis für Pablo Picasso, der, wie schon oben angeführt, dafür warb, die Kunst nicht unbedingt verstehen zu wollen. Wenn ich die Errichtung eines Gebäudes in Auftrag gebe, habe ich auch nicht das Bedürfnis, jedes statische Detail zu verstehen: Ich vertraue den Experten. Management ist wesentlich komplexer. Deshalb müssen Auftraggeber für Management-Leistungen ihren Auftragnehmern größere Freiheiten entgegenbringen und größeres Vertrauen erweisen. Wird der

Handlungsspielraum von Managern durch ein zu enges Korsett ihrer Vorgesetzten einge-schränkt, kann keine Kunst dabei herauskommen. Erwartet werden kann dann lediglich eine vorgegebene Dienstleistung, aber keine ganzheitlich angelegte Management-Leistung, die die Chancen und Risiken jedes Augenblicks nutzt und jeweils adäquate Methoden anwendet.

In Anlehnung an Salome Schmid-Isler ist Management kein fertig abrufbares Ergebnis, sondern entwickelt sich erst in der Interaktion des Managers mit seinem Umfeld, der Organisation, die gemanagt werden soll, und den Vorgesetzten, insbe-sondere über Szenarien und Visionen. Man muss eine Vorstellung von der Gestalt des Erfolgs entwickeln. „Kunst findet im Kopf statt." Die Wirkung des Managements ergibt sich ebenso aus der Wahrnehmung und der Reaktion des Umfeldes wie aus der Tätigkeit des Managers selbst. Erfahrene Manager haben erlebt, dass ihr Erfolg eng mit der Wertschätzung ihrer Vorgehensweise und mit dem Vertrauen in ihre Arbeitsergebnisse seitens ihrer Vorgesetzten verknüpft ist. Für Manager bedeutet diese Einsicht, dass sie Erwartungen gut managen müssen. Statt lediglich ihrer unmittelbaren Management-Funktion nachzugehen, müssen sie vor allem geschickt kommunizieren, was sie tun und welche Wirkung sie sich davon versprechen. Die „Farbe" einer Management-Leistung ist eben keine objektiv nachweisbare Eigenschaft der „Oberfläche". Vielmehr entsteht eine Vorstellung von einer „Farbe" der Arbeit im Kopf ihrer Vorgesetzten in Abhängigkeit von den „Lichtwellen", die sie erreichen. Durch geschickte Kommunikation können Manager das Vertrauen, das Vorgesetzte in ihr Engagement setzen, stärken und sich Freiheitsgrade erarbeiten. Der Aufwand guter Kommunikation wird sich mit einem gro-ßen Wirkungshebel auszahlen.

Vor allem bewahren sich gute Manager durch ihre regelmäßige Kommunikation mit ihren Vorgesetzten davor, als rein ausführendes Organ verstanden zu werden und in der Wirkungslosigkeit zu versinken. Andernfalls würden sie zwar kurzfristig ihr Einkommen sichern, kaum aber einen Ergebnisbeitrag leisten. Manager müssen verantwortlich den-ken und handeln und brauchen dafür eine gewisse Unabhängigkeit.

So gibt es zwischen der Bewertung von Kunst und Management viele Parallelen, aber auch einige Unterschiede.

Literaturquellen

Daix, Pierre, und Philippe, Pierre, Boulang, Pierre-André: 13 Tage im Leben von Pablo Picasso, (Film), Arte Edition, 2006.

Goethe, Johann von. 1835. *Theater-BriefeI*. Berlin: Vereinsbuchhandlung, Brief X, S. 15.

Gustafsson, Lars. 2001. [Neurobiologie und Kunst] Neurobiologie und Kunst, in: Die Zeit, Ausgabe 19, http://www.zeit.de/2001/19/200119_l-gustafsson.xml.

Karpen, Ulrich, und Hofer, Katrin. 1992. [Kunstfreiheit] Die Kunstfreiheit des Art 5 III 1 GG in der Rechtsprechung seit 1985. Teil I, in: Juristenzeitung, H. 47, S. 952ff.

Klee, Felix Hrsg. Paul Klee, Tagebücher, Köln 1957, Tagebuch 1915, Nr. 951.

Meyers Großes Taschenlexikon, B. I. 1995. Mannheim, Wien, Zürich: Taschenbuchverlag

Newton, Isaac: 1704 *Opticks*. 1730 Bd. London.

Schmid-Isler, Salome. [Kunst der Gegenwart] Kunst der Gegenwart. Ein Leitfaden, Universität St. Gallen, Institut für Medien- und Kommunikationsmanagement, Forschungsplattform Alexandria, http://www.alexandria.unisg.ch/Publikationen/12106.

Ulmer, Eugen. 1959. [Formgebung] Der Schutz der industriellen Formgebung In *GRUR Auslands- und internationaler Teil*, H. 1, München: Verlag C. H. Beck.

Zeki, Semir: 1999. [Inner vision] *Inner vision. An exploration of art and the brain.* Oxford: Oxford University Press.

Medizinische Heilung und Unternehmenssanierung

16

Zusammenfassung

In diesem Beitrag werden Krankheiten zunächst nach solchen mit lokaler Ursache und solchen mit komplexem Ursachenbündel strukturiert, bevor dann zwischen akuten und chronischen Beschwerden differenziert wird. Zum einen geht es um eine sichere Diagnose, in welches Feld eine Beschwerde einzuordnen ist, zum anderen wird in der Medizin für jedes Feld eine zielführende Behandlungsweise angewendet. Dieser Beitrag leitet aus der Betrachtung dieser klaren Vorgehensweise, die in der Medizin üblich ist, Erkenntnisse für die Diagnose organisationaler Probleme und ihrer systematischen Beseitigung ab.

Im menschlichen Körper können Beschwerden auftreten, die eine lokale Ursache haben, und solche, denen ein komplexes Ursachenbündel zugrunde liegt. Den Typus der Ursachen richtig zu erkennen, ist nicht immer einfach. Gute Mediziner berücksichtigen diese Problematik bei der Diagnose zunehmend, indem sie sich breiter orientieren oder sich zu Clustern zusammenschließen, in denen sie sich gegenseitig ergänzen.

Ähnlich treten auch in der Wirtschaftspraxis Probleme mit lokaler Ursache neben Problemen mit komplexen Ursachenbündeln auf. Genauso ist hier die Ursachenanalyse nicht immer einfach. Die Komplexität wird oft unterschätzt.

Probleme mit lokaler Ursache

In die Diagnose muss noch eine weitere Dimension einfließen: Es können nämlich akute oder chronische Beschwerden auftreten, die unterschiedlich behandelt werden müssen. Für akute Beschwerden bieten sich in der Regel rasch wirkende Behandlungsmöglichkeiten an; bei chronischen Beschwerden ist eine Heilung nicht immer möglich, wohl aber eine Linderung der Symptome durch eine langfristige Behandlung.

Unterschieden werden nicht-komplexe Krankheiten von komplexen. Bei nicht-komplexen Krankheiten sind die Beschwerden relativ klar konkreten Ursachen zuzuordnen. So kann eine mechanische Beeinträchtigung von Nerven an den Austrittsöffnungen der Wirbelkörper – etwa durch einen akuten Bandscheibenvorfall – entlang der Nervenbahnen in die Extremitäten ausstrahlen und dort Taubheit verursachen. Arthrosebedingte allmähliche Veränderungen von Gelenkstrukturen können den freien Durchgangsraum für Sehnen verengen und zu Sehnenentzündungen bis hin zum Sehnenabriss führen. In diesen beiden Fällen können die Ursachen klar lokalisiert und behoben werden.

Hier sind Parallelen zur Wirtschaftspraxis zu erkennen, in der es akute Probleme gibt, die direkt „versorgt" werden können und müssen, und chronische Probleme, die einer anderen, oft zeitaufwendigeren Problemlösung bedürfen, wenn sie überhaupt lösbar sind und nicht nur Symptome unterdrückt werden können.

Akute Probleme

Wenn eine Extremität, etwa wir ein Arm, Bewegungsbeschwerden hervorruft, muss ein Mediziner rasch entscheiden, ob es sich um ein akutes oder ein chronisches Problem handelt. Dazu führen Mediziner ein Gespräch mit dem Patienten, Ertasten die Beschwerdestelle, führen Beweglichkeitstests durch und setzen unterstützend bildgebende Analyseverfahren ein.

So können sie rasch erkennen, ob der Arm ausgerenkt, gebrochen, ein Muskel abgerissen, eine Sehne akut entzündet oder der Arm vergiftet ist. In jedem dieser Fälle bieten sich unterschiedliche Behandlungsmethoden an. Ist der Arm ausgerenkt, kann der Arzt ihn wieder einrenken, womit das Problem mechanisch grundsätzlich gelöst ist, auch wenn die Beschwerden noch nachwirken mögen. Ist ein Knochen im Arm gebrochen, wird der Arzt den Arm schienen oder eingipsen, damit der Knochen wieder zusammenwachsen kann. In diesem Fall sollte das Problem nach sechs Wochen gelöst sein. Stellt der Arzt fest, dass ein wichtiger Muskel abgerissen ist, mag es nötig sein, den Muskel operativ wieder anzuheften. Die Operation muss allerdings recht schnell erfolgen, weil der Muskel sonst atrophieren und nicht mehr zurückzugewinnen sein wird. Wird die Operation rechtzeitig und fachgerecht durchgeführt, sollte das Problem nach einer mehrwöchigen Schonphase behoben sein – die Zeit heilt den Riss. Wenn eine Sehne entzündet ist, wird der Arzt die Entzündung lokal behandeln und nach der Ursache für die Entzündung suchen. Handelt es sich um eine bloße Überlastung, fällt der Fall in den Bereich der akuten Beschwerden und sollte durch die Anwendung entzündungshemmender Wirkstoffe und ggf. eine unterstützende Physiotherapie lösbar sein. Stellt der Arzt hingegen eine fortgeschrittene Blutvergiftung fest, die auf den ganzen Körper übergreifen kann, mag er sich für eine Amputation entscheiden und später eventuell Prothesen empfehlen. Die Diagnose spielt eine grundlegende Rolle bei der Entscheidung für die richtige Behandlungsmethode.

In Unternehmen können ebenfalls unterschiedliche akute Probleme auftreten, die richtig erkannt werden müssen, um geeignete Maßnahmen ergreifen zu können. Wenn Abläufe an einer Stelle im Unternehmen plötzlich haken und ungewöhnliche Reibung aufweisen, ohne dass sich im Umfeld dieser Stelle etwas Wesentliches verändert hat, wird sehr wahrscheinlich die festgelegte Routine dort nicht mehr befolgt. Manager oder Unternehmensberater werden das Problem beheben, indem sie von den betreffenden Personen die erforderliche Disziplin einfordern. Dadurch können sie den Ablauf wieder „einrenken". Stellen Manager oder Berater allerdings fest, dass sich die Grundlagen für die Abläufe verändert haben, werden sie den Prozess zunächst nachschärfen, damit er der neuen Lage gerecht wird, und dann die Befolgung des angepassten Prozesses einfordern. Auch in diesem Fall kann das Problem durch „Einrenken" behoben werden.

Ist durch wiederholte Lieferprobleme eine Kundenbeziehung zerrüttet, sodass Schadensersatzforderungen im Raum stehen und Folgebestellungen ausfallen, haben wir es mit dem Verletzungstyp eines „Knochenbruchs" zu tun. Soll der Kunde wiedergewonnen werden, müssen zunächst die ungeordneten Dinge „gerichtet" und dann vertrauensbildende Maßnahmen ergriffen sowie eng begleitet (geschient) werden. Der Heilungsprozess wird Zeit erfordern.

Der Fall, dass ein bewährter und wichtiger Lieferant oder Leistungspartner plötzlich wegzufallen droht, weil er sich strategisch verändert hat oder weil er im Begriff ist, insolvent zu werden, kann mit einem akuten Muskelriss verglichen werden, der unmittelbares Handeln erfordert. Wird der Lieferant oder Leistungspartner nicht sofort durch beherzte Maßnahmen zurückgewonnen bzw. gestützt, geht er für immer verloren. Dieser Verlust kann störende Funktionseinschränkungen zur Folge haben, die langfristig aufwendiger und mit größeren Risiken behaftet sind als eine ad-hoc-Maßnahme zur Rekuperation. Wird nicht rechtzeitig reagiert, kommen in der Regel nur die Suche und der Aufbau eines Ersatzpartners infrage, was ebenfalls mit hohem Aufwand und mit Risiken verbunden sein kann sowie voraussichtlich Veränderungen und Einschränkungen im Funktionsablauf zur Folge hat (Prothese). In jedem Fall ist es empfehlenswert, der Erhaltung von Bewährtem den Vorzug zu geben.

In Unternehmen können lokale Stresssymptome auftreten, die von Überlastung ausgelöst werden. Wenn Mitarbeiter irgendwann anfangen, despektierlich über die Führungskräfte zu reden, kann sich die Lage bis zu einer offenen Meuterei auswachsen. In anderen Fällen kann beobachtet werden, dass sich Beziehungen zwischen Schlüsselpersonen im Unternehmen auf eine emotional angespannte Ebene zubewegen, wodurch eine Zusammenarbeit erschwert bis unmöglich wird – mit entsprechend gravierenden Folgen für die betrieblichen Abläufe im Unternehmen. In beiden Fällen ist offensichtlich „eine Sehne entzündet" und verlangt nach einer lokalen Behandlung. Die Problemlösung besteht darin, dass die Diskussion auf eine sachliche Ebene zurückgeführt wird, um die wirklichen Ursachen ergründen zu können. Die Deeskalation (Entzündungshemmung) kann sinnvoll von einem erfahrenen Intermediator begleitet werden. Wichtig ist, dass die identifizierte Ursache von allen Beteiligten als das Störelement bestätigt und dann auch behoben wird. In der Folgezeit muss die lokale Entwicklung weiter begleitet werden, um sicherzustellen, dass die „Entzündung" definitiv eingedämmt ist und nicht wieder aufflammen wird.

Schließlich kann der Fall vorliegen, dass ein Unternehmen in einem diskreten Geschäftsbereich derart gravierende Probleme hat, dass diese auf das gesamte Unternehmen übergreifen können bzw. das Unternehmen mit der Lösung dieser Probleme schlicht überfordert wäre (Vergiftungsgefahr). Um zu vermeiden, dass das Unternehmen als Ganzes in seiner Existenz gefährdet wird, kann es richtig sein, sich dazu zu entschließen, den Problembereich abzutrennen bzw. zu schließen (Amputation). Ein solcher Schritt mag für den abzutrennenden Bereich bitter sein und einschneidende Folgen für den Rest des Unternehmens nach sich ziehen, doch die Existenzsicherung geht vor. Ein späterer Ersatz des abgetrennten Unternehmensteils durch organisches Nachwachsen oder in Form eines gezielten Zukaufs (Prothese) ist ja möglich. Vielleicht ist ein eins-zu-eins-Ersatz aber gar nicht sinnvoll, weil sich die Anforderungen geändert haben oder die eigene strategische Ausrichtung sich verschoben hat. So kann ein schmerzhafter Einschnitt auch eine ganz neue und bessere Richtung der Unternehmensstrategie einleiten.

Chronische Probleme

Krankheiten können durchaus heilen, manchmal allerdings als Defektheilung nach einer Amputation und mit großen Narben. Sie können aber auch rezidivieren, d. h. immer wieder aufflackern, wie es bei Tumoren der Fall sein kann, oder sie können chronifizieren, d. h. schleichend verlaufen und von langer Dauer sein.

Es gibt chronische Krankheiten, die nicht durch eine einmalige Behandlung geheilt werden können. Wird die Ursache einer Krankheit nicht richtig erkannt und wird deshalb die Krankheit nicht angemessen behandelt oder kann die Ursache einer Krankheit nicht beseitigt werden, heilt die Krankheit nicht aus und es kommt zu chronischen Beschwerden. Zu diesen chronischen Beschwerden zählen degenerative Veränderungen als Ergebnisse länger andauernder Vorgänge und bleibende Schäden oder Behinderungen als Folgen punktueller Störungen.

Mediziner stehen zunächst vor der Herausforderung zu erkennen, ob ihre Patienten unter einer akuten oder einer chronischen Erkrankung leiden. Konkret fallen in die Kategorie der chronischen Erkrankungen Alkoholismus, Arteriosklerose, Asthma, bösartige Tumore, Colitis ulcerosa, COPD, Demenz, Diabetes mellitus, Epilepsie, Endometriose, Gicht, Hypertonie, Koronare Herzkrankheit, Leberzirrhose, Morbus Crohn, Multiple Sklerose, Parkinson und Rheuma.[1]

Behandlungsprogramme

Im Zuge wissenschaftlicher Untersuchungen wurde herausgearbeitet, welche Diagnostik, Therapien, Pflege- und Rehabilitationsmaßnahmen bei bestimmten Erkrankungen sinnvoll

---

[1] http://www.pflegewiki.de/wiki/Chronische_Krankheit, *Zugriff am 30. Mai 2012.*

und notwendig sind und auf welche verzichtet werden kann. Krankenkassen haben darauf-hin Chronikerprogramme, sogenannte Disease-Management-Programme (DMP), entwi-ckelt. Sie sind gewissermaßen ein Leitfaden für den ganzen Weg durch die Krankheit unter dem Gesichtspunkt der Effektivität, die eine qualitativ hochwertige Behandlung chronisch Kranker gewährleisten. Disease-Management-Programme sollen sicherstellen, dass die hohen und komplexen Anforderungen an eine dauerhafte, qualitativ hochwertige medizi-nische Behandlung chronisch kranker Menschen erfüllt werden. Wollen Mediziner an die-sen Programmen teilnehmen, müssen sie sich permanent weiterbilden. Zusätzlich werden Patienten intensiv informiert und geschult, damit sie den Prozess aktiv mitgestalten kön-nen. Dabei arbeiten alle Beteiligten – Haus- und Fachärzte, Krankenhäuser, Therapeuten sowie Patienten – Hand in Hand zusammen. Begleitet und organisiert wird diese Zusammenarbeit von verschiedenen Krankenkassen.[2]

Krankheitsverläufe
Chronische Krankheiten können chronisch-kontinuierlich verlaufen, d. h., die Krankheiten bleiben in einem Stadium stehen. Sie können chronisch-rezidivierend, also in Schüben wie-derkehrend, verlaufen oder progredient, d. h. unumkehrbar fortschreitend verlaufen.

In manchen Fällen können Patienten in der Lage sein, die krankheitsbedingten Einschränkungen zu kompensieren, und ein normales Leben führen. In anderen Fällen erfahren Patienten durch ihre Krankheit deutliche Einschränkungen (dekompensierte Krankheitsverläufe).

Nach Corbin und Strauss[3] verläuft eine chronische Krankheit in verschiedenen Stadien: (Tab. 16.1)

Im Verlauf chronischer Krankheiten verändern sich bei Patienten die Körperintegrität und das Wohlbefinden. Es kommt zu einer Veränderung des Selbstkonzepts, z. B. entsteht aufgrund von Verletzungen ein neues Körperschema. Erkrankte erleben sich vorübergehend oder dauerhaft als Personen, die die Kontrolle über ihr Leben verloren haben – das emoti-onale Gleichgewicht gerät ins Wanken und es kann zu einer Verunsicherung hinsichtlich sozialer Rollen und Aufgaben kommen. Die Patienten müssen sich auf eine neue Situation einstellen, wenn sie sich in medizinische Behandlung begeben. Nicht zuletzt bedeutet eine schwere Erkrankung für sie eine Bedrohung ihres Lebens. (http://www.pflegewiki.de/wiki/ Chronische_Krankheit, Zugriff am 16. Juli 2012).

Herausforderungen für Patienten, Mediziner und Pfleger
Patienten, Mediziner und Pflegekräfte müssen chronische Krankheiten entlang der Stadien des Krankheitsverlaufs bewältigen. Zunächst müssen die Patienten ihre Krankheitssymptome, zu denen Schmerzen, Schwächen oder Beeinträchtigungen zählen, anerkennen und damit umzugehen lernen. In diesem Zusammenhang müssen sie sich auch

---

[2] http://www.pflegewiki.de/wiki/Chronische_Krankheit, *Zugriff am 30. Mai 2012.*

[3] Woog, Pièrre (Hrsg.): [Chronisch Kranke].

Tab. 16.1 Verlauf chronischer Krankheiten nach Corbin und Strauss

Stadium	Definition
Präventivphase	Stadium vor dem Eintritt der Krankheit
Diagnostisches Stadium	Auftreten von Anzeichen und Symptomen einer Krankheit
Krise	Lebensbedrohliche Situation
Akutes Stadium	Akuter Krankheitszustand oder Komplikationen, die einen Krankenhausaufenthalt notwendig machen
Stabiles Stadium	Krankheitsverlauf und -symptome können mit Hilfe von Heilprogrammen unter Kontrolle gehalten werden
Instabiles Stadium	Krankheitsverlauf und -symptome, die nicht länger unter Kontrolle gehalten werden können
Verfall	Fortschreitende Verschlechterung der körperlichen und geistigen Verfassung, gekennzeichnet durch zunehmende Einschränkung und verstärktes Auftreten von Krankheitssymptomen
Sterben	Phase kurz vor dem unvermeidbaren Tod

mit der notwendigen medizinischen Behandlung auseinandersetzen. Schließlich müssen die Patienten lernen, den bevorstehenden ungewissen Krankheitsverlauf und die ungewisse Zukunft zu akzeptieren. In dieser Phase sind die Aufrechterhaltung des emotionalen Gleichgewichts und des Selbstwertgefühls für die Patienten wichtig. Dazu tragen vor allem die Aufrechterhaltung und die Umgestaltung der wichtigen Beziehungen zur Familie und zu Freunden bei.

Mediziner und Pflegekräfte werden gefordert, die Patienten auf ihrem schwierigen Weg zu unterstützen, sie zu informieren, sie anzuleiten und sie zu animieren, bei der Bewältigung ihres Krankheitsverlaufes bzw. bei ihrer Rehabilitation aktiv mitzuwirken. Weil chronische Krankheiten vielfältige Ursachen, Auswirkungen und Nebenwirkungen mit sich bringen, besteht eine weitere Anforderung an medizinische und pflegende Kräfte darin, interdisziplinär zusammenzuarbeiten.

In der Wirtschaft kennen wir Entsprechungen zu chronischen Erkrankungen: eine Führungsschwäche, die sich in Orientierungsmangel niederschlägt, eine hohe organisationale Verschuldung, eine Überalterung der Belegschaft oder ein betrieblicher Investitionsstau. Diese Phänomene sind nicht einfach da, sondern durchlaufen alle Stadien einer chronischen Krankheit. Wie chronische Krankheiten können sie nicht durch eine gezielte rasche Behandlung „geheilt" werden, sondern bedürfen einer besonderen Therapie und Betreuung. Insbesondere brauchen sie Energie von außen, um unter Kontrolle gehalten, eingedämmt oder gar geheilt zu werden. Die Energie wird in Form von Kapital und Organisation benötigt. Besteht kein Zugang zu diesen Ressourcen oder werden die indizierten Maßnahmen vom Management oder von der Belegschaft nicht angenommen, können diese chronischen Krankheiten einer Organisation voraussichtlich nicht geheilt werden. Die Krankheit wird dann zum Tod der Organisation führen.

Neben den oben aufgeführten schweren chronischen Krankheiten sehe ich weitere chronische Krankheiten mit einer höheren Heilungsprognose. Zu diesen Krankheiten zählen eine zu hohe Innovationsrate, ein Hang zum Over-Engineering und eine mangelnde Prozessorientierung. Diese Krankheiten sind ohne große Kapitalzufuhr durch Einsicht, Inanspruchnahme von Know-how und Umsetzungsdisziplin „heilbar".

In jedem Fall ist der erste wichtige Schritt die Bereitschaft, das eigene Tun zu reflektieren und wirklich greifende Veränderungen durchzuführen. Die Probleme *müssen* behandelt werden, damit sie beseitigt werden können.

Patienten, bei denen eine Verhaltensänderung herbeigeführt werden soll, werden sich allerdings einiges einfallen lassen, um diese Änderungen nicht durchzuführen oder sie nicht zu Ende zu bringen. Man denke an Suchtpatienten, aber auch an Patienten, die Bewegungsübungen oder Muskelaufbau-Training durchführen sollen. In Organisationen ist das nicht anders. Jeder richtet sich bestmöglich in seiner persönlichen Komfortzone ein und rechtfertigt das Beibehalten und Fortführen der bisherigen Verhaltensmuster, auch wenn der Leidensdruck noch so groß wird. Nicht selten neigt das Management irgendwann dazu, nachzugeben und auch formal zu alten Mustern zurückzurudern. Damit ist „die Therapie" in einer entscheidenden Phase abgebrochen. Wenn zugelassen wird, dass die eingeleiteten Maßnahmen vom Management oder von der Belegschaft auf halbem Wege noch einmal grundsätzlich infrage gestellt werden, wird es letztlich nicht zu nachhaltigen Veränderungen kommen. Die erkannten Probleme werden nicht behoben und die „Beschwerden" nehmen zu. Sie führen über ein instabiles Stadium zum Verfall und schließlich zum organisationalen Tod.

Dem Management muss außerdem bewusst sein, dass jede eingeleitete Behandlung, jede angewandte Therapie und jede verabreichte Medizin Nebenwirkungen haben kann und voraussichtlich haben wird. Wird die Disziplin erhöht, mögen sich besonders freiheitsliebende Mitglieder der Organisation neu orientieren. Wird die Innovationsrate zugunsten der Rentabilität begrenzt, werden sich reinrassige Produktentwickler womöglich in ihrer Kreativität beschnitten fühlen und die Organisation verlassen. Wird die Altersstruktur der Organisation verjüngt, wird voraussichtlich Erfahrung verloren gehen. Mit diesen Nebenwirkungen muss die Organisation umgehen können.

Es ist auch wichtig zu erkennen, ob eine chronische Krankheit womöglich falsch „medikamentiert" wird. Nicht alle Managementkonzepte sind für konkrete Fälle geeignet. Es bedarf einer ausgewiesenen Expertise, um sicherzustellen, dass die richtigen Maßnahmen mit den richtigen Methoden eingeleitet werden. Jede „Behandlung" belastet die Organisation. Deshalb kann es sich eine angeschlagene Organisation nicht erlauben, verschiedene Behandlungsansätze nacheinander zu durchlaufen. Die Behandlung muss unbedingt anschlagen. Es kommt also sowohl auf die treffende Diagnose als auch auf die Kenntnis der wirksamen Behandlungsmethoden sowie auf die Professionalität derselben an.

Komplexe Probleme
Neben lokal eingrenzbaren Krankheiten können komplexe Krankheiten auftreten, die sich dadurch unterscheiden, dass die Ursache für Beschwerden nicht auf den ersten Blick

offensichtlich ist. Ursachen komplexer Krankheiten können vielschichtig sein, sie können an ganz anderer Stelle sitzen als die Beschwerden auftreten, und Ursachen und Beschwerden können zeitlich auseinanderfallen. Diese Besonderheiten erschweren die Diagnose komplexer Krankheiten. Sie treten in verschiedenen Formen auf. Psychische Ursachen können physische Beschwerden hervorrufen und umgekehrt. Nicht offensichtliche, organisch bedingte Störungen können Einschränkungen des Wohlbefindens auslösen. Beispielsweise kommt es zu genetisch bedingten Krankheiten selten durch die Veränderung eines einzelnes Gens. Vielmehr ist in der Regel das Zusammentreffen von Mutationen an mehreren Genen erforderlich, um Krankheiten auszulösen. Oft brechen genetisch angelegte Krankheiten erst aus, wenn schädliche Umwelteinflüsse wie zum Beispiel Strahlung oder ungesunde Lebensgewohnheiten, schlechte Ernährung oder Rauchen vorliegen. So treffen für das Bilden von Tumoren in der Regel auch mehrere die Krankheit fördernde Einflussfaktoren zusammen. Ähnlich ist es bei Allergien, bei Bluthochdruck und bei der Alzheimer Krankheit.[4]

Allergien sind unangemessene Abwehrreaktionen des Immunsystems auf Allergene, die sich im Umfeld einer Person befinden. Sie äußern sich in Symptomen, die mit entzündlichen Prozessen einhergehen.[5] Als Auslöser für Allergien kommen Kombinationen von genetischen Faktoren, von Umwelteinflüssen (Tierhaare, Pollen, Hausstaub, Feinstaub etc.), Impfungen, von einem Rückgang parasitärer Erkrankungen, von Lebensgewohnheiten, Ernährung (Nahrungsmittelallergene) und Hygiene (Bakterien) infrage.

Die Immunreaktionen werden nach Coombs und Gell[6] unterschiedlich ausgelöst: Symptome können in Form von lokalen Reizungen sofort auftreten, wie bei der Konjunktivitis und bei Heuschnupfen (Typ I: Soforttyp). Es kann aber auch zur Zerstörung von Zellen kommen, die mit Allergenen in Berührung kommen (Typ II: Zellgebundene Allergene). Darüber hinaus kann es zu einer Bindung gebildeter Antikörper an Allergene kommen, die in der Folge verklumpen, sich in Kapillaren ablagern und dort zu Schäden führen können (Typ III: Antikörperabhängiger Immunkomplex). Schließlich kann es zu zeitverzögerten Reaktionen kommen (Typ IV: Verzögerter Typ). Typische Symptome sind die Dermatitis und das Asthma.

Die Beschwerden von Allergien können in der Regel durch eine symptomatische Behandlung mit Antiallergika gelindert werden. Dadurch wird die Krankheit selbst allerdings nicht geheilt. Durch prophylaktische Maßnahmen, zu denen vor allem das Vermeiden von Kontakt mit Allergenen zählt, kann die Entstehung allergischer Krankheiten vermieden werden. Auch nach Ausbruch einer Allergie zählt eine Allergenkarenz zu den wichtigen Maßnahmen gegen das Auftreten von Allergiesymptomen.

Die einzige wirksame Behandlung der Allergie selbst ist eine Immuntherapie. Dabei werden durch die dosierte Zufuhr des Allergens, auf das der Körper reagiert, Immunreaktionen ausgelöst, die später das unkontrollierte Allergen unschädlich machen. Eine Immunbehandlung kann allerdings mehrere Jahre dauern, bis sie anschlägt.

---

[4] http://www.ngfn-2.ngfn.de/glossar437.htm, *Zugriff am 2. Juni 2012.*

[5] http://de.wikipedia.org/wiki/Allergie, *Zugriff am 2. Juni 2012.*

[6] *Coombs, R. R. A.; Gell, P. G. H.: Clinical Aspects of Immunology, Blackwell, London 1963.*

Komplexe Phänomene können auch von Faszien, insbesondere von den flächigen, festen Bindegewebsschichten, ausgehen, die Teile des Körpers zusammenhalten und relative Bewegungen der Organe dämpfen. Sind Faszien zu locker, kann es zu einem Vorfall eines Organs kommen, sind sie zu hypertonisch, würde die Organmobilität eingeschränkt. Faszien können durch Kontraktion sogar eine allmähliche Umstrukturierung der von ihnen gehaltenen Organe veranlassen.

Außerdem sind die Faszien eine Infrastruktur für eine interzelluläre, nicht-neuronale Kommunikation. Sie trennen Organe voneinander, verbinden sie aber auch miteinander. Faszien können Druck durch Bewegungsänderungen, störende Schwingungen und Veränderungen des chemischen Milieus mit Schmerz signalisieren.

Mit zunehmender Vernetzung und mit steigender Dynamik treten auch in der Wirtschaftspraxis vermehrt komplexe Probleme auf. In manchen Fällen werden sie allerdings gar nicht als komplexe Probleme erkannt, in anderen Fällen wird die Komplexität bewusst verdrängt oder unbewusst ignoriert. Werden Sachverhalte unzulässig vereinfacht, besteht die Gefahr, dass falsche Schlüsse gezogen und falsche Entscheidungen getroffen werden – Komplexität muss angemessen erkannt werden.

Als Beispiel fällt mir ein Hightech-Unternehmen mit Sitz in München ein, zu dem ich gerufen wurde, weil „schon die dritte Vertriebsgeneration" nicht funktioniere. Ich sollte die Missstände im Vertrieb nun richten. Bei näherem Hinsehen wurde mir bald klar, dass das Problem eigentlich im Briefing der Produktentwicklung lag, also im Bereich Produktmanagement. Die Produktentwicklung hatte die Freiheit, umfangreiche Entwicklungsprojekte auf Zuruf und ohne Vorgabe von Lastenheften zu verwirklichen. Der Vertrieb bekam dann die Ergebnisse solcher Entwicklungsprojekte, die nicht den Vorstellungen der Kunden entsprachen, zum Verkauf vorgelegt. Das Problem lag also tiefer, als es von der Geschäftsführung und vom Aufsichtsrat des Unternehmens wahrgenommen wurde. Im Unternehmen hatte sich ein komplexes chronisches Problem aufgebaut. Es kostete erhebliche diplomatische Anstrengungen und folglich auch Zeit, bis die Entscheidungsträger einsichtig wurden und begannen, richtige Maßnahmen einzuleiten.

Ein weiteres Beispiel ist die Entwicklung bei einem führenden Markenhersteller von Porzellanservice. Die Produktion war auf größere Losgrößen ausgerichtet. Für den Produktionsleiter wurde ein Produktionslos ab 600 Tassen interessant. Nun funktioniert der Markt aber so, dass Kundinnen im Einzelhandel drei Tassen nachbestellen und diese Bestellung an den Hersteller geleitet wird. In der Produktion wurden solche Bestellungen gesammelt und erst dann produziert, wenn eine gewisse Mindestbestellmenge vorlag. Das schraubte die Lieferzeiten so hoch, dass die Verkäuferinnen im Einzelhandel ihren Kundinnen diesen Hersteller irgendwann nicht mehr empfahlen. Zwar hatte der Produktionsleiter nun Ruhe vor diesen Mindermengenbestellungen, doch gingen die Auftragseingänge dramatisch zurück. Man hatte zugunsten der Produktionseffizienz die Erfüllung der wesentlichen Anforderungen des Marktes zurückgestellt und das Unternehmen dadurch in eine existenzbedrohende Lage gebracht. Das Unternehmen litt unter einem komplexen chronischen Problem.

Erst ein Lösungsansatz aus ganzheitlicher Perspektive konnte das Problem auflösen. Überraschend für die Beteiligten war, dass von allen Kompromisse akzeptiert werden mussten, um für das Unternehmen als Ganzes zu einem optimalen Ergebnis zu gelangen. Eine chronisch bedingte Aneinanderreihung von optimal ausgelegten Teillösungen für die einzelnen betrieblichen Funktionen führt nämlich nicht nur zu einem zufriedenstellenden Ergebnis, sondern sogar in die Insolvenz.

Bei einem deutschen Maschinenbauer war das Problem etwas anders gelagert. Das gesamte Unternehmen war operativ tätig, jeder in seinem Bereich. Aber die einzelnen Aktivitäten wurden nicht zusammengeführt. Informationen, die nicht durch Zuruf an andere in den Geschäftsprozess eingebundene Stellen übertragen wurden, waren ein Gegenstand von Spekulation. Damit wurde der gesamte Geschäftsprozess sehr fehleranfällig. Hinzu kam, dass auch die Unternehmensführung allein in operativen Dimensionen dachte. Es fehlte der Organisation an strategischer Orientierung und an Führung. Je gravierender sich die Fehler auf das Unternehmensergebnis auswirkten, desto stärker stieg das Management in operative Tätigkeiten ein, nahm einzelnen Personen in der Belegschaft ihre Verantwortung ab und sprach ihnen damit auch das Vertrauen ab. Das Fehlen von Orientierung und Führung war chronisch veranlagt und führte zu einem komplexen Problem, das aus eigener Kraft nicht mehr gelöst werden konnte.

In einem umfassenden Veränderungsprozess, der sechs Monate dauerte, haben wir den Geschäftsprozess geschliffen und die Belegschaft durch die Einführung des bereinigten Prozesses wieder an Verantwortung herangeführt. Außerdem haben wir einen wöchentlichen Jour fixe des neu installierten operativen Führungsgremiums eingeführt, an dem die wesentlichen aktuellen Themen funktionenübergreifend abgestimmt und entschieden wurden. Parallel wurde eine Erfolg versprechende strategische Linie herausgearbeitet und daran orientierte Produktentwicklungsprojekte und Marketing-Kampagnen lanciert. Im Ergebnis wuchs der Betrieb wieder zu einer Einheit zusammen, Grabenkämpfe hörten auf und ein Großteil der Energie, die bislang der Frustration und der Hilflosigkeit zum Opfer gefallen war, konnte für konstruktive Arbeit zurückgewonnen werden.

Bei einem führenden Systemanbieter in der Automobilindustrie wurde der Prototypenbau als Engpass für die Akquisition neuer Projekte wahrgenommen. Zu oft wurden nicht spezifikationsgerechte und ungeprüfte Prototypen mit erheblichem Verzug in falscher Menge an falsche Lieferadressen geliefert. Das führte sowohl bei Kunden, den Entwicklungsabteilungen der Automobilhersteller, als auch in der eigenen Belegschaft, die laufend Überstunden machen musste, zu erheblicher Verstimmung. Auch in diesem Fall lag ein komplexes, chronisches Problem vor.

Dass der Prototypenbau, dem regelmäßig die Schuld für verlorene Auftragschancen gegeben wurde, nur das letzte ausführende Glied in einem komplexen Gebilde ist, wurde erst bei der Betrachtung des Wirkungsgefüges deutlich. Zur Entspannung der Situation mussten die Wirkungen in ihrem interdependenten Zusammenspiel zunächst verstanden und akzeptiert werden. Des Weiteren mussten vom Vertrieb, vom Einkauf und von den Fachbereichen in der Produktentwicklung erst wichtige Voraussetzungen geschaffen werden, damit der Prototypenbau gute Arbeit leisten konnte. Insbesondere mussten

Spezifikationen, die sich oft erst im Laufe eines Produktentwicklungsprozesses ergeben, und Liefertermine über alle Bereiche hinweg unter Einbindung des Kunden abgestimmt werden. Um den Prototypenbau von „Schnellschüssen" zu entlasten, musste ein Prototypen-Forecasting eingeführt werden. Damit bei Abweichungen frühzeitig reagiert werden konnte, musste der Informationsfluss über den Status der Prototypenprojekte, die durch den Prozess geführt wurden, erheblich verbessert werden. Vor allem musste die Bereitschaft gesteigert werden, für ein gemeinsames Ziel zusammenzuarbeiten. In der Summe konnte durch die vorausschauende Zusammenarbeit der Bereiche die Lieferzuverlässigkeit bei erheblich weniger Nacharbeit und Trouble-Shooting-Einsätzen deutlich erhöht werden.

Bei komplexen Problemen geht es immer darum, das tatsächliche Ursachengefüge zu ergründen und an den erkannten wirklichen Ursachen zu arbeiten, statt nur die wahrgenommenen Symptome zu behandeln. Oft ist ein angemessener Umgang mit der Komplexität nur in einer gemeinsamen hinreichend tief greifenden Anstrengung möglich.

Führungsprobleme schlagen sich nicht selten in psychischen Problemen und damit verbundenen Verhaltensänderungen sowie verminderter Leistungsfähigkeit von Mitarbeitern nieder. Werden von Führungskräften primär die Leistungsfähigkeit und das Verhalten adressiert, nicht aber die Ursachen behandelt, werden sich die psychischen Probleme und ihre Folgen eher verschärfen. Es kann sogar zum Totalausfall kommen. Was für einzelne Menschen zutrifft, kann auch auf ganze Organisationen zutreffen. Ich habe gesehen, wie ganze Unternehmen an die Grenze ihrer Belastbarkeit herangeführt worden waren, bis es plötzlich zu einem spürbaren organisationalen Leistungsabfall kam – gewissermaßen zu einem organisationalen „Burn-out". Führungsprobleme und deren mögliche Folgen zu erkennen und entschlossen gegenzusteuern, ist eine Führungsaufgabe. Allerdings sind Führungskräfte und manchmal ganze Führungs-Teams verblendet. Sie nehmen ihre Probleme selbst nicht wahr oder blenden sie aus, sodass komplexe und chronische Probleme für die Organisation entstehen können. In einem fortgeschrittenen Stadium werden sie ohne Hilfe von Dritten kaum aus der Abwärtsspirale entkommen können.

Die ausgeführten Beispiele legen nahe, dass es sich lohnt, über den Umgang mit Komplexität grundsätzlich nachzudenken. Komplexität ist ein Maß für die Freiheitsgrade, über die ein System verfügt (Varietät). Der Komplexitätsgrad ergibt sich aus der Anzahl der Elemente, die an einem Prozess beteiligt sind, und aus ihrem Vernetzungsgrad. Er ergibt sich aus der Vielfalt eines Systems und aus seiner Veränderlichkeit über die Zeit (Dynamik) und aus der Vielfalt der unterscheidbaren Systemzustände (strukturelle Komplexität). Eine zunehmende Komplexität geht einher mit einer steigenden Anzahl möglicher Entwicklungen, also mit mehr Unsicherheit einerseits, aber auch mehr Chancen andererseits.

Um überleben zu können, müssen Organisationen sich wie jeder Organismus an die veränderlichen Anforderungen, die ihr Umfeld aufspannt, anpassen können. Das können sie in idealer Weise, wenn ihre innere Komplexität derjenigen ihres relevanten Umfelds entspricht. Es ist deshalb eine Führungsaufgabe, die innere organisationale Komplexität hinreichend hoch zu halten, indem vor dem Hintergrund grundsätzlicher Orientierung genügend Freiheitsgrade zugelassen werden.

Diese Freiheitsgrade können gewonnen werden, wo Komplexitätstreiber sind. In Organisationen wirken prozessbedingte und strukturbedingte Komplexitätstreiber. Als prozessbedingte Treiber der inneren Komplexität einer Organisation können das Geschäftsmodell, die Kundenstruktur, die Struktur der Auftragslosgrößen, Prozessstrukturen, die Vernetzung der Geschäftsbereiche, der Divisionen, der Profit Center und der Kostenstellen sowie die Unternehmenskultur wirken.

Je mehr Freiheitsgrade ein Geschäftsmodell hat, desto besser kann sich das Unternehmen an Marktveränderungen anpassen. Je diversifizierter die Kundenstruktur ist, desto besser werden spezifische Risiken verteilt werden können. Je höher der Vernetzungsgrad zwischen den Geschäftseinheiten ist, die in den Geschäftsprozess eingebunden sind, desto besser können tragfähige Lösungen gefunden werden. Trifft ein partizipativer Führungsstil auf ein von Eigenverantwortung getragenes breites Engagement für das Unternehmenswohl, wird die Organisation robust.

Strukturbedingte Komplexitätstreibern sind vor allem die Aufbauorganisation, die Produkt- und Sortimentsstruktur und die Teilevielfalt, die Markenpolitik und die Vertragsstruktur. All diese Treiber können unmittelbar oder mittelbar beeinflusst werden, um die interne Komplexität zu „gestalten". Die Summe der Komplexität kann allerdings grundsätzlich nicht reduziert werden. Wird Komplexität an einer Stelle reduziert, baut sich an anderer Stelle Komplexität auf. Komplexität kann lediglich besser verstanden und unser Umgang mit ihr besser organisiert werden.

In Anlehnung an die Faszien in menschlichen Körpern können die Unternehmenskultur und die Führungsstrukturen als Faszien in Organisationen betrachtet werden. Sie durchdringen die gesamte Organisation, trennen Einheiten und Verantwortlichkeiten klar voneinander und verbinden sie dennoch miteinander zu einem sinnvollen Ganzen. Wenn Führungsstrukturen zu den Faszien einer Organisation zählen, kommt ihnen nicht nur die Aufgabe zu, die „Organe" statisch zusammenzuhalten. Führungsstrukturen stellen auch die Infrastruktur für die organisationale Kommunikation bereit. Sie vermitteln „Druck", „Temperaturänderungen" und „chemische Reaktionen" und reagieren in angemessener und natürlicher Weise selbständig darauf.

Literaturquellen

Boysen, Werner. 2009. *Management Turnaround. Wie Manager durch Enzymisches Management wieder wirksam werden.* Wiesbaden: Gabler Verlag.

Boysen, Werner. 2011. *Kybernetisches Denken und Handeln in der Unternehmenspraxis. Komplexes Systemverhalten besser verstehen und gezielt beeinflussen.* Wiesbaden: Gabler Verlag.

Boysen, Werner. 2011. *Prinzipien der Kybernetik, Modelle, Methoden und Instrumente zur Anwendung in Organisationen Eigenverlag Dr. Boysen Consulting.* Koblenz.

Coombs, R.R.A., und P.G.H. Gell. 1963. *Clinical aspects of immunology.* London: Blackwell.

Woog, Pièrre Hrsg.: [Chronisch Kranke]. 1998. *Chronisch Kranke pflegen. Das Corbin-Strauss-Pflegemodell.* Wiesbaden: Ullstein Medical.

Welche Eigenschaften von Kindern sich Manager wieder aneignen sollten

17

Zusammenfassung

Kinder in ihrem Lern- und Problemlösungsverhalten aufmerksam zu beobachten, lohnt sich auch für Manager. Typische Eigenschaften von Kindern wie Neugier, Unbefangenheit, Offenheit und der Spaß am Spielen, das aktive Zuhören, das direkte Fragen, das Anfassen und Ausprobieren ist vielen Erwachsenen weitgehend verlorengegangen. Diese Eigenschaften sind Routinen und angepasstem sozialen Verhalten gewichen. In diesem Beitrag werden der Nutzen und Wert kindlicher Eigenschaften auf das Management herauskristallisiert und Wege skizziert, wie diese Fähigkeiten wieder erworben werden und im Wechselspiel mit Erlerntem und Erfahrung zu besseren Ergebnissen führen können.

Woran denken wir, wenn wir mit den Begriffen Neugier, Unbefangenheit, Offenheit und Spielen konfrontiert werden? Wir denken an Kinder. Kinder stehen für diese Begriffe. Warum nur Kinder? Warum verlieren wir mit zunehmendem Alter und wachsender Erfahrung diese Eigenschaften? Was entgeht uns dadurch? Wovor schützt uns diese Entwicklung?

W. Boysen, *Grenzgänge im Management*, DOI: 10.1007/978-3-658-01024-9_17,
© Springer Fachmedien Wiesbaden 2013

Kinder sind neugierig. Sie haben einen ungebändigten Wissensdurst und möchten alles „begreifen". Durch Beobachten, Zuhören, Fragen, Anfassen und Ausprobieren lernen Kinder. Sie haben keine Berührungsängste, sondern gehen Neues einfach an. Denken wir daran, wie schnell Kinder elektronische Geräte beherrschen – und zwar, ohne die Bedienungsanleitung gelesen zu haben. Sie gehen Aufgaben intuitiv an und hangeln sich durch Trial-and-Error zur Lösung. Ihre Unbefangenheit schützt sie davor, sich den möglichen Lösungsraum mit zu eng gesteckten Vorstellungen vom Lösungsweg selbst zu beschränken. Bei der Lösungssuche bringen sie sowohl eine gewisse Systematik mit als auch Geduld. Ihre guten Nerven bescheren ihnen die erforderliche Frustrationstoleranz. Es fällt Kindern auch deshalb leichter, sich ausdauernd mit einer Sache auseinanderzusetzen, weil sie spielen. Spielen ist ohne jeden Zwang und ohne Verbissenheit. Kinder, die spielen, tun es aus innerem Antrieb und ohne Ergebnisdruck. Die Motivation ist da und muss nicht künstlich erzeugt werden.

Um zu lernen, sehen sich Kinder aufmerksam an, wie andere vorgehen, und ahmen Dinge nach. Sie kopieren offensichtlich bewährte Vorgehensweisen und überführen sie in ihr eigenes Repertoire an Verhaltensmustern. Dadurch gelangen sie schnell zu Lösungen und werden durch das Aneignen von Routinen mit der Zeit effizienter.

Wenn Kinder etwas nicht wissen oder nicht können, stehen sie dazu. Sie haben keine Scheu, sich Hilfe zu suchen und zu fragen, bis sie befriedigende Antworten auf ihre Fragen bzw. Lösungen für ihre Probleme erhalten und diese verstanden haben.

Kinder haben eine klare Sicht auf die Dinge. Sie sind nicht durch Erfahrungen, Vorurteile oder Interessen verblendet für das, was vor ihnen liegt. Und sie äußern diese Wahrheiten unverblümt und unverfälscht. Derart unpolitisch und unverpackt vermittelte Wahrheiten können Erwachsene durchaus schockieren, sie aber auch in die verdrängte Realität zurückholen („Des-Kaisers-neue-Kleider"-Effekt). Wenn Kinder Erklärungen wirklich nicht nachvollziehen können, merken sie das an. Nicht selten ertappen sich Erwachsene dann dabei, dass sie eigentlich nur eine Pseudoantwort gegeben haben, um die Kinder ruhigzustellen, im Grunde aber selbst keine Antwort auf die Frage haben. Kinder decken Unwissen auf. Darüber hinaus decken sie auch Nicht-Wissen auf, indem sie auf Sachverhalte hinweisen, die man gar nicht wissen kann. Erwachsene gehen über solche lästigen Momente hinweg, die vermeintlich dabei stören weiterzukommen. Doch gerade die Klärung solcher Fragen führt weiter, deckt Verblendung auf und vermeidet Fehlentscheidungen.

Kinder sind mutig. Sie begeben sich auf unbekanntes Terrain und erweitern dadurch immer wieder ihre Grenzen und ihren Aktionsradius. Sie suchen auch außerhalb des Bekannten nach Lösungen und ermöglichen dadurch, dass Probleme mit Mitteln gelöst werden, die nicht aus dem Problemkreis heraus stammen. Sie lassen neue Impulse auf Bestehendes wirken, setzen Dinge in Beziehung, die bislang nicht in Beziehung standen, und gelangen so zu oft erstaunlichen kreativen Lösungen. Kinder führen keinen im Vorfeld langfristig angelegten Plan aus, sondern orientieren sich bei ihrer Entscheidung für Handlungen an den aktuellen Gegebenheiten. Das sichert ihre Präsenz für den Augenblick, die ihnen oft situativ relative Vorteile verschafft. Außerdem legen sich Kinder in ihrer

Position und ihrer Vorgehensweise nicht langfristig fest – sie bleiben flexibel sowie hoch anpassungsfähig und bewältigen so Risiken.

Betreffend ihren Umgang mit anderen können wir beobachten, dass Kinder Menschen in ihrem Umfeld so akzeptieren, wie sie sind. Sie versuchen nicht, sie zu verändern. Sie brauchen Anerkennung und geben anderen Anerkennung. Genauso brauchen sie Kritik, um ihr Verhalten und ihre Grenzen zu justieren, und geben auch direkte Kritik. Konflikte lösen Kinder direkt miteinander und gegenwartsbezogen. Kinder vertrauen ihren Mitmenschen grundsätzlich. Dieser Vertrauensvorschuss macht manche Beziehungen überhaupt erst möglich.

Schon im Vorschulalter kristallisieren sich Führungseigenschaften heraus. Wir können beobachten, dass manche Kinder andere stärker beeinflussen als andere. Die anderen Kinder hören auf diese Führungspersönlichkeiten, folgen ihnen und versuchen, sie zu imitieren. Diese kleinen Führungspersönlichkeiten zeichnen sich bereits durch innere Stärke und Orientierung aus. Sie haben eine positive Wirkung auf ihr Umfeld und wissen das. Sie lassen sich auf Menschen ein und sind kommunikativ und humorvoll. Sie geben den anderen Kindern Ideen vor und eröffnen ihnen Perspektiven. Außerdem überzeugen sie, setzen bei anderen Kindern Energien frei und geben der Wirkung dieser Energie eine Richtung.

Gute Führungskräfte zeichnen sich dadurch aus, dass sie sich etwas von den kindlichen Fähigkeiten bewahrt haben. Sie kombinieren ihre erworbenen fachlichen Fähigkeiten und ihre Erfahrungen mit Neugier, Unbefangenheit, Offenheit und mit Spaß am Spielen.

Führungskräfte haben die Aufgabe, Orientierung zu geben. Als Voraussetzung müssen sie sich auf neues Terrain einlassen. Um immer wieder den jeweiligen Status quo herauszufordern und zunächst für sich selbst Visionen zu entwickeln, brauchen sie eine Spur Neugier und Wissensdurst. Sie müssen gedankliche Grenzen überschreiten. Das erfordert Freiheit von fesselnden Gedanken- und Verhaltensmustern und den Mut, querzudenken und anders zu handeln, als die vorherrschende Meinung dies vorgibt. Sie erkennen, dass manchmal Lösungen außerhalb des bestehenden Systems gesucht werden müssen. Deshalb sind sie aufnahmebereit für Ansätze, die außerhalb dessen liegen, was momentan diskutiert und in Betracht gezogen wird. Sie stellen offene Fragen, statt unmittelbar Antworten zu geben. Um nicht zu kurz zu greifen, erweitern sie sogar den Horizont ihrer Fragestellungen.

Es erfordert Souveränität, die Freiheit wahrzunehmen, dieses Neue zu formulieren und sich dafür einzusetzen. Aber genau dadurch können erweiterte Lösungsräume auch für Dritte erschlossen werden seien es Mitarbeiter, Kunden, Lieferanten, Banker, Aufsichtsräte oder die Öffentlichkeit. Um ihrem Umfeld eine Richtung zu weisen, müssen sich Führungskräfte mit den Menschen befassen, mit denen sie Leistungen erarbeiten.

Wirkliches Leadership setzt voraus, dass sie Vertrauen wecken und Vertrauen setzen. Vertrauen bedingt Authentizität, gute Kommunikation und Konsequenz.

Führungskräfte, die eher „gute Soldaten" abgeben, um in das Erwartungsmuster ihrer Vorgesetzten zu passen, werden keine eigenen Fußspuren hinterlassen. Sie werden allenfalls Bestehendes verwalten.

Solche, die sich nicht die Zeit für den Austausch mit ihren Mitarbeitern nehmen oder denen es nicht gelingt, ihre Ideen überzeugend zu vermitteln, werden darin scheitern, wirklich Einfluss zu nehmen. Sie können natürlich Systeme und Strukturen aufbauen sowie auf Vorgaben, Reporting und Kontrollen setzen und werden dadurch auch gewisse Ergebnisse erzielen. Doch werden sie keine Begeisterung hervorrufen, keine intrinsische Motivation fördern und nicht das bereits in der Belegschaft angelegte Kräftepotenzial freisetzen.

Allerdings müssen sich Führungskräfte auch als solche zeigen. Wenn auf der Basis einer Vertrauenskultur Abweichungen von Vereinbartem auftreten, suchen gute Führungskräfte die Auseinandersetzung mit den Abweichlern. Erst durch Konsequenz kann eine Vertrauenskultur gedeihen.

Sich auf Neues einzulassen, ist immer mit Chancen und Risiken verbunden. Führungskräfte tragen Verantwortung für ihre Organisation. Wollen sie in neue Dimensionen vorstoßen, beschreiten sie in der Regel einen Grat zwischen Erfolg und Misserfolg. Um verantwortlich mit dem Risiko umzugehen, müssen Führungskräfte zwar mutig, aber umsichtig voranschreiten. Verharren sie, werden sie die Lage nach dem nächsten Schritt gar nicht kennenlernen. Setzen sie den nächsten Schritt, müssen sie wieder die Lage sondieren und gegebenenfalls auch zu einer Richtungsanpassung bereit sein. Wichtig ist, dass sie zu notwendigen Routenänderungen stehen und sie in geeigneter Weise kommunizieren. In dynamischen Umfeldern, die möglicherweise auch von Komplexität geprägt sind, ist es nicht angemessen, einen einmal erstellten Plan eins zu eins umzusetzen, ohne neue Erkenntnisse, die erst auf dem Umsetzungsweg offenkundig werden, zu berücksichtigen. Ein Ignorieren solcher neuen Erkenntnisse wäre ebenso falsch und gefährlich wie der Anspruch, Entwicklungen im Voraus kennen zu können und nicht fehlbar zu sein. Führungskräfte zeichnen sich dann aus, wenn sie zu ihrem Unwissen und zu dem Phänomen des Nicht-Wissens stehen und angemessen damit umgehen. So erkennen gute Führungskräfte, wann es in ihrem Entscheidungsprozess zu Wissenslücken durch Wissensaggregierung, unangemessenes Reduzieren komplexer Sachverhalte oder falsch gesetzte Relevanzfilter kommen kann. Sie schaffen dann die notwendigen Voraussetzungen dafür, auf einer angemessenen Informationsbasis zu entscheiden. Das heißt aber, dass sie Entscheidungen nicht allein ableiten können, sondern sich von den Kompetenzträgern in der Organisation in einem systemisch angelegten Diskurs Entscheidungsvorlagen erarbeiten lassen.

Guten Führungskräften ist auch bewusst, dass sie „blinde Flecken" haben können, also durch eine selektive Wahrnehmung vorgeprägt sein können, gewisse Informationen unbewusst ausblenden oder Information durch mangelnde Fachkenntnis falsch beurteilen mögen. Um dieser Falle zu entgehen, suchen sie sich Hilfe: Sie nehmen Coaching in Anspruch, führen Sparrings-Gespräche auf Peer-Ebene, entscheiden im Team, lassen sich gegebenenfalls fachlich weiter schulen und reflektieren laufend ihre Entscheidungen, um ihre Verhaltensmuster zu entwickeln. Die Inanspruchnahme dieser Hilfen ist kein Armutszeugnis, sondern ein wichtiger Beitrag zu besseren Entscheidungen. Sie zeugt von der Stärke der Führungskräfte, zu ihren blinden Flecken zu stehen und verantwortungsvoll mit ihnen umzugehen.

Gute Führungskräfte wissen auch, dass sie nicht alles wissen können. Sie hinterfragen immer kritisch, ob sie sich vielleicht blenden lassen von falschen Vorstellungen davon, dass sicheres Wissen vorliegt, obwohl die Zusammenhänge gar nicht klar sind und prinzipbedingt gar nicht klar sein können (Inferentialprinzip). Sie stehen dazu, dass es Nicht-Wissen gibt, und bemühen sich darum, solches Nicht-Wissen zu erkennen. Statt ihrem Umfeld falsche Sicherheit zu suggerieren, machen sie ihre Belegschaft mit Szenarien vertraut, fördern das Denken in Wahrscheinlichkeiten und setzen sich für Flexibilität und Anpassungsfähigkeit ein, um auf unerwartete Veränderungen vorbereitet zu sein und rasch darauf reagieren zu können.

Sich in eine unsichere Zukunft zu begeben, erfordert Spaß am Spielen. Spielen heißt, Chancen zu erkennen und wahrzunehmen. Besondere Chancen ergeben sich aus der Verknüpfung von bislang Unverbundenem vor dem Hintergrund der Kenntnis von Entwicklungen. In der Wirtschaftspraxis ist dies das Zusammenspiel von Corporate Foresight, d. h. das Herausarbeiten von relevanten Szenarien und strategischen und operativen Entscheidungen. Spielen heißt zunächst, sich für ein Spiel zu entscheiden, in dem für die eigene Position die besten Chancen auf Gewinn bestehen. Spielen heißt dann auch, das Spielfeld zu erfassen, die Spielregeln zu kennen und die Mitspieler einschätzen zu können. Erst dann heißt Spielen überlegen, entscheiden und setzen im Wechselspiel mit anderen Spielern. Spieler müssen ihre Emotionen, insbesondere ihre Gier, beherrschen. Schließlich müssen Spieler auch wissen, wann das Spiel zu Ende ist und wann sie aussteigen sollten, um zu überleben.

Führungskräfte müssen spielen, um gewinnen zu können – allerdings verantwortlich im Umgang mit Risiken. Dabei unterscheiden gute Führungskräfte sensibel zwischen solchen Risiken, die mit dem Eintritt bestimmter Szenarien sehr wahrscheinlich sind und im Eintrittsfall der Organisation großen Schaden zufügen würden, und solchen, deren Eintritt grundsätzlich nicht ausgeschlossen werden kann, die aber lediglich latent berücksichtigt werden sollten. Im angelsächsischen Sprachraum gibt es für die erste Risikogruppe den Begriff „Hazard", während die zweite mit „Risk" bezeichnet wird. Hazards können durch bewusste Entscheidungen vermieden oder herbeigeführt werden. Verantwortungsvolle Führungskräfte vermeiden Entscheidungen, die zu Hazards führen können, auch wenn die Rentabilität, die mit solchen Entscheidungen verbunden ist, verlockend sein mag. Mit einer gewissen Eintrittswahrscheinlichkeit von Risks muss gerechnet werden. Verantwortlicher Umgang mit Risks schließt den Abschluss von Versicherungen und das Verteilen von Risiken (Hedging) ein.

Brauchen wir Intensivtäter? 18

Zusammenfassung

Intensivtäter finden wir nicht nur in kriminellen Umfeldern, sondern überall dort, wo Aktivitäten intensiv betrieben werden. Vor diesem begrifflichen Hintergrund können Merkmale von kriminellen Intensivtätern wertfrei auch auf die Unternehmenspraxis bezogen werden. Dieser Beitrag, der an eine System-Dynamics-basierte Betrachtung des Kriminalwissenschaftlers Professor Dr. Dirk Fabricius anknüpft, gibt Aufschluss darüber, was Intensivtäter in diesem weiter gefassten Sinne eigentlich ausmacht, wer Intensivtäter als solche stigmatisiert und weshalb es immer Intensivtäter geben wird. Übertragen auf die Verhältnisse in Unternehmen, führen diese Gedanken zu Erkenntnissen, die Führungskräften Hinweise auf Verbesserungspotenzial liefern.

Im Rahmen der 6. Jahrestagung der Deutschen Gesellschaft für System Dynamics erhielt ich einen Impuls von Professor Dr. Dirk Fabricius, der an der Goethe-Universität in Frankfurt am Main Rechtswissenschaften lehrt. Fabricius warf einen skeptischen Blick auf die kriminalpolitischen Institutionen in Bezug auf das Verständnis von und den Umgang mit Intensivtätern. Er führte aus, dass die gefassten Intensivtäter „weggesperrt" und darüber hinaus die Eigenschaften von Intensivtätern ergründet würden, um dann bei weiteren Personen mit ähnlichen Eigenschaften präventiv tätig werden zu können. Man ginge davon aus, dass so der potenzielle Nachwuchs an Intensivtätern verringert werden kann. Schmunzelnd fügte Fabricius hinzu, man könne ja bereits im Kindergarten mit der

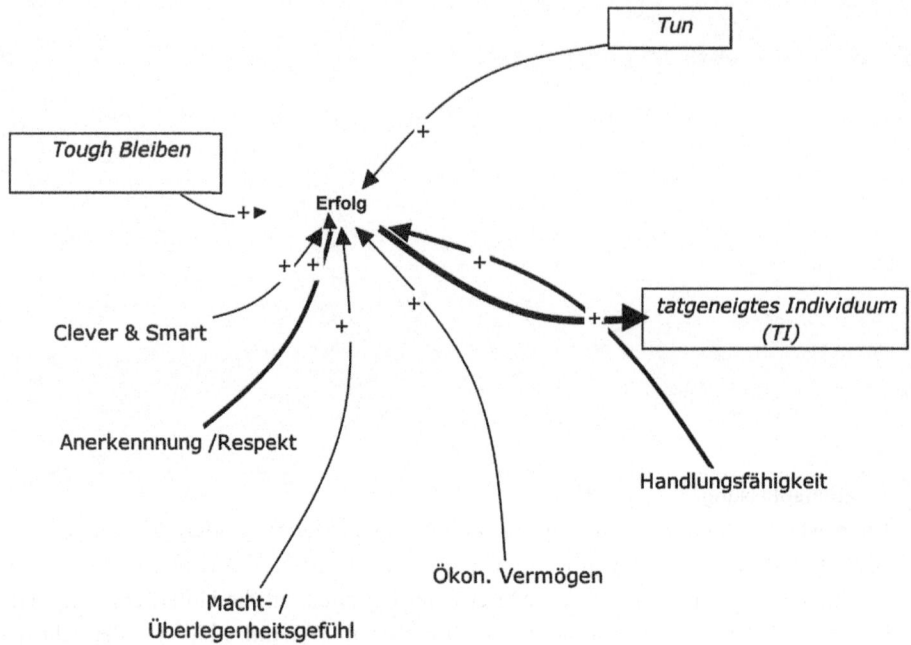

Abb. 18.1 Motivation von Intensivtätern *Quelle* Dirk Fabricius

Mustererkennung und der selektiven Prävention beginnen. Diese Vorgehensweise klingt jedenfalls schlüssig.

Fabricius geht aber weiter, indem er zunächst verallgemeinert, welche Eigenschaften der typische Intensivtäter im weiteren Sinn, also nicht auf kriminelle Handlungen beschränkt, hat. Was treibt diesen „Intensivtäter generalis" sei es ein Anwalt, ein Unternehmer oder ein Künstler an? Fabricius führt folgende wesentliche Motivatoren an: Intensivtäter möchten handlungsfähig sein, sie möchten mächtig sein, sie möchten ihrem Umfeld und sich selbst beweisen, dass sie geschickt und klug sind, und suchen nach Anerkennung und Respekt. Kriminelle Intensivtäter mögen ihre Handlungsfähigkeit durch Vandalismus unter Beweis stellen oder ihre Macht durch Vergewaltigungen zeigen. Aus dem Erfolg ihrer kriminellen Handlungen beziehen sie Anerkennung. Auch Gefängnisaufenthalte würden nicht unbedingt als Strafe wahrgenommen, sondern oft als weitere Probe, die sie härter macht. Fabricius erläutert, dass die genannten Motivatoren manche Personen dazu antreiben, sich intensiver als andere mit einer Materie auseinanderzusetzen (Abb. 18.1).

Wenn sie für diese Materie begabt sind und mehr üben als andere, werden sie erfolgreicher in der Ausübung ihrer Tätigkeit. In der Folge werden sie ihren Einsatz für diese Tätigkeit weiter intensivieren. Intensivtäter seien deshalb das Resultat eines Lernprozesses. Das gelte auch für kriminelle Intensivtäter (Abb. 18.2).

Kriminologie des "Intensivtäters"

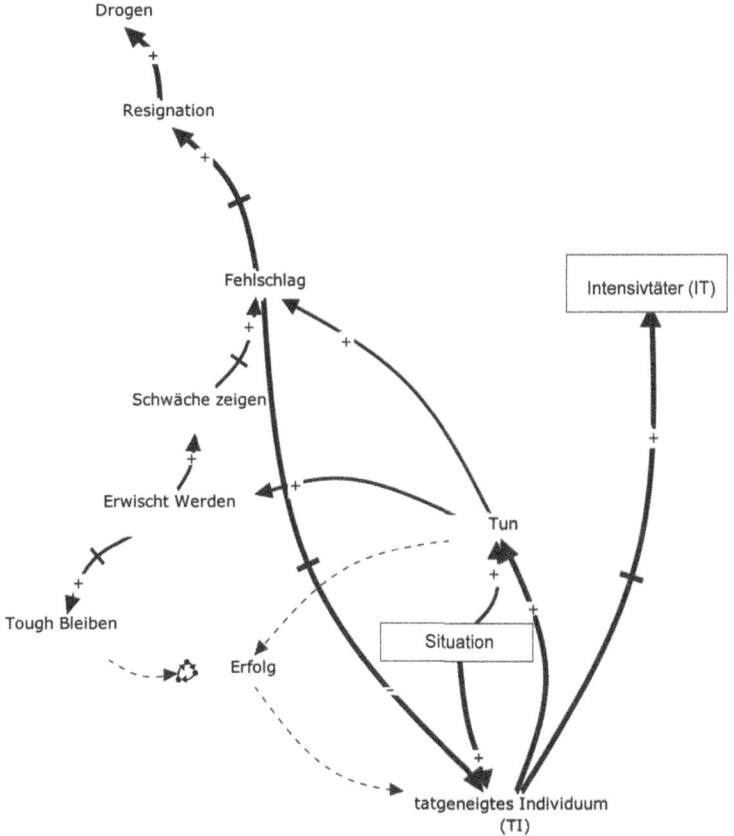

Abb. 18.2 Kriminologie des Intensivtäters *Quelle* Dirk Fabricius

Des Weiteren spricht Fabricius die Bedeutung des Umfelds an. Am Beispiel des bekannten Luzifer-Effektes, der von Philip Zimbardo dokumentiert wurde,[1] weist er darauf hin, dass die Macht der Umstände das Werteverständnis und das Verhalten von Menschen entscheidend beeinflussen kann. In einem spektakulären Experiment, das Philip Zimbardo 1971 an der Stanford University durchführte, um die Natur des Bösen zu erforschen, wurden Menschen zufällig in zwei Gruppen eingeteilt. Die eine Gruppe sollte Wärter, die andere Gefangene spielen. Die Teilnehmer nahmen ihre Rollen an und spielten einige Tage, bis das Experiment eskalierte. Die Wärter misshandelten und folterten die Gefangenen und die Gefangenen ließen dies zu. Sie fügten sich in ihre Rolle. Das Experiment zeigte, dass in Menschen sowohl Gutes als auch Böses angelegt ist, das je nach Umfeldbedingungen

---

[1] Zimbardo, Philip G.; Petersen, Karsten: [Luzifer-Effekt].

dominieren und zu Täter- oder zu Opferverhalten führen kann. Ob jemand krimineller Intensivtäter wird, hinge also weniger davon ab, welche persönlichen Eigenschaften er hat, als von den situativen Umständen Winnicott.[2] definierte „stehlen" übrigens so:

1. *Holen, was einem vorenthalten worden ist oder*
2. *sich auf die Suche nach einer besseren Welt zu machen.[3]*

Mit den Ergebnissen seines Experiments stellte Zimbardo unser etabliertes, auf Schuld basiertes Konzept um. Es geht oft weniger darum, wer schuld ist, sondern darum, was schuld ist. Es ist erwiesen, dass sich die Energie krimineller Intensivtäter umlenken lässt. Sie können ihr Know-how auch dazu einsetzen, kriminaltechnische Ratschläge zu geben – dabei wirken dieselben Motivatoren.

Fabricius fragt sich, weshalb wir uns dann so wenig um die Entschärfung der situativen Umstände kümmern. Er mutmaßt, dass die Vorstellung der Existenz von Intensivtätern es uns erspart, an den sozialen Verhältnissen Anstoß zu nehmen und eine weniger benachteiligende Ressourcenverteilung – ökonomisch und nicht-ökonomisch – anzustreben. Politiker bräuchten auch Intensivtäter, um sie präsentieren und die Bevölkerung beruhigen zu können. Außerdem schafften Intensivtäter Medieninteresse, und die Berichterstattung von deren Festnahme fördere die Wiederwahl von Politikern. Die Ausrichtung des Blicks auf die Intensivtäter lenke vom Wesentlichen ab, nämlich von der notwendigen Veränderung der Situation. Viele leben ja gut in dem bestehenden System: Rechtsanwälte, Psychologen, Richter, Gutachter (Abb. 18.3).

So findet nicht nur eine Wissensverdrängung statt, sondern eine bewusste Wissensverleugnung und sogar eine Wissensvernichtung. Fabricius spricht auch die Angstlust der Menschen an. Wir brauchen den „Thrill" – nicht nur Intensivtäter, sondern auch die Beobachter. Wir sehen uns Kriminal- und Horrorfilme an, gehen in die Geisterbahn und betreiben und sehen gern Extrem- und gefährlichen Motorsport. Wir wollen uns gruseln und brauchen den Kick. Man mag daraus schließen, dass wir Intensivtäter brauchen.

Fabricius stellt nicht infrage, dass Täter bestraft werden müssen. Er lenkt aber den Blick auf die Notwendigkeit, sich verstärkt mit den situativen Umständen zu befassen und diese zu entschärfen. Von einer solchen Präventivmaßnahme verspricht sich Fabricius mindestens so viel wie von der psychologischen Behandlung potenzieller Intensivtäter.

Als ich Fabricius hörte, assoziierte ich als Managementberater natürlich sofort Bilder aus der Unternehmenswelt. Auch hier finden wir nämlich „Intensivtäter", sowohl unter den Führungskräften als auch unter den Mitarbeitern. Und es finden sich solche, die zu Intensivtätern stigmatisiert werden.

Unter den geschäftsführenden Gesellschaftern finden wir genauso viele Intensivtäter wie unter den spezialisierten Experten. Beide Gruppen sind in der Regel intrinsisch hoch

---

[2] Winnicott, Donald: [Menschliche Natur].
[3] Dallmeyer, Jens; Fabricius, Dirk: [Kriminal] S. 330, FN 662.

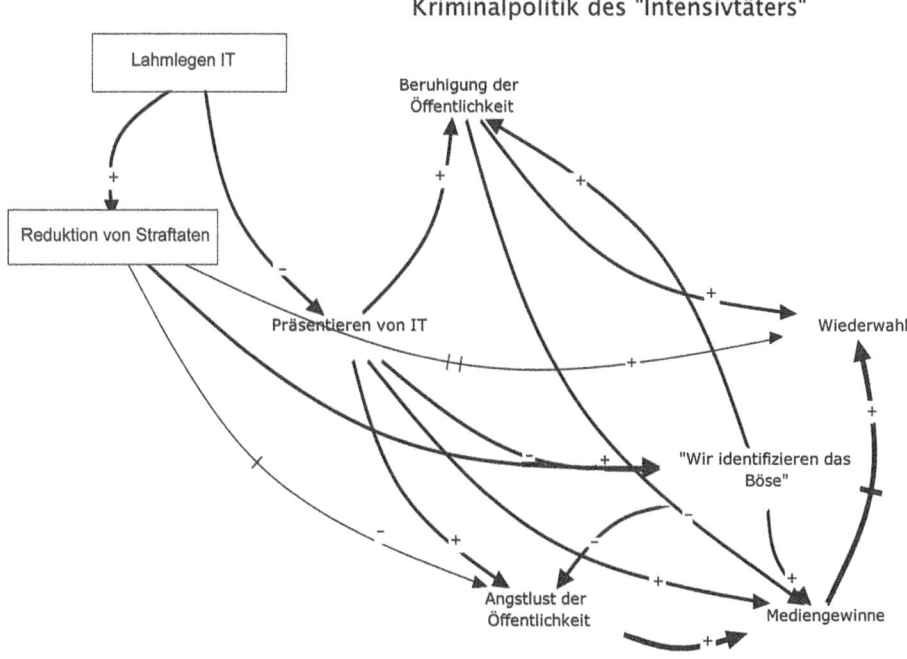

Abb. 18.3 Kriminalpolitik „Intensivtäter" *Quelle* Dirk Fabricius

motiviert. Die Motivation treibt sie zu verstärktem Einsatz an. Mit jedem Einsatz und jeder Entscheidung verbessern sie ihre Leistung und werden weiter motiviert – ein sich selbstverstärkender Effekt, der Intensivtäter hervorbringt.

Gerade bei geschäftsführenden Gesellschaftern kann dieser Mechanismus aber auch leicht in einen gefährlichen Bereich umschlagen. Aus ihrer relativ einsamen Position heraus suchen sie Bestätigung und Ansehen. Und sie werden, auch wenn sie sich auf dem falschen Weg befinden, in ihrer Organisation Menschen finden, die sie in ihrem Tun bestätigen. Zwar sind diese Personen dann die falschen Ratgeber, aber dadurch, dass sie die Wahrnehmungen ihres Chefs spiegeln, steigen sie in dessen Anerkennung auf und verschaffen sich mehr Einfluss auf Entscheidungen – oft in die falsche Richtung. Das ist ein fataler Circulus Viciosus. Die Gruppendenke im isolierten Management-Team führt zu einer fortschreitenden Abkopplung der Fehlgeleiteten von der Realität. Korrekturmöglichkeiten werden nicht wahrgenommen.

Dissidenten, die durchaus durchdachte, konstruktive Ideen vorbringen, werden dann oft „weggebissen", angeprangert und abgestraft. Aufmerksame, kreative Zeitgenossen werden als „Intensivtäter" abgestempelt, die die beschlossene Richtung nicht mittragen. Statt ihre konstruktiven Hinweise, die die Organisation entscheidend weiterführen können, willkommen aufzunehmen, werden potenzielle Retter wie Deserteure dargestellt und behandelt. Auch dies ist ein Effekt der „Gruppendenke". In vielen

Unternehmen wird laufend nach solchen vermeintlichen Intensivtätern auf nachgelagerten Hierarchieebenen gesucht, um sie als Schuldige für Missstände zu präsentieren. Das geschieht in Konzernen ebenso wie im Mittelstand. In Konzernen sind es in der Regel die Verantwortlichen von Geschäftseinheiten und die funktionalen Mitglieder des Executive Teams im Headquarter, die immer wieder Intensivtäter präsentieren und „hängen", um Erfolge zu zeigen. Im Mittelstand sind manche Geschäftsführer anfällig für schnelle Schuldzuweisungen und finden, wie oben beschrieben, Bestätigung für ihre Wahrnehmungen und Handlungen. Durch ihr Handeln können sie zeigen, dass sie erkannt haben, dass ein Problem besteht und sie schnell reagiert haben. Das wird von manchen einflussreichen Personen anerkannt. Allerdings lösen sie ihre Probleme in der Regel nicht, weil sie die Ursachen für Missstände weder identifiziert noch behoben haben. Aber das symbolische „Hängen" verschafft ihnen zumindest einen gewissen zeitlichen Freiraum.

Nun sind die vermeintlichen Intensivtäter, die gefasst und gehängt werden, oft diejenigen, die den Mut fassen, auf grundlegende Missstände in der Organisation aufmerksam zu machen. Sie haben sich ja durch ihre Meinungsäußerung offen gegen das Management und die Personen gestellt, die gerade beim Management hoch im Kurs stehen und von den derzeitigen Verhältnissen profitieren. Dieser Kreis aber besteht aus den Personen, die nicht zu Fehlern stehen können, die in der Vergangenheit gegangen wurden. Diese Personen leiten keinen Kurswechsel ein. Sie sind gar nicht zu der Einsicht gelangt, dass Missstände vorliegen, weil sie verblendet sind. Ihnen allen kommt es gelegen, wenn vermeintliche Intensivtäter gefunden, präsentiert und abgestraft werden, weil sie dann nichts an ihrem eigenen Verhalten verändern müssen. Sie müssen nicht einmal über grundlegende Probleme im System nachdenken. Weil dieses Muster oft lange funktioniert, bleibt ein wirkliches Nachdenken über die Situation aus und Missstände werden nicht beseitigt. In Analogie zur Kriminologie finden auch in vielen Unternehmen laufend Wissensverleugnung, Wissensverdrängung und Wissensvernichtung statt. Zu oft wird nach Schuldigen gesucht, statt Verantwortliche zu animieren, etwas an der Situation zu verbessern und die Ursachen für Missstände zu beseitigen.

Doch mit der Zeit und mit zunehmender Evidenz des Missstandes steigt die Zahl derer, die das Spiel erkennen. In seltenen Fällen kommt es zu einer Bereinigung der Situation durch Menschen mit ausgeprägter Zivilcourage, die sich nicht scheuen, ihre Position zu riskieren. Meist endet die Entwicklung jedoch mit einer „inneren Kündigung" der Beteiligten, die schließlich den Tod der Organisation herbeiführt.

Literaturquellen

Dallmeyer, Jens, und Fabricius, Dirk Hrsg. 2011. [Kriminal] *Kriminalwissenschaften: Grundlagen und Grundfragen II: Allgemeiner Teil – Grundlegende Kritik, grundlegende Begriffe.* Münster: LIT Verlag.

Fabricius, Dirk. 2011. *Kriminalwissenschaften. Grundlagen und Grundfragen, Band II: Allgemeiner Teil – Grundlegende Kritik, grundlegende Begriffe.* Berlin, Münster et al.: Lit Verlag.

Winnicott, Donald. 1992. [Menschliche Natur] *Die menschliche Natur, Klett-Kotta, Stuttgart 1994, und Aggression, Versagen der Umwelt und antisoziale Tendenz,* Klett-Kotta, Stuttgart .

Zimbardo, Philip G., und Petersen, Karsten 2008. [Luzifer-Effekt] (deutsche Übersetzung) *Der Luzifer-Effekt. Die Macht der Umstände und die Psychologie des Bösen,* Spektrum Akademischer Verlag, Heidelberg.

Strategiespiele

Zusammenfassung

Die Qualität der Unternehmensstrategie hat einen großen Einfluss auf den Unternehmenserfolg. Um sicher sein zu können, die beste Wahl zu treffen, ist ein vollständiger Überblick über die strategischen Optionen erforderlich. Oft verwässern Strategien, weil Managern die gedankliche Klarheit fehlt und im Wesentlichen operativ manövriert wird. In diesem Beitrag wird anhand der Beschreibung des Schachspiels dazu animiert, die ganzen Möglichkeiten des Spiels zu erfassen, sich auf das wesentliche Ziel zu konzentrieren, „Attacken" vorbereitet durchzuführen, auch Überraschungsmöglichkeiten vorzubereiten sowie auszuspielen und sich auch im Falle einer ernsthaften Bedrohung der Handlungsoptionen bewusst zu sein. Die aus der Betrachtung des Schachspielens gewonnenen Erkenntnisse werden schließlich auf die Unternehmenspraxis übertragen.

Ziel jeder kommerziell begründeten Unternehmensführung ist es, Gewinne zu erzielen und so die Unternehmensexistenz zu sichern. Die Praxis ist oft komplexer als die Theorie. Gerade deswegen empfiehlt es sich in Entscheidungssituationen mit großer Tragweite, die Komplexität der Zusammenhänge strukturiert zu erfassen, klare Handlungsoptionen herauszufiltern und deren mögliche Wirkung abzuschätzen. Metaphern aus Strategiespielen können für gedankliche Klarheit sorgen.

W. Boysen, *Grenzgänge im Management*, DOI: 10.1007/978-3-658-01024-9_19,
© Springer Fachmedien Wiesbaden 2013

Bewusstsein für das Spielziel

Beim Schachspielen geht es darum, den gegnerischen König matt zu setzen. Züge, die nicht zu diesem Ziel beitragen oder nicht die eigene Deckung stärken, sind vergeudet und verschaffen dem Gegner eine bessere Position. Mit jedem Zug muss alle Aufmerksamkeit auf den Ausbau der Angriffs- und der Deckungsposition gerichtet werden. Jegliche Züge an Nebenkriegsschauplätzen müssen unterbleiben.

Deshalb sind bei der Abwägung der Spielzüge sowohl die Effektivität als auch die Effizienz zu berücksichtigen. Die Effektivität äußert sich in der Wirkung der Züge als Beitrag für das Gesamtziel „schachmatt" – und zwar über die einzelnen Züge selbst hinaus. Die Effizienz schlägt sich im erforderlichen (Zeit-)Aufwand nieder, der für das Spielziel aufgebracht werden muss.

Vorbereiteter Angriff

Ein Sieg gelingt nicht durch reine Verteidigungsmaßnahmen, sondern nur mit aggressiven Spielzugfolgen. Aber ein Angriff sollte gut vorbereitet werden. Eine mehrstufige Vorgehensweise mag erforderlich sein, um eine Erfolg versprechende, gedeckte Angriffsposition aufzubauen. Nicht die schnelle, energieraubende Attacke, die vom Gegner rasch abgewehrt und womöglich in eine Bedrohung verwandelt werden kann, ist erstrebenswert. Es kann und darf ruhig etwas dauern, bis die Position gefestigt und ein Angriff untermauert ist.

Überraschungseffekt

Die strategische Position eines Spielers verbessert sich mit der Anzahl seiner Handlungsoptionen. Wenn sich ein Spieler verschiedene Potenziale aufgebaut hat, kann er flexibler entscheiden. Hat er diese Handlungsoptionen außerdem aus einer guten Deckung heraus entwickelt, baut er Überraschungspotenzial auf. Er konfrontiert seinen Gegner mit einer hohen Varietät, die dessen Vorstellungsvermögen und Fähigkeit, vorauszudenken, stark herausfordern kann.

Wirkungsvoll sind mögliche Züge, die zur Bedrohung mehrerer Figuren führen können, beispielsweise den König „in Schach" setzen und einen ungedeckten Turm bedrohen. Der Gegner wird dann damit beschäftigt, den König aus dem Schach zu nehmen, und verliert dabei seinen Turm. Durch solche Züge gehen Schachspieler in Führung. Sie zwingen ihrem Gegner Reaktionen auf und verhindern, dass er selbst das Spiel aktiv gestalten kann. Diese Züge bringen den führenden Spieler nach vorn und blockieren das Weiterkommen des Gegners.

Reaktion darauf, „in Schach" gesetzt zu werden

Eine reine Angriffsstrategie ist allerdings auch gefährlich, denn ein Spieler kann selbst in die akut gefährliche Situation geraten, „in Schach" gesetzt zu werden. In dieser Lage gibt es genau drei grundsätzliche Möglichkeiten, diese Situation zu entschärfen:

1. *den Angreifer schlagen,*
2. *den König decken und*
3. *mit dem König ausweichen.*

Mehr Möglichkeiten gibt es nicht. Auch in solchen Verteidigungssituationen ist es wichtig, sich möglichst viele Optionen zu erhalten, um die Chance zu erhöhen, sich aus der Lage befreien zu können. Besteht keine dieser drei Möglichkeiten, ist „schachmatt" eingetreten – das Spiel ist vorbei.

In der Unternehmenspraxis ist es genauso wichtig wie beim Schachspielen, sich das Ziel der Aktivität zu vergegenwärtigen. Zwar haben es Organisationen nicht mit einem Gegner, sondern mit einem vielschichtigen Umfeld, bestehend aus Kunden, Lieferanten, Mitarbeitern und der Öffentlichkeit, zu tun, in dem sie bestehen müssen, aber im Grunde ist es eine vergleichbare Konstellation. Erschreckenderweise können viele Führungskräfte kein klares Ziel der Mission ihrer Organisation nennen. Nicht selten werden sogar unterschiedliche Ziele genannt, was auf Orientierungsbedarf hinweist. Führungs-Teams, die nicht dafür sorgen, dass alle verfügbaren Ressourcen auf ein gemeinsames Ziel ausgerichtet sind, müssen mit Blindleistung und sogar mit kontraproduktiven Aktivitäten rechnen, die die Position der Organisation mit jedem Zug schwächen.

Bei aller Ausrichtung ist in Organisationen allerdings auch darauf zu achten, dass sich kontrolliert Neues als Keim für künftige Weiterentwicklung bilden kann und toleriert wird. Die Aufwendungen für solche Keime sollten als Beitrag zum Risikomanagement aufgefasst werden, nicht als Verschwendung von Ressourcen an einen Nebenkriegsschauplatz. In Analogie zur Vorbereitung verschiedener Optionen beim Schachspielen werden hierdurch künftige Handlungsmöglichkeiten angelegt, mit denen sich eine Organisation anpassungsfähig halten kann.

Oft kann bei Unternehmen unter finanziellem Druck ein sehr aggressives Verhalten des Vertriebs im Markt beobachtet werden. Um Aufträge zu erhalten, werden Dumping-Preise angeboten, die kaum kostendeckend sein können, oder es werden Märkte bedient, über deren Prozesse im Unternehmen zu wenig bekannt ist. Zwar schaffen auch diese Aufträge Beschäftigung und gewähren gewisse Deckungsbeiträge, doch ruinieren sie mittelfristig das Marktpreisniveau und zerstören die Basis für ihre Zukunft – sie können Märkte ruinieren. In vielen Fällen stellen sich Führungskräfte in solchen Unternehmen nicht ernsthaft Fragen zum grundsätzlichen Verbesserungsbedarf in ihren Organisationen. Sie bereiten ihre Organisationen nicht angemessen auf nachhaltiges Wirtschaften vor und sichern sie nicht gut ab – sie stabilisieren sie nicht.

Gewinne werden in der Wirtschaft oft bei veränderten Rahmenbedingungen erzielt, die von manchen Unternehmen genutzt werden. Unsicherheit schafft auch Chancen. Unternehmen, die auf verschiedene Ausprägungen der Rahmenbedingungen vorbereitet sind (Szenarien), können besser darauf reagieren. Sie haben sogar die Freiheit, sich aus einer Auswahl möglicher Handlungen zu entscheiden. Außerdem gewinnen sie Flexibilität und können ihr Umfeld sogar mit unerwarteten „Zügen" überraschen. Beispielsweise könnte ein Unternehmen, das sich akut in Auftragsnot befindet, ein anderes Unternehmen mit vollen Auftragsbüchern übernehmen. Dafür muss es allerdings über finanzielle Reserven verfügen. Das Unternehmensumfeld hätte wohl eher erwartet, dass das Unternehmen seine Preise senkt, um sich Aufträge zu „kaufen".

Was kann getan werden, wenn eine Organisation in Bedrängnis gebracht worden ist? Wie beim Schach bestehen auch in der Unternehmenspraxis genau die drei oben aufgeführten potenziellen Lösungsalternativen:

1. angreifen,
2. decken oder
3. ausweichen.

Erst wenn sich keine dieser drei Optionen umsetzen lässt, stehen Gewinner und Verlierer fest. Nun mag sich dieser Mechanismus auf eine abgegrenzte Geschäftssituation im Wettbewerb beziehen, mag sich aber auch auf das Unternehmen beziehen und zur Existenzfrage werden. Ein *Angriff* kann beispielsweise in einer wettbewerbsorientierten Angebotssituation, in Innovationsmanagement oder in gezielten, aggressiven Marketingmaßnahmen sowie in entschlossenen, geradlinigen Investitionen bestehen, etwa in Technologie, in Anlagen oder in Unternehmenszukäufen. Eine *Deckung* kann in Form besonderer strategischer Positionierung (Kooperation, Gegengeschäfte, Diversifikation in den Dimensionen Märkte, Anwendungen und Leistungen oder in Form finanzieller Absicherung (Hedging)) umgesetzt werden. *Ausweichen* können Unternehmen etwa durch Desinvestition, durch den Rückzug aus umkämpften Märkten oder durch die Spezialisierung auf weniger wettbewerbsintensive Nischen.

Das Management von Organisationen sollte sich laufend vergegenwärtigen, ob hinreichend Optionen bestehen, um auf mögliche Herausforderungen reagieren zu können. Heinz von Foerster empfahl, Entscheidungen immer so zu treffen, dass durch die Entscheidung die Zahl der Möglichkeiten, die Varietät, zunimmt. Das widerspricht unserer westlichen Denkweise, wollen wir doch Entwicklungen durch unsere Entscheidungen eingrenzen und Komplexität verringern. Mit zunehmender Festlegung nehmen allerdings die Freiheitsgrade und die Flexibilität ab und die betrachtete Organisation erstarrt. Je komplexer das Umfeld ist, desto mehr Varietät braucht die eigene Organisation, um sich an veränderliche Rahmenbedingungen anpassen zu können.

Eine grundlegende Voraussetzung für Entscheidungen ist ein hinreichender Wissensstand. Während die Präsenz des Spielgegners und die Berücksichtigung seiner Optionen beim Schachspielen eine Selbstverständlichkeit sind, ist es immer wieder überraschend, wie wenig vielen Unternehmen über ihre Wettbewerber bekannt ist und wie wenig die möglichen strategischen „Moves" der Wettbewerber schließlich in die eigenen Planungen und Aktivitäten einfließen. Oft liegen zwar wenigen Personen Informationen über Wettbewerber vor, sie sind aber nicht zu organisationalem Wissen geworden, weil ein entsprechender Competitive-Intelligence-Prozess fehlt. Unter Competitive Intelligence versteht man die Gesamtheit aller Aktivitäten zur Erfassung relativen Position im Wettbewerbsumfeld und zur Verbesserung der Wettbewerbsfähigkeit.

Ein weiterer Aspekt ist, dass die Wirtschaft – anders als das Schachspiel – nicht in bilateralen Beziehungen verläuft, sondern sich aus einer multidimensionalen Vernetzung ergibt. So bieten sich in der Wirtschaft noch ausgeprägter als beim Schachspiel neben geradlinigen

Verbindungen weitere Wege an, die ggf. weniger Widerstände bergen. Diese Verbindungen müssen erkannt und erschlossen werden. Umwege können durchaus sinnvoll sein, wenn der direkte Weg versperrt ist oder strategische und/oder operative Vorteile gewonnen werden können, die das oberste strategische Ziel unterstützen. Zugunsten des Gesamtziels können sogar vorübergehend Etappenverluste in Kauf genommen bzw. aus taktischen Gründen sogar bewusst „Bauernopfer" angeboten werden. Das Ziel muss allerdings stets präsent sein. Wesentlich ist jedoch, das Ziel nicht aus den Augen zu verlieren, Prioritäten zu erkennen und konsequent „seine Züge zu setzen".

Erfolgskritisch im Spiel wie in der Unternehmenspraxis sind deshalb eine wirklich durchdachte und robuste Gesamtstrategie und der sichere Umgang mit dem Handwerkszeug des strategischen Managements.

Mit exponentiell wachsendem Informationsstrom in zunehmend vernetzten Umfeldern erschließt sich die Verbindung zwischen strategischer Unternehmensführung und IT- sowie methodengestützter Business-Intelligence. Erfolgskritisch sind der Überblick über die Erfolgstreiber und die Schlüsselindikatoren für die Unternehmensentwicklung sowie eine situationsbezogene Einschätzung veränderlicher Risikopositionen. Die Verfügbarkeit und die Qualität der „Actionable Information" sind die maßgebliche Grundlage für strategische Entscheidungen. Schon beim Schachspielen ist es enorm anspruchsvoll, die Situation und die sich daraus ableitbaren Szenarien zu überblicken. In der Wirtschaft ist die Vielfalt der Entwicklungsmöglichkeiten noch erheblich größer, weil sich die Spielregeln verändern können, sich das Spielfeld verschieben kann und die Spieler wechseln können.[1] Mitspieler können gleichzeitig „Gegner" und „Kooperationspartner" sein; Kunden können gleichzeitig auch Lieferanten sein. Um diese dynamische Komplexität, die sich aus der Veränderung der Rahmenbedingungen und aus dem wechselseitigen Beziehungsgeflecht ergibt, zu bewältigen, müssen Führungskräfte auf eine abgestimmte Team-Leistung setzen. Die Team-Mitglieder sind wiederum auf gute IT-gestützte Management-Information-Systems (MIS) angewiesen, die es ihnen ermöglichen, die wesentlichen Einfluss- und Ergebnisgrößen ihres Geschäftes aus ihren jeweiligen Perspektiven in Echtzeit zu erfassen und sie regelmäßig im Team zusammenzutragen.

Das Schachspielen hält einige Anregungen für die Unternehmensführung bereit. Allerdings hat die Wirtschaftswelt wegen der höheren „Spielerzahl", deren multipler Verknüpfungen, wechselnder Interessen, der veränderlichen Spielregeln und des nicht fest umrissenen Spielfeldes eine erheblich höhere dynamische Komplexität. Die hohe Zahl möglicher künftiger Konstellationen legt eine noch stärkere Beschäftigung mit Szenarien nahe, als das Schachspielen erfordert.

---

[1] Nalebuff, Barry J.; Brandenburger, Adam M.: [Coopetition].

Literaturquelle

Nalebuff, Barry J., und Adam M. Brandenburger: 1996. [Coopetition] *Coopetition – kooperativ konkurrieren. Mit Spieltheorien zum Unternehmenserfolg, aus dem Englischen.* von Hartmut J. H. Rastalsky. Frankfurt am Main: Campus Verlag.

Lassen sich Merkmale psychosomatischer Störungen auf Fehlentwicklungen in Unternehmen übertragen?

20

Zusammenfassung

So wie Körper und Geist des Menschen miteinander verbunden sind und sich gegenseitig beeinflussen, sind auch Organisationen und ihr Management miteinander verbunden und beeinflussen sich gegenseitig. Der Einfluss kranken Managements auf die Leistungsfähigkeit von Organisationen wird ähnlich tabuisiert wie psychische Erkrankungen bei Menschen. Dabei ist die Erkenntnis einer entsprechenden Fehlfunktion eine notwendige Bedingung für eine Erfolg versprechende Behandlung – von Menschen wie Unternehmen. Dieser Beitrag zeigt anhand der Analogie mit psychischen Erkrankungen, die sich auf das physische Befinden von Menschen auswirken können, nicht nur die Schwierigkeiten im Umgang mit „krankem Management" auf, sondern bietet darüber hinaus auch praxisnahe Ansatzpunkte für Lösungsmöglichkeiten.

Körper und Geist stehen in Beziehung zueinander und beeinflussen sich gegenseitig. Sie lassen sich nicht trennen. Zwar werden diese psychosomatischen[1] Zusammenhänge

---

[1] Der Begriff „Psychosomatik" stammt von der Wortkombination aus „Psyche" (altgr. Ψυχή), was „Seele", „Atem" oder „Hauch" bedeutet, und „Soma" (altgr. σῶμα), was „Körper" und „Leben" bedeutet.

W. Boysen, *Grenzgänge im Management*, DOI: 10.1007/978-3-658-01024-9_20,
© Springer Fachmedien Wiesbaden 2013

zunehmend wahrgenommen und finden allmählich auch Eingang in die Schulmedizin, doch konzentriert sich die Diagnose bei Beschwerden in der Regel noch allein auf körperliche Ursachen.

Tatsächlich sind psychosomatische Krankheitsursachen oft gar nicht einfach zu erkennen, weil die psychischen Aspekte im Verborgenen wirken. Hinzu kommt ein weiterer Effekt: Auch wenn Menschen ahnen, dass sie psychisch angeschlagen sind, lassen sie diese Erkrankung vor sich selbst oft nicht zu. Vor allem aber achten viele Betroffene darauf, dass ihnen niemand diese Schwäche ansieht.

Wie entstehen psychosomatische Erkrankungen? Das Verarbeiten oder Verdrängen von großen Sorgen, Stress, Konflikten oder Angst kann starke nervliche oder psychische Belastungen auslösen, die bei den betroffenen Menschen wiederum reale körperliche Beschwerden wie Herzklopfen, Rückenschmerzen oder Bluthochdruck verursachen können. Solche körperlichen Beschwerden können sich zu nachweisbaren physischen Erkrankungen und morphologischen Veränderungen ausweiten. Chemische Prozesse im Körper können bei psychischer Belastung dazu führen, dass die Schmerzen stärker wahrgenommen werden und wiederum emotionale Prozesse auslösen oder sie bis hin zu Depressionen verstärken. Diese lassen die betroffene Person die Schmerzen oft noch heftiger erleben. In solchen Situationen ist es besonders schwierig zu erkennen, wo die eigentliche Ursache für das Unwohlsein begründet ist, weil die Wechselwirkung zwischen psychischen und physischen Leiden Ursache und Wirkung in einem Circulus viciosus verschwimmen lässt. Es gibt auch Fälle, in denen Menschen psychisch bedingt überzeugt sind, körperlich krank zu sein (Hypochondrie) und sich ernsthaft um eine Heilung ihrer nicht nachweisbaren körperlichen Leiden bemühen. Außerdem beobachten Mediziner bei manchen Menschen Persönlichkeitsstörungen, die mit körperlichen Beschwerden verbunden sind.

In Abgrenzung zur Psychosomatik befasst sich die Somatopsychologie mit dem umgekehrten Ursache-Wirkungs-Fall, wenn also das psychische Wohlbefinden durch körperliche oder scheinbare körperliche Leiden beeinträchtigt wird. Häufig werden von solchen Patienten nachweisbare oder nicht nachweisbare funktionelle Störungen des Herz-Kreislauf-Systems, des Magen-Darm-Traktes oder des Skelett- und Muskelsystems wahrgenommen.

Der Zusammenhang zwischen körperlichen und geistigen Leiden ist schon lange bekannt. Schon in den Satiren des römischen Dichters Juvenal (60–127 n. Chr.) steht: „Orandum est, ut sit mens sana in corpore sano."[2] Dieser Satz wurde verkürzt überliefert als: „Mens sana in corpore sano." (In einem gesunden Körper wohnt ein gesunder Geist.) Auch in der Salomonischen Spruchsammlung im Alten Testament findet man: „Ein fröhliches Herz tut dem Leib wohl, ein bedrücktes Gemüt lässt die Glieder verdorren".[3]

Viele Krankheiten sind multikausal bedingt. Symptome können nicht einzelnen Ursachen zugeordnet werden. Sowohl in psychosomatischen als auch in

---

[2] Juvenal: Satiren 10, S. 356.
[3] Die Bibel, Herder, Freiburg, Basel, Wien, 2004, Sprüche 17, 22, S. 702.

somatopsychologischen Fällen ist eine sorgfältige, beide Seiten umfassende Diagnose angezeigt. Um aber nicht zu viel Zeit allein mit der Diagnose zu verbringen und schnell eine Wirkung zu erzielen, wird oft bevorzugt, alle wahrgenommenen Leiden simultan zu behandeln. Bei der Therapie wird dann in der Regel auf konkrete körperliche Beschwerden ebenso eingegangen wie auf Stress und soziale sowie sozioökonomische Umstände der Patienten. Würde nur eine Seite behandelt, könnte die Erkrankung in vielen Fällen nicht geheilt werden; sie würde sich voraussichtlich sogar manifestieren und zu chronischen Leiden führen.

Wie können psychosomatische Erkrankungen vermieden werden? Mediziner empfehlen ein ausgewogenes Verhältnis zwischen Anspannung und Entspannung, eine gute Balance zwischen Alleinsein und sozialen Beziehungen und Abwechslung zwischen Routine und besonderen Momenten. Zen-Buddhisten empfehlen, zu einer starken inneren Form zu gelangen. Unter „Innerer Form"[4] verstehen Linder-Hofmann und Zink „Klarheit, Achtsamkeit, Konzentration auf das Wesentliche, Kraft und Energie aus der inneren Ruhe und Gelassenheit der eigenen Mitte".

Ich habe darüber nachgedacht, ob sich die Beziehung zwischen Körper und Geist, das Zusammenspiel zwischen körperlichen und psychischen Beschwerden, auf die organisationale Ebene übertragen ließe. Dabei stünde die Organisation dann für den Körper und das Management, das die Organisation steuert, für den Geist. Auch hier gibt es wechselseitige Wirkungsbeziehungen. Nimmt das Management wahr, dass es in seiner Organisation Missstände gibt, muss die Ursache dafür nicht zwangsläufig in der Organisation selbst liegen, sondern kann durchaus im Management begründet sein. In manchen Fällen liegt im Management Unwissen über die relevanten Verhältnisse vor, das prinzipiell durch eine Befassung mit den betreffenden Themen ausgeräumt werden könnte. Manchmal sind allerdings „blinde Flecken" erkennbar, die durch ein unbewusstes Ausblenden unliebsamer Tatsachen oder durch eine stark selektive Wahrnehmung bestimmter Sachverhalte verursacht sind. Das Management ist in solchen Fällen oft vom Konsistenzprinzip geleitet. Informationen, die zu der vorgeprägten Auffassung passen, werden aufgenommen, andere „wegargumentiert" oder einfach verdrängt. Abhilfe gegen dieses Stabilitätsdenken könnte ein offenes, persönliches Coaching oder ein Sparring-Prozess on-the-job sein. Möglichkeiten dazu bietet das Entscheiden im Team, der Einsatz eines konstruktiven Beirates und/oder das Hinzuziehen eines unabhängigen Beraters. Diese Formen muss das Management natürlich wollen und zulassen.

Das Versagen des Managements kann in Wissenslücken durch Wissensaggregierung begründet sein. Das Management mag Entscheidungen auf der Basis unvollständiger Information treffen. Werden falsche Relevanzfilter gesetzt, werden komplexe Sachverhalte womöglich unangemessen reduziert. Vermeiden lässt sich diese Problemursache durch einen systematisch angelegten Diskurs[5] in einem erweiterten Management-Team, in dem

---

[4] Linder-Hofmann Bernd, Zink Manfred: [Innere Form].
[5] Vgl.: Boysen, Werner: [Kybernetisches Denken und Handeln], S. 80ff.

Entscheidungsvorschläge entwickelt und unter Berücksichtigung relevanter Fakten und Sichtweisen abgestimmt werden. Auch ein Management-Cockpit, das einen Gesamtüberblick gibt und zusätzlich den Blick auf relevante Veränderungen und dahinterliegende Detailinformationen lenkt, kann dazu beitragen, die Falle fälschlicherweise angenommener Zusammenhänge zu vermeiden.

Schließlich besteht eine Gefahr darin, dass das Management durch eine falsche Vorstellung der Qualität seines Wissen geblendet ist, obwohl die betrachteten Zusammenhänge nicht klar sind und prinzipbedingt gar nicht klar sein können. Das Management suggeriert also eine faktisch nicht vorhandene Sicherheit und schlägt Wege ein, die nicht abgesichert sind. Dadurch kann eine Organisation bei abweichender Realität nicht mehr angemessen reagieren. Abhilfe kann dadurch geschaffen werden, dass das Management sein Bewusstsein für das Erkennen von Nicht-Wissbarem schärft und durchaus dazu steht, dass es Nicht-Wissbares gibt und es sich damit konfrontiert fühlt. Mit dieser Einsicht und der Souveränität, sich dazu zu bekennen, kann sich die Organisation auf alternative Szenarien einstellen und beginnen, eingeschlagene Wege durch paralleles Engagement in Alternativen abzusichern. Gerade in Zeiten zunehmender, durch dynamische Komplexität geprägter Unsicherheit kann das Management so die Flexibilität und Anpassungsfähigkeit der ihm anvertrauten Organisationen fördern und ausbauen. Der Einsatz der genannten Methoden als einer „psychologischen Therapie" des Managements kann „physischen Schmerz" von den dahinterstehenden Organisationen abhalten und sie stabilisieren.

Oft ist nicht eindeutig erkennbar, dass Störungen in der Ausrichtung von Unternehmen oder in der Leistungsfähigkeit der operativen Abläufe durch das Management selbst hervorgerufen worden sind und weiter genährt werden. Viele Manager sind versierte Menschen, die Angriffe auf die eigene Person überzeugend abweisen können. In der Praxis ist es auch gar nicht einfach, mit einem Vorgesetzten Klartext zu sprechen, wenn es darum geht, ihn in seinen eigenen Fähigkeiten zu kritisieren, auch wenn es in bester Absicht geschehen soll. Die „psychischen Störungen" bleiben deshalb häufig lange im Verborgenen und werden nicht kompetent „behandelt". In der Regel kommen diese Störungen als Ursache für Krisensymptome im Unternehmen erst an die Oberfläche, wenn bereits ein fortgeschrittenes Krisenstadium erreicht ist. Das sind Momente, in denen das Management selbst die Hilflosigkeit erkennt oder Dritte, meist Banken, das Management zum genaueren Hinschauen zwingen. Durch solide erstellte Gutachten kommen dann meist die wahren Auslöser von Krisen an das Tageslicht. Das Institut der deutschen Wirtschaftsprüfer differenziert sogar vier Krisenphasen:

1. die Phase einer Stakeholder-Krise,
2. die Phase einer Strukturkrise,
3. die Phase einer Ergebniskrise,
4. die Phase einer Liquiditätskrise und
5. schließlich die Insolvenzphase.

In der ersten Phase treten Differenzen zwischen der Wahrnehmung der Welt durch das Management und das interessierte Umfeld des Unternehmens, also Kunden, Mitarbeiter, die Öffentlichkeit etc., auf. In der zweiten Phase schlagen sich diese Differenzen in falschen strategischen und operativen Entscheidungen nieder. In der dritten Phase werden die Fehlentscheidungen im Ergebnis sichtbar, bevor sie dann in der vierten Phase die Liquidität des Unternehmens gefährden und schließlich, in der fünften Phase, das Unternehmen handlungsunfähig machen.

Die ersten zwei Phasen sind „psychologischer Art" und wirken sich später auf den „körperlichen Zustand" der Organisation aus. Die „körperlichen Schmerzen" schlagen sich wiederum in Form einer erhöhten Anspannung des Managements nieder. Sie verursachen Stress und Angst, die die Führungsqualität beeinträchtigen und das Sichtfeld einschränken. Der Tunnelblick führt im Zusammenspiel mit immer weniger faktischen Handlungsmöglichkeiten schließlich zur Handlungsohnmacht. Mitarbeiter in Schlüsselpositionen, die die Entwicklung erkennen, verlassen das Unternehmen, Kreditversicherer schränken das abgesicherte Liefervolumen ein, Kunden suchen nach Alternativen, Banken stellen in Anspruch genommene Kreditlinien fällig.

Irgendwann ist nicht mehr erkennbar, ob Störungen im Unternehmen ihre Ursache in der Organisation oder im Management hatten. Weil „psychologisch bedingte" Krisen oft spät erkannt werden, ist in Analogie zur Behandlung schwerer psychosomatischer Störungen beherztes Handeln auf beiden Seiten erforderlich, betreffend die Organisation und das Management. Werden die „psychisch bedingten" Ursachen nicht beseitigt, kann das Unternehmen nicht wirksam saniert werden. Eine maßgebliche Herausforderung besteht darin, das Management dazu zu führen, dass es nicht nur oberflächliche „psychologische" Behandlungen zulässt, sondern eine tiefgreifende Therapie durchläuft, während „physische" Fehlentwicklungen in der Organisation durch „klassische medizinische Ansätze" korrigiert werden.

Natürlich gibt es auch Fälle, in denen dem gesunden Management Entwicklungen im Unternehmen entgleiten, sei es aufgrund veränderter Marktanforderungen oder wegen der begründeten zeitweisen Vernachlässigung einzelner Führungsaufgaben im Unternehmen. Treten aus solchen Gründen Fehlentwicklungen im Unternehmen auf, die das Management nicht bewältigen kann, können die „physischen Beschwerden" durchaus „psychische Störungen" auslösen, die zur Handlungsunfähigkeit führen können. In solchen „somatopsychologischen" Fällen muss das Übergreifen von Missständen in der Organisation auf die Befindlichkeit des Managements erkannt werden. Auch bei dieser Entwicklung müssen beide Seiten „behandelt" werden, um das betrachtete Unternehmen als Ganzes wieder zum Erfolg zurückzuführen.

Von psychosomatischen Störungen können wir auf Fehlentwicklungen in Unternehmen übertragen, dass bei einer Sanierung unbedingt die Möglichkeit geprüft werden muss, ob im Management eine Ursache für die auftretenden Fehlentwicklungen liegt.

Literaturquellen

Boysen, Werner. 2009. *Management Turnaround. Wie Manager durch Enzymisches Management wieder wirksam werden*, Wiesbaden: Gabler Verlag.
Hoffmann, Bernd, und Manfred, Zink. 2002. [Innere Form] *Die Innere Form – Zen im Management*, Gellius Edition Auszeit: München.

Teil II
Wege zu kreativen Geschäftsansätzen

Entwicklung der strategischen Konzepte für gute Geschäftsstrategien

21

Zusammenfassung

In diesem Beitrag werden die wesentlichen Konzepte strategischer Unternehmensführung vorgestellt und ihre Eignung für dynamisch-komplexe Umfelder beurteilt, wie sie sich aus der zunehmenden Vernetzung, der fortschreitenden Globalisierung und der steigenden Vielfalt ergeben. Es werden Ansätze vorgestellt, die höherer Unsicherheit gerecht werden, den steigenden Anforderungen an die Flexibilität entsprechen, Kreativität freisetzen und gezielt nutzen.

Der Einfluss von Wettbewerb wurde schon immer kontrovers diskutiert. Einerseits ist Wettbewerb eine entscheidende Antriebskraft, die sowohl die Effizienz als auch die Innovation fördert, andererseits wirkt Wettbewerb wachstums- und entwicklungshemmend auf Unternehmen. Mit zunehmendem Wettbewerbsdruck sei die Frage erlaubt, wo es denn noch Felder gibt, die zumindest für eine gewisse Zeit Märkte ohne begrenzenden Wettbewerb erlauben. Um solche Gelegenheiten zu finden, werden strategische Planungsansätze gebraucht, in die Kreativität einfließt und gelenkt wird. Die üblichen Planungsansätze werden entweder der Anforderung nicht gerecht, auf das Spannungsfeld von Nachfrage und Wettbewerb ausgerichtet zu sein, oder sie berücksichtigen die dynamische Komplexität nicht hinreichend. Ihnen fehlt der Kerngedanke einer flexiblen Anpassung, für die laufend kreatives Denken erforderlich ist.

Um ein besseres Verständnis der Entwicklung strategischer Planungsansätze zu vermitteln, gehe ich zunächst auf die wesentlichen Strömungen strategischen Denkens in der Unternehmenspraxis ein. Nach *ressourcenorientierten strategischen Ansätzen*, wie sie vor allem durch Ansoff (1952) bekannt wurden, sind die Fähigkeiten von Unternehmen die wesentlichen Einflussfaktoren auf deren Marktposition und Rentabilität. Ressourcenorientierte Ansätze lenken den Blick auf den Einsatz von Stärken, um im Markt Nutzen und damit Wert zu generieren. Dieser Ansatz geht auf die Machtverhältnisse in kapitalintensiven Branchen zu Zeiten der Verkäufermärkte zurück und berücksichtigt nicht hinreichend den Einfluss externer Faktoren und die dynamische Veränderlichkeit der Anforderungen an Ressourcen. Deshalb birgt die Verfolgung des ressourcenorientierten Ansatzes in Umfeldern, die sich durch hohe dynamische Komplexität auszeichnen, das Risiko hoher Kapitalbindung mit der Folge einer Unflexibilität, die zur Handlungsunfähigkeit führen kann. Der Ansatz berücksichtigt nicht die Tatsache, dass Produkte und Dienstleistungen heute in der Regel durch nachfragerseitige Anforderungen definiert werden, die wiederum die notwendigen Ressourcen bestimmen.

Seit Michael Porter setzten sich in der Literatur und in der Unternehmenspraxis *umfeldorientierte Strategieansätze* durch, die auf der „Structure-Conduct-Performance"-Hypothese beruhen. Hinter diesem Begriff stehen Marktstruktur, Marktverhalten und Marktergebnis. Nach der Structure-Conduct-Performance-Hypothese sind Gewinne auf die strategische Anpassung von Unternehmen an gegebene Umfeldbedingungen zurückzuführen. Nach Porter wird die Wettbewerbsintensität durch die Abnehmermacht, die Lieferantenmacht, die Eintrittsbarrieren und das Substitutionsrisiko bestimmt.[1] Wesentliche Parameter zur Beurteilung der Wettbewerbsintensität und damit Messgrößen für die Branchenattraktivität sind nach Porter das Branchenwachstum, die Branchenkonzentration, in der Branche verfügbare Kapazitäten, Unterschiedlichkeit der Wettbewerber, Möglichkeiten der Produktdifferenzierung, das Verhältnis der Fixkosten zum Mehrwert, Austrittsbarrieren und Wechselkosten. Porter konzentriert sich auf das Geschehen in etablierten Branchen und empfiehlt Unternehmen, sich klar für eine der drei Wettbewerbsstrategien zu entscheiden:

1. Kostenführerschaft,
2. Differenzierung oder
3. Konzentration und Spezialisierung.

Porters Ansatz ist marktorientiert, birgt aber die Gefahr, eine gegebene Situation zu statisch zu betrachten. Er geht nämlich nicht auf den Umgang mit dynamischen Veränderungen von Marktstrukturen ein, wie sie erst seit der Verfügbarkeit und Nutzung informations- und kommunikationstechnischer Anwendungen, einschließlich des Internets, und der dadurch beschleunigten globalen Vernetzung im Geschäft auftreten.

Auf Porters Konzept bauen weitere Ansätze auf, wie beispielsweise das *Konzept der Kernkompetenzen* nach Wildemann,[2] das darauf abzielt, Kompetenzen dazu einzusetzen, eine dauerhafte Differenzierung und Markteffektivität zu erzielen. Die Konzentration darauf, Schlüsselkompetenzen und Kompetenzpotenziale in Kernkompetenzen zu überführen, ist zur Stärkung der künftigen Wettbewerbsfähigkeit geeignet. Das Konzept der Kernkompetenzen legt nahe, nicht nur vorhandene Kundenwünsche zu erfüllen, sondern Standards im Wettbewerb zu setzen, Domänen in konkreten Technologiefeldern oder um Verfahren herum zu besetzen und neue Leistungsangebote zu schaffen, die Mehrwerte für

---

[1] Porter, Michael: [Five Forces].
[2] Vgl. Wildemann, Horst: [Just-in-Time].

Kunden und für das betrachtete Unternehmen zu steigern und die Ertragsfaktoren Wachstum, Innovation und Produktivität gleichermaßen zu verbessern. Der Ansatz ist sowohl markt- als auch unternehmensorientiert, indem er hilft, Fähigkeiten vor dem Hintergrund marktseitiger Anforderungen zu beurteilen, und ein Bewusstsein dafür schafft, welche Fähigkeiten vorhanden sind und welche benötigt werden. Gerade in Zeiten zunehmender Änderungsgeschwindigkeit kundenseitiger Anforderungen, Technologien und Prozesse zeigt sich, dass sich durch die bewusste Identifikation und den Ausbau von Kernkompetenzen die Anpassungsfähigkeit erhöhen und entscheidend zur Existenzsicherung beitragen lässt. Unternehmen, die über Kernkompetenzen verfügen (und das auch wissen), können aus dieser Position heraus konkrete Lösungen schaffen. Darüber hinaus können sie sich mit modularen Leistungen wertschöpfend in dynamische Netzwerke einbringen.

Der *Profit-Impact-of Market-Strategies (PIMS)-Ansatz* nach Luchs und Müller (1985) setzt bei der Marktposition von Unternehmen an. Der PIMS-Ansatz kann den erfolgsfaktorenbasierten Strategieansätzen zugeordnet werden. Einflussgrößen auf die Strategie sind die Wettbewerbsposition und etwa die Kapital- und Produktionsstruktur vor dem Hintergrund der Marktcharakteristika. Damit werden in diesem Ansatz sowohl die Position des betrachteten Unternehmens als auch Potenziale in der Strategieentwicklung berücksichtigt. Der Ansatz bewährt sich in stabilen Marktumfeldern durchaus. Dieser Vorzug ist gleichzeitig ein entscheidender Nachteil in veränderlichen Märkten, weil der Ansatz statisch an bestehende Marktstrukturen geknüpft ist und nicht robust gegen Diskontinuitäten ist, wie sie immer häufiger auftreten.

Die *Portfolio-Konzepte nach der Boston Consulting Group (BCG) und McKinsey*, die ebenfalls erfolgsfaktorenorientierte Prinzipien sind, betten Unternehmensaktivitäten in einen Bezugsrahmen ein, fördern strukturiertes Vorgehen und sind geeignet, die langfristige Ertragskraft durch eine geeignete Portfoliozusammensetzung zu stärken. Während die Vierfeldermatrix von BCG an die relativen Stärken der Marktleistungen ansetzt, konzentriert sich McKinsey mit einer Neunfeldermatrix auf die Potenziale (Marktattraktivität und relative Wettbewerbsfähigkeit) und schafft dadurch eine stärkere Zukunftsgerichtetheit. Die Reduktion auf die wesentlichen Kriterien fördert eine (möglicherweise zu starke) Vereinfachung komplexer Zusammenhänge, lässt Schlüsseltreiber besser erkennen und hilft, strategische Entscheidungen zu treffen. McKinsey legt nahe, gegebene Wettbewerbsverhältnisse in bestehenden Märkten zu betrachten, für deren Bearbeitung sich dann entweder eine Investitions- und Wachstumsstrategie, eine Abschöpfungs- bzw. Desinvestitionsstrategie oder selektive Übergangsstrategien eignen. Dasselbe Prinzip lässt sich natürlich auch auf künftig erwartete Marktverhältnisse beziehen. Wie alle Portfolio-Betrachtungen basieren auch die genannten ausschließlich auf dem durch das Koordinatensystem aufgespannten Rahmen und versperren den Blick für wirklich Neues.

Die Zeit kann bestehende Marktverhältnisse destabilisieren. Differenzierungsvorteile wirken deshalb nur während einer begrenzten Zeit. So entstanden seit Mitte der 90er- Jahre des vergangenen Jahrhunderts Vorschläge zu dynamischen Strategien, die die Fähigkeit zum *Wandel als Erfolgsfaktor* betrachten. Dabei versucht man,

Reaktionsmuster der Marktteilnehmer zu erkennen und sie sogar zu prognostizieren. Die wandelorientierten Ansätze stellen die Flexibilität und die Anpassungsfähigkeit von Organisationen als Erfolgsfaktoren in den Vordergrund. Dabei ist Anpassungsfähigkeit nicht nur reaktiv gemeint, sondern durchaus initiativ. So kann ein Unternehmen seinen Wettbewerb beispielsweise durch einen aktiven Beitrag zur Erhöhung der Wettbewerbsintensität paralysieren oder die bestehenden Marktbedingungen selbst zerstören (Hyper-Wettbewerb).

McKinseys Konzept der Shaper-Strategie beschreibt das konsequente Aufbrechen bestehender Strukturen in stabilen, etablierten Märkten mit (zu) hoher Wettbewerbsintensität. Unkonventionelle Aktionen in bislang stabilen Umfeldern und bewusstes Erzeugen von Unsicherheit sollen neue Richtungen im Markt markieren, Bedarfsänderungen auslösen und neue Standards setzen. Mit der neuen Linie sollen zusätzliche Kunden gewonnen und dann durch Lock-in-Effekte in einem neuen Gefüge gebunden werden.

Mit der zunehmenden Kurzfristigkeit strategischer Planung und der Verschmelzung opportunistischer Handlungen mit strategischen Maßnahmen fließen auch taktische, dialogorientierte Mittel und spieltheoretische Ansätze in die strategischen Überlegungen und Handlungen ein. Parallel haben sich aus Wertschöpfungsketten in vielen Branchen Wertenetze herausgebildet, innerhalb derer zwischen Marktpartnern sowohl wettbewerbliche als auch kooperative Elemente Anwendung finden und dadurch neue Möglichkeiten, aber auch neue Komplexität entstehen (*Coopetition*[3]). Die Bedeutung von Innovation und Anpassungsfähigkeit wächst mit zunehmender Wettbewerbsintensität.

Unternehmen, denen es gelingt, bedeutende Innovationen in den Markt einzuführen, können die Wettbewerbsgrundlage in bestehenden Umfeldern neu definieren. Als Shaper können Unternehmen das Eintreten von Szenarien fördern, die für sie günstig sind bzw. den eigenen Weg zum De-Facto-Standard machen. Sie können beispielsweise Produkte oder fragmentierte Wettbewerber bündeln oder Geschäftsprozesse neu gestalten und dadurch gezielt neuen Bedarf schaffen. Shaper beeinflussen die Aktivitäten ihrer Wettbewerber in der Regel durch Setzen von Signalen, beispielsweise durch eine Koalition mit Unterstützern des vorgesehenen Weges (Technologie, Standard, Prozess, Sprache etc.). Verantwortungsvolle Shaper sichern sich bei großer Unsicherheit allerdings ab, indem sie gleichzeitig auch in Szenarien investieren, die alternativ zu denen eintreten könnten, die ihre eigenen Pläne fördern würden (Hedging). Oft ergänzen sich Shaper-Strategien mit prozessorientierten Strategieansätzen, die entweder auf die Effizienzsteigerung zielen oder helfen sollen, neue Möglichkeiten zu erschließen, oder auch beides zu kombinieren versuchen.

Trotz der zunehmenden Unsicherheit und auftretender Diskontinuitäten war bis in das 21. Jahrhundert hinein der Blick strategischer Planung immer noch überwiegend auf bestehende Märkte gerichtet. Um Überraschungen und damit verbundene Risiken einzuschränken, erhielt seit Anfang dieses Jahrtausends das Verfahren der Szenariotechnik breiteren Einzug in die Geschäftsplanung. Mögliche alternative Rahmenbedingungen und

---

[3] Nalebuff, Barry J.; Brandenburger, Adam M.: [Coopetition].

jeweilige Handlungsräume wurden systematisch erfasst sowie bewertet und daraus chancen- und risikoorientierte strategische Konzepte abgeleitet. Die *Certainty-/Impact-Matrix* wird häufig eingesetzt, um sich auf diejenigen Ausprägungen der Einflussfaktoren zu konzentrieren, die sowohl eine Eintrittswahrscheinlichkeit als auch einen großen Einfluss auf die Branche haben. Mit zunehmender Szenarienvielfalt und entsprechenden zu führenden Aktivitäten steigen die Anforderungen an das Informationsmanagement und an das Management der Potenziale erheblich.

Im Jahr 1994 stellten Hamel und Prahalad erstmals einen *Ansatz zur aktiven Gestaltung von Branchenstrukturen* vor. Sie prägten den Begriff des „Intellectual Leadership" für frühzeitiges Erkennen wirklicher Chancen. Der erfolgsfaktorenbasierte und initiativenorientierte Ansatz enthält dynamische Elemente, die sich operationalisieren lassen. McKinsey griff diesen Gedanken auf, entwickelte ihn weiter und begründete das *Konzept des Initiativenportfolios*, das vorsieht, eine Vielfalt an Projekten in vertrauten Themenfeldern bewusst parallel zuzulassen und sie stufenweise und kontrolliert durch verschiedene definierte Reifestadien zu führen. Das Initiativenportfolio-Konzept trägt der Anforderung Rechnung, mit mehreren Geschäftsansätzen mit potenziell hohen Erträgen bei kalkulierbaren Kosten präsent und adhoc zu vollem Engagement bereit zu sein. Die Anpassungsfähigkeit von Unternehmen an sich ändernde Umfeldbedingungen kann dadurch enorm erhöht werden.

Seit jeher weist die Literatur auf die Möglichkeit hin, unbesetzte Felder zu erschließen und dadurch erheblich bessere Entfaltungschancen zu nutzen. Ansoff beschrieb bereits in einer Vierfeldermatrix die möglichen Kombinationen,

1. bestehende Leistungen in erschlossenen Märkten,
2. bestehende Leistungen in neuen Märkten,
3. neue Produkte in erschlossenen Märkten und
4. neue Produkte in neuen Märkten

zu verkaufen. Dabei bezieht Ansoff den Begriff „neue Märkte" auf neue Anwendungen und/oder zusätzliche regionale Absatzgebiete. Bis vor Kurzem wurde allerdings weder in der wissenschaftlichen Diskussion noch in der Beratungspraxis ein wirklicher systematischer Schritt in den „Whitespace" künftiger Möglichkeiten außerhalb des bekannten Terrains unternommen.

Eine Kombination neuer Leistungen mit neuen Märkten bietet sich in noch gar nicht existierenden Branchen, die neuen Bedarf schaffen – eine Konstellation, die natürlich besonders schwierig vorstellbar ist. Zwar sind schon immer neue Branchen und neue Märkte entstanden (beispielsweise Airlines, PCs, TV, Mobilfunk, Digitalfotografie, Ebay, iPod), die heute jeder als selbstverständlich empfindet und die sich vorher niemand vorstellen konnte, doch wurden bislang kaum bewusst neue Branchen und Märkte gesucht und erschlossen, in denen es weder Marktstrukturen noch bestehenden Wettbewerb gibt.

Unternehmen, die in wirklich neuen Branchen agieren, können sich zunächst tatsächlich ohne Wettbewerb entwickeln – eine durchaus attraktive Vorstellung. W. Chan Kim und

Renée Mauborgne (beide Insead, Fontainebleau) haben in *„Der blaue Ozean als Strategie"*[4] diese Potenziale nun in den Wahrnehmungsraum des Managements von Unternehmen gerückt. Kim und Mauborgne zeigen einen Lösungsansatz für strategische Planung auf, der auf Effizienz und Innovation setzt, ohne von den Wettbewerbskräften begrenzt zu werden.

„Blaue Ozeane" zeichnen sich dadurch aus, dass neue Nachfrage erzeugt wird, Wettbewerb (noch) irrelevant und ein nutzen- bzw. wertorientiertes Pricing durchsetzbar ist. Unternehmen, die in blauen Ozeanen Leistungen anbieten, können schnell Vorsprünge erzielen und damit Eintrittsbarrieren für Followers aufbauen. Die Erfahrung zeigt, dass der Vorsprung etwa zehn Jahre lang vor Wettbewerb schützt.

Kim und Mauborgne sind der Frage nachgegangen, welche Bedingungen für die Erschließung blauer Ozeane erfüllt sein sollten. Sie stellten fest, dass gerade etablierte Unternehmen aus Initiativen in ihrem Kerngeschäft heraus blaue Ozeane erschließen. Aber die traditionellen Untersuchungseinheiten „Unternehmen" und „Branchen" sind für die Suche nach blauen Ozeanen ungeeignet, weil sie zu eng gefasst sind, um Initiativen im vorgestellten Sinn erkennen zu lassen. Vielmehr ergibt sich der Zugang zu blauen Ozeanen durch einzelne Personen und Teams, die sich durch intellektuelle Offenheit, Wachsamkeit, scharfe Beobachtung und die Fähigkeit zu kreativen Verknüpfungen auszeichnen.

Kim und Mauborgne haben ferner beobachtet, dass sich blaue Ozeane selten unmittelbar durch technische Innovationen erschließen. Blaue Ozeane lassen sich durch die Verknüpfung von Bestehendem (Ford T-Modell oder das Online-Banking), durch Transferleistungen aus anderen Branchen (Dell), durch die Erkenntnis, dass sich technologische Möglichkeiten in Kundennutzen (Sport Utility Vehicle, Apple Macintosh, Internet-basierter Hotel Reservierungs-Service HRS) ableiten oder durch konsequentes Hinterfragen markt- bzw. branchenüblicher Konventionen (Billig-Airlines) herauskristallisieren.

Das bewusste „Denken in blauen Ozeanen" ist Führungskräften offenbar nicht vertraut. Es kann hilfreich sein, sich in die Vergangenheit zu versetzen und sich vorzustellen, aus welchen Situationen neue Anwendungen oder neue Branchen entstanden sind. Welcher Bedarf lag vor? Welche Wettbewerbssituation bestand? Welche technologischen Möglichkeiten waren verfügbar? Diese Übung kann Führungskräften helfen, Bewusstsein für latenten Bedarf zu schaffen und Verknüpfungsmöglichkeiten zwischen bestehenden Technologien und (neuen) Anwendungen zu erkennen.

Hierbei wird die Bedeutung einer synergetischen Verbindung von Strategieentwickng, Innovationsmanagement und Wissensmanagement deutlich. Eine systematische Anwendung bewährter Verfahren zur Gewinnung und Bewertung von Ideen sowie Methoden zur Produktentwicklung und zur Markteinführung können Führungs-Teams dabei helfen, ein *Out-of-the-Box-Denken* zu entwickeln und einen „Weg zu blauen Ozeanen" zu finden. Unternehmen verdienen ihr Geld am effizientesten mit Standardprozessen und

---

[4] Kim, W. Chan; Mauborgne, Renée: [Blue Oceans].

Routinetätigkeiten (Exploitation, Ausschöpfen erprobten Wissens)[5] – für innovative Leistungen benötigen sie jedoch ganz andere Fähigkeiten (Exploration, Erforschen neuer Möglichkeiten).[6] Neuere Untersuchungen[7] zeigen, dass die innovative Leistungsfähigkeit gesteigert wird, wenn die Bandbreite des Wissens in Unternehmen erweitert wird, alte Herausforderungen aus neuen, vielleicht sogar aus ungewöhnlichen Perspektiven betrachten werden und Organisationen sich von eingefahrenen Wegen lösen können. Eine hohe Erfahrungsvielfalt, Unvoreingenommenheit und sogar eine gewisse Naivität können kreative Prozesse insbesondere in den frühen Stadien bereichern, weil dadurch wahrscheinlich auch ungewöhnliche Ideen ausgesprochen und erprobt werden, die Insider nicht in Erwägung ziehen würden, und der Lösungsraum weiter aufgespannt werden kann. Es kommt auf die Vorstellungskraft an. Disney nannte seine kreativen Mitarbeiter übrigens „Imagineers".

Ideen, die Unternehmen in eine neue Dimension führen sollen, brauchen eine gewisse Inkubationszeit, um sich zu entwickeln. Dafür ist ein „geschützter Raum", abgeschottet von etablierten Denkweisen und kurzfristigem Ergebnisdruck, förderlich. „Wer einen Samen einpflanzt, gräbt ihn nicht jeden Tag aus, um zu sehen, wie er sich entwickelt hat."[8] Werden neue Ideen und Konzepte zu kurzfristig und zu eng geknüpft an bisherige Erfahrungen beurteilt, gelingt ein großer Wurf kaum. Schließlich konnte empirisch gezeigt werden, dass Kreativität erst durch Handeln entsteht.[9] Ideen werden erst zu Innovationen, wenn sie erfolgreich in den Markt eingeführt sind. Das gilt für Produkt- und für Verfahrensinnovationen gleichermaßen. Es hat sich auch gezeigt, dass kreative Menschen und innovationsfähige Organisationen produktiver sind als andere.

---

[5] March, James G.: [Exploration].

[6] Dito.

[7] Vgl. Sutton, Robert I.: [Weird Ideas], S. 1.

[8] William Coyne, früherer Forschungsleiter bei 3 M.

[9] Vgl.: Dean Keith Simonton: [Genius].

Literaturquellen

Boysen, Werner. 2009. [Management Turnaround] *Wie Manager durch Enzymisches Management wieder wirksam werden*. Wiesbaden: Gabler Verlag.

Boysen, Werner. 2011. *Kybernetisches Denken und Handeln in der Unternehmenspraxis. Komplexes Systemverhalten besser verstehen und gezielt beeinflussen*. Wiesbaden: Gabler Verlag.

Boysen, Werner. 2011. *Prinzipien der Kybernetik, Modelle, Methoden und Instrumente zur Anwendung in Organisationen*. Koblenz: Eigenverlag Dr. Boysen Consulting.

Burmeister, Klaus, Neef, Andreas, und Beyers, Bert. 2004. *Corporate Foresight. Unternehmen gestalten Zukunft*. Murmann: Hamburg.

Kaplan, Robert S., und Norton, David, P. 2001. *Die strategiefokussierte Organisation. Führen mit der Balanced Scorecard*. Stuttgart: Schäffer-Poeschel.

Kim, W. Chan, und Mauborgne, Renée: 2005. [Blue Oceans] *Blaue Ozeane als Strategie. Wie man neue Märkte schafft, wo es keine Konkurrenz gibt*. München: Hanser Verlag.

March, James G. 1991. [Exploration] Exploration and Exploitation in Organizational Learning. In *Organization Science*, Bd. 2, H 1, S. 71–87.

Müller-Stewens, Günter, und Lechner, Christoph. 2001. *Strategisches Management. Wie strategische Initiativen zum Wandel führen*. Stuttgart: Schäffer-Poeschel.

Nalebuff, Barry J., und Brandenburger, Adam M. 1996. [Coopetition] *Coopetition – kooperativ konkurrieren. Mit Spieltheorien zum Unternehmenserfolg, aus dem Englischen von Hartmut J. H. Rastalsky*. Frankfurt am Main: Campus Verlag.

Porter, Michael. 1980. [Five Forces] *Competitive Strategy. Techniques for Analyzing Industries and Competitors*. New York: Free Press.

Simonton, Dean Keith. 1999. [Genius] *Origin of Genius*. Oxford: Oxford University Press.

Sutton, Robert I. 2002. *Weird Ideas That Work: 11 ½ Practices for Promoting, Managing, and Sustaining Innovation*. The Free Press, Stanford University.

Wildemann, Horst. 2001. [Just-in-Time] *Das Just-in-Time-Konzept*. München: TWC.

Kreativitätstechniken und Sparring als Instrumente für neue Lösungsansätze

22

Zusammenfassung

Gutes Management kann nicht allein durch „Business Administration" erreicht werden. Vielmehr ist gerade in dynamisch-komplexen Umfeldern ein hohes Maß an marktorientierter Kreativität erforderlich. Es ist nicht immer einfach, kreative Ideen zu gewinnen, sie zu beurteilen und sie dann umzusetzen, aber es gibt dazu bewährte Methoden und Mittel. Dieser Text konzentriert sich darauf zu helfen, kreative Ideen zu gewinnen. Es werden die wesentlichen Kreativitätstechniken vorgestellt und darauf hin beurteilt, welchen Beitrag sie in dynamisch-komplexen Umfeldern zu innovativen Lösungen leisten können. Ein Schwerpunkt liegt im Auffinden von Analogien. Darüber hinaus ermutigt dieser Text Leser dazu, sich einen Sparrings-Partner hinzuzuziehen, um die eigenen gedanklichen Grenzen besser überwinden zu können.

Manche Organisationen sind unfähig, Chancen zu erkennen, die wirklich weiterführen, und sich konsequent darauf einzustellen. Die Unfähigkeit resultiert daraus, dass Führungskräfte und Mitarbeiter nach einiger Zeit in ihrem Metier gefangen sind. Sie bewegen sich ausschließlich in ihrem Branchenumfeld und sehen alles aus der Perspektive ihres Unternehmens und ihrer Position. Es fehlt an Impulsen von außen, die erworbene Denkmuster herausfordern und zu neuen gedanklichen Ansätzen anregen. Vielen Führungskräften sind gängige Kreativitätstechniken, die sie über ihren Horizont hinausführen könnten, nicht vertraut. Schließlich nehmen sich Führungskräfte neben dem Tagesgeschäft kaum Zeit dafür, ihr Tun zu reflektieren und über wirklich Neues nachzudenken. Mit zunehmendem Leistungsdruck verengt sich der Blick von Führungskräften; eingefahrene Handlungsmuster verfestigen sich noch stärker und die Organisation „verspannt sich", bis sie handlungsunfähig wird.

Auch der Austausch innerhalb von Branchenverbänden ist nicht geeignet, solche Verspannungen zu lösen, befassen sich doch alle dort organisierten Mitglieder mit derselben Materie. Schließlich sind es viele Menschen nicht gewohnt, sich an die Lösung einer Aufgabe zu machen, ohne explizit zu wissen, was man genau wie machen soll. Aber das ist die Herausforderung, wenn man vor Problemen steht, für die zunächst keine Lösung naheliegt. So ist es nicht nur ein Lernprozess, kreative Lösungen zu erarbeiten – bereits das Befassen mit kreativem Denken ist ein Lernprozess, der nicht unterschätzt werden sollte.

Schon die Römer wussten: „Ex nihilo nihil fit." Aus dem Nichts kommt nichts. So entsteht auch Kreativität nicht aus dem Vakuum. Kreativität erfordert die Fähigkeit, Vorhandenes zu sehen und Möglichkeiten zu erkennen, es mit aktuellen Fragestellungen zu verbinden. Ernst Pöppel bezeichnet mit Kreativität „eine Verknüpfung des schon Dagewesenen mit neuen oder auch alten Gedächtnisinhalten".[1]

Gutes Management ist also nicht mit „Business Administration" gleichzusetzen. Es hängt wesentlich von der Qualität kreativer Ideen und guter Entscheidungen ab. Die Fähigkeit, kreative Ideen zu generieren und gute Entscheidungen zu treffen, hängt vor allem von den Menschen selbst ab. Neugier, Interesse und der Wille, etwas Neues zu lernen und zu schaffen, sind wesentliche Voraussetzungen. Außerdem hilft eine gewisse Freiheit von Angst, jenseits etablierter Muster und Normen zu denken und in anderen Disziplinen Übertragbares zu erkennen. Dazu brauchen Manager, wie alle Menschen, Impulse von außen, um ihr Denken entscheidend weiterzuführen. Manchmal reicht eine kritische Frage oder ein relevanter Hinweis, um Denkmuster aufzubrechen. Oft reicht es schon, wenn Manager ihren Blick einmal auf etwas ganz anderes lenken. Besuche in Unternehmen anderer Branchen, wie sie über Industrie- und Handelskammern, Marketing-Clubs oder branchenübergreifende Wirtschaftsverbände möglich sind, können durchaus wertvolle Anregungen liefern. Aber auch Entspannungsphasen sind wichtige Kreativitätsquellen. Hierfür eignen sich durchaus auch verlängerte Wochenenden, an denen sich Manager mit völlig anderen Dingen beschäftigen, um Abstand von ihrem geschäftlichen Alltag zu bekommen. Mit diesem Abstand betrachtet wirken viele Dinge anschließend ganz anders, der Horizont erweitert sich und lohnende Veränderungsmöglichkeiten werden eher wahrgenommen.

Schließlich müssen die Rahmenbedingungen für kreatives Arbeiten gegeben sein. Um kreativ zu sein, brauchen Menschen sowohl Wertschätzung als auch Freiraum. Sie müssen probieren dürfen und sich von vorgegebenen Formen und Wegen gelegentlich entfernen dürfen, und zwar quer durch alle Hierarchieebenen.

Damit nicht dem Zufall überlassen bleibt, ob neue Wege gefunden werden, kann auf bewährte intuitive und diskursive Methoden zurückgegriffen werden. Mit solchen Methoden kann systematisch sichergestellt werden, dass an schlecht strukturierte Probleme, für die es noch keinen Lösungsweg gibt, unvoreingenommen herangegangen wird, dass diese Probleme hinreichend abstrahiert, neue gedankliche Beziehungen hergestellt und Lösungen aus anderen Feldern auf den vorliegenden Fall bezogen und auf die Praxis heruntergebrochen werden.

---

[1] Pöppel, Ernst; Wagner, Beatrice: Von Natur aus kreativ. Die Potenziale des Gehirns entfalten, Hanser, München 2012, S. 51.

Intuitive Methoden aktivieren das Unterbewusste und regen Assoziationen mit völlig anderen Bereichen an, aus denen gegebenenfalls Lösungswege für konkret vorliegende Probleme übernommen werden können. Intuitive Methoden schaffen Verbindungen mit Wissen, das bislang unverbunden dastand und deshalb nicht in den Raum für die Suche nach Lösungswegen einbezogen wurde.[2] Die wohl bekannteste intuitive Methode ist das *Brainstorming*, eine bereits 1939 von Alex F. Osborn entwickelte Methode, die anregt, frei und unvoreingenommen an eine Problemstellung heranzugehen, sich in einer möglichst heterogen zusammengesetzten Gruppe voneinander inspirieren zu lassen und kreative Ideen kühn miteinander zu kombinieren. Brainstorming hilft, bekannte Denkpfade und -strukturen zu verlassen und von außen auf die Problemstellung zu blicken. Das ist wichtig, weil mit unverändertem Denken kaum wirklich neue Lösungswege gefunden werden können. Die vom Brainstorming abgewandelte Form des Brainwritings stellt sicher, dass während der Ideensammlung

1. keine Ideen verloren gehen und
2. die Gedanken der Teilnehmer nicht sofort durch das Gesagte beeinflusst werden.

Allerdings geht gerade diese Komponente der spontanen Weiterentwicklung von Ideen verloren. Dieser Nachteil wird mit der *Methode 635*, die von Bernd Rohrbach entwickelt wurde,[3] ausgeglichen. Nach der Methode 635 entwickeln sechs Teilnehmer drei Ideen der jeweils anderen Teilnehmer in etwa fünf Minuten weiter, um so zu achtzehn kreativen Ideen zu gelangen. Eine Abwandlung der Methode 635 ist die 1967 entwickelte *KJ-Methode*, die nach ihrem japanischen Schöpfer, Jiro Kawakita, benannt wurde. Sie funktioniert ähnlich, konnte sich aber in der Unternehmenspraxis, besonders in der Automobilindustrie, besser durchsetzen als die Methode 635.

Eine weitere verbreitete Kreativitätstechnik ist das *Mind-Mapping*, das 1971 von Tony Buzan entwickelt und dokumentiert wurde.[4] Anders als bei dem freien Ansatz des Brainstormings werden die Ideen während des Mind-Mapping-Prozesses als Assoziationsketten in einer mitwachsenden, vernetzten Struktur angelegt. Mind-Mapping führt Gedanken anhand eines Strukturbaumes weiter, ermöglicht aber auch die Aufnahme neuer Ideen durch das Anlegen zusätzlicher Äste. Die Methode des Mind-Mappings führt die Gedanken systematisch von der Problemstellung weg. Idealerweise entsteht ein

---

[2] So werden durch intuitive Kreativitätsmethoden neben dem expliziten, abfragbaren Wissen auch implizites Wissen (Know-how) und bildhaftes, episodisches Wissen (Erinnerungsvermögen an Bilder und Vorstellungsvermögen) in Lösungsfindungsvorgänge einbezogen. Insbesondere wird durch intuitive Methoden assoziatives, disruptives Denken gefördert. Wir werden aus unseren gewohnten Denkbahnen herausgeführt. Die Barriere zu neuen Denkansätzen zu überwinden, erfordert Mut. Wir müssen uns darauf einlassen wollen. Aber schon die Römer sagten: „Navigare necesse est." (Übersetzt: Seefahrt ist notwendig, oder frei, Wir müssen in Bewegung bleiben!).

[3] Rohrbach, Bernd: [Kreativ nach Regeln].

[4] Buzan, Antony: [Mind Map].

vollständiger Überblick über die verschiedenen Aspekte, die mit der Problemstellung verbunden sind. Allerdings erschließt Mind-Mapping keinen unvoreingenommenen Zugang zu Lösungswegen. Außerdem liegt in der Realität in vielen Fällen gar keine klare Baumstruktur vor. Es kommt zu Vernetzungseffekten, die in einer Mind-Map nicht dargestellt werden können. Manche, anhand einer Mind-Map gewonnenen, Lösungswege sind deshalb nicht praxistauglich. Für die Erfassung und Darstellung vernetzter Effekte empfehlen sich *Cluster-Verfahren* (Assoziogramme)[5] oder das Anlegen *kognitiver Maps*, die sich als Basis zur Ableitung von Simulationen eignen. Die Darstellung solcher Wirkungsbeziehungen wird von Krefeld beschrieben.[6]

Weiter von angelegten Denkmustern weg führt die *Provokationstechnik* nach Edward de Bono.[7] Gezielt in den Raum gestellte Übertreibungen oder Verfälschungen der Annahmen über die aktuelle Situation helfen den Beteiligten, gewohnte Denkschemata zu verlassen. Durch Übertreibungen spüren die Beteiligten, dass sie jetzt mit ihren Denkmustern nicht weiterkommen. Im Idealfall öffnen sie sich für neue Denkweisen und verlassen früher ihre nicht lösungsgeeigneten Pfade als ohne die Provokation. Wenn beispielsweise der Auftragseingang eines Unternehmens allmählich rückläufig ist, hilft es, sich vorzustellen, dass sich der Auftragseingang halbiert. Erst unter solchen Voraussetzungen entsteht die Bereitschaft, mit kontinuierlichem Denken und Handeln zu brechen und wirklich neu an die Problemstellung heranzugehen. Die Provokationstechnik kann dazu beitragen, dass rechtzeitig ein angemessenes Problembewusstsein herbeigeführt und wirksame Maßnahmen eingeleitet werden. Schwierig ist es natürlich immer, für Provokationen Gehör bei den Entscheidungsträgern zu finden und nicht als „Schwarzmaler" abgetan zu werden. Das erfolgreiche Initiieren solcher Provokationsübungen erfordert Einfühlungsvermögen und Diplomatie. Der Aufwand lohnt sich jedoch.

Eine Abwandlung der Provokationstechnik ist die *Umkehrtechnik*. Wenn sich kein Lösungsweg erkennen lässt, kann es helfen, sich vorzustellen, dass sich die Rahmenbedingungen völlig entgegengesetzt entwickeln. Lässt sich ein Lösungsweg für diese Aufgabenstellung finden, können manchmal aus der Umkehrung dieses Lösungsweges Lösungsideen für die tatsächliche Aufgabenstellung gewonnen werden.[8]

Eine weitere Kreativitätstechnik, die hilft, unbewusste Denkvorgänge für den Problemlösungsprozess nutzbar zu machen, ist die *Synektik*. Das von William Gordon 1944 entwickelte Verfahren der Synektik[9] basiert darauf, Analogien aus der Natur oder aus persönlichen Erfahrungsbereichen der Teilnehmer zu suchen, deren Lösung auf das

---

[5] Nach Gabriele Lusser Rico, die in: Rico, Gabriele Lusser; Tarcher, Jeremy P.: [Writing The Natural Way], das Clustering als eine Grundmethode des kreativen Schreibens entwickelte.

[6] Krefeld, Jens: [Visual Interaction Structure].

[7] De Bono, Edward: [Serious Creativity].

[8] Zopfkopf, Michael; VanGundy, Arthur B.: [Structured Problem Solving].

[9] Gordon, William: [Synectics].

vorhandene Problem zu beziehen und daraus konkrete Lösungsansätze für dieses Problem abzuleiten. Erfahrungsgemäß ist allerdings gerade das Finden von Analogien für viele Menschen nicht einfach. Ein erfahrener Moderator kann zum Erfolg des Einsatzes der Methode beitragen. Das Prinzip der Synektik liegt im Speziellen der *Bionik*[10] zugrunde. Dabei wird von der Annahme ausgegangen, dass die Natur im Laufe der Evolution optimale Prozesse und Strukturen entwickelt hat, von denen wir lernen können. Die Bionik liefert Quellen für Ideen, die auf Problemstellungen aus dem Maschinenbau, der Elektrotechnik, Produktentwicklungsprojekten, Geschäftsprozessen etc. übertragen werden können. Es werden zwei Verfahren angewandt:

1. Nach dem Top-down-Prinzip können für konkrete Probleme Lösungen in der Biologie gesucht werden.
2. Erkannte Lösungen in der Biologie können abstrahiert und als Vorlage für konkrete Herausforderungen in anderen Disziplinen herangezogen werden (bottom-up).

Letztere Vorgehensweise wird auch als Biomimikry bezeichnet, weil die Natur bewusst auf nützliche Muster gescannt wird, die sich übertragen lassen. Beispiele für Biomimikry sind die Nachahmung von Vögeln zur Entwicklung von Flugobjekten (Bewegungsbionik), die Entwicklung von verschmutzungsarmen Lacken und Oberflächen aus der Beobachtung der Mikrostruktur pflanzlicher Oberflächen (Strukturbionik), die Übertragung biologischer Struktur- oder Organisationsprinzipien auf technische Strukturen und Organisationen (ebenfalls Strukturbionik), die Ableitung technischer Informationssysteme von natürlichen Informationsübertragungssystemen (Neurobionik) oder das Optimieren der Versteifung von Doppelwandkonstruktionen durch das Verstehen biologischer Konstruktionselemente (Konstruktionsbionik). Analogietechniken ist gemeinsam, dass wesentliche Merkmale der betreffenden Situation, in der eine Problemstellung gelöst werden soll, erfasst werden und dann nach weiteren Umfeldern gesucht wird, auf die diese Merkmale auch zutreffen. Dann wird in diesen Umfeldern beobachtet, wie dort die aktuelle Problemstellung bewältigt wird. Im Anschluss daran wird der gefundene Lösungsweg bzw. die gefundenen Lösungswege auf die vorliegende Herausforderung bezogen, bevor schließlich konkrete Lösungsansätze abgeleitet werden können.

Während durch Assoziations- oder Analogietechniken Erkenntnisse aus einer anderen Sphäre auf ein bestehendes Problem übertragen und dadurch Lösungswege und konkrete Lösungsansätze gewonnen werden, können durch *Bisoziation*[11] und das Zusammenführen bislang und in üblichen Denkroutinen nicht zusammen gedachter Bereiche entscheidende Hinweise oder Lösungsansätze entstehen. Oft werden erst durch die Bisoziation bislang verborgene Zusammenhänge sichtbar.

---

[10] Der Begriff „bionics", eine Wortschöpfung aus „Biologie" und „Technik", wurde 1960 von Jack E. Steele, einem amerikanischen Major der Luftwaffe, geprägt.

[11] Koestler, Arthur: [Der göttliche Funke].

Wenn durch intuitive Methoden grundsätzliche Lösungsmöglichkeiten gefunden worden sind, kann der Präzisierungsprozess durch *diskursive Methoden* unterstützt werden. Zu den bewährten diskursiven Methoden zählen die morphologische Analyse, die Anwendung der Osborn-Checkliste, Ursache-Wirkungs-Diagramme, die Relevanzbaumanalyse und die progressive Abstraktion.

Mithilfe der *morphologischen Analyse*, einer systematisch heuristischen Kreativitätstechnik, können Lösungswege für komplexe Herausforderungen in ihren Ausprägungen und Kombinationen vollständig erfasst werden. Als Hilfsmittel wird ein sogenannter morphologischer Kasten[12] angelegt, eine Tabelle, in deren oberster Zeile alle Merkmale einer Lösung (beispielsweise: „Material", „Baugröße", „Konnektivität" etc.) abgetragen werden und in deren Spalten dann alle möglichen Ausprägungen eingetragen werden, die diese Merkmale annehmen können (beispielsweise: „Stahl", „Aluminium", „Kunststoff" oder „groß", „mittelgroß", „klein"). Im Anschluss können verschiedene Lösungsvarianten durch das Verbinden einzelner Ausprägungen entlang der Merkmale kombiniert und dann beurteilt werden. Mittels einer morphologischen Analyse können aus der Gesamtheit aller möglichen Kombinationen systematisch wenige sinnvolle Varianten als Entscheidungsvorlage herausgearbeitet werden.

Die *Osborn-Checkliste* liefert Anregungen, um Bestehendes durch bewusstes Verändern einzelner Eigenschaften kritisch zu hinterfragen. Durch das Verändern verschiedener Eigenschaften in verschiedenen Ausprägungen erscheint den Betrachtern das Modifizierte völlig entfremdet. Bei der Betrachtung dieses Modifizierten können sie sich dann fragen, welcher andere Gegenstand diesem „modifizierten Bestehenden" entspricht und wie bei jenem Gegenstand bestimmte Probleme gelöst worden sind. Die Fragen, die Osborn als Anregung liefert, sind beispielsweise: Was ist so wie dies? Was kann kopiert werden? Gibt es alternative Verwendungen, wenn das Bestehende so verändert wird?

Die von Bob Eberle 1997 vorgestellte Methode „*SCAMPER*" schließt an die Osborn-Checkliste an. Sie legt verschiedene Schritte nahe: ersetzen (**S**ubstitute), kombinieren (**C**ombine), anpassen (**A**dapt), verändern (**M**odify), für andere Zwecke anwenden (**P**ut), eliminieren (**E**liminate) und umkehren (**R**everse).

Um Ursachen von Problemen zu erkennen und gezielt Maßnahmen zum Abstellen der Probleme einzuleiten, werden Kausalitätsbeziehungen untersucht, die in *Ursache-Wirkungs-Diagrammen* nach Kaoru Ishikawa dargestellt werden. Diese Darstellungen mögen bei nicht-komplexen Problemen eine gute Hilfe sein; für komplexe Probleme sind Ursache-Wirkungs-Diagramme allerdings nicht geeignet, weil die Einflussgrößen nur isoliert erfasst und weder Wechselwirkungen noch zeitliche Verzögerungen aufgenommen werden können. Würde für die Lösung komplexer Problemstellungen mit dem Ursache-Wirkungs-Diagramm gearbeitet, bestünde die Gefahr, zu falschen Ergebnissen zu gelangen, die ihre Wirkung nicht entfalten können. Für komplexe Probleme bieten sich Wirkungsgefüge an, die mit Anwendungen der *System-Dynamics (SD)-Methode*,

---

[12] Zwicky, Fritz: [Morphologische Forschung].

beispielsweise mit dem Consideo Modeler, Vensim oder AnyLogic, modelliert und dann simuliert werden können.

Mit der *Relevanzbaumanalyse* können, ausgehend von einem sauber definierten Zielzustand, retrograd die Entwicklungsphasen abgeleitet werden, die einen Pfad von der aktuellen Situation zum Zielzustand beschreiben. Die Relevanzbaumanalyse liegt auch der Entwicklung von SD-Modellen zugrunde. Sie ist, sofern Wechselwirkungen abgebildet werden, gut zur Behandlung komplexer Probleme geeignet. Zunächst werden die Wirkgrößen ermittelt, die den Zielzustand direkt beeinflussen. Dann wird für jede Wirkgröße ermittelt, welche Merkmale sich auf sie auswirken. Gleichzeitig wird beurteilt, welche Relevanz die einzelnen Wirkgrößen auf den Zielzustand haben und wie die Merkmale ausgeprägt sein müssen, um das Erreichen des Zielzustandes zu fördern. Die äußeren Merkmale sind diejenigen Größen, die unmittelbar beeinflusst werden können (Einflussvariablen), während die Merkmale, die sich weiter im Inneren des Relevanzbaums befinden, oft lediglich Wirkungen anzeigen, aber nicht direkt beeinflusst werden können (Indikatorvariablen). Die Relevanzbaumanalyse hilft, sich auf Aktivitäten zu konzentrieren, die etwas zur Erreichung des Hauptziels beitragen, und sie hilft auch, zwischen wichtigen sowie weniger wichtigen Aktivitäten zu unterscheiden und sowohl die Effektivität als auch die Effizienz von Umsetzungsprojekten zu erhöhen.

Die Methode der *progressiven Abstraktion* unterstützt die Kreativität dadurch, dass sie schrittweise aus einer Perspektive der Verblendung herausführt, indem die Problemstellung auf einer höheren Abstraktionsebene formuliert und auf dieser Ebene nach einem Lösungsansatz gesucht wird. Hinter der Methode steht die Annahme, dass jedes Problem eine Lösung hat, wenn man nur hinreichend abstrahiert. Der auf einem beliebigen Abstraktionsniveau gefundene Lösungsansatz lässt sich dann auf die konkrete Problemstellung beziehen. Diese Methode erfordert, die wesentlichen Problem- und Lösungsstrukturen zu erkennen. Sie hilft bei der Lösungsfindung, indem sie die Lösungssuchenden aus ihrem unmittelbaren fachlichen Umfeld gedanklich löst.

Schließlich gibt es Methoden, die intuitive und diskursive Methoden verbinden. Von diesen *kombinierten Methoden* möchte ich die Methode des lateralen Denkens und die Methode der Denkhüte – beide von Edward De Bono –, die Walt-Disney-Methode, die Wertanalyse und die russische Methode TRIZ hervorheben. Die kombinierten Methoden fördern das Denken in Assoziationen und Analogien, um überhaupt zu relevanten Lösungswegen und möglichen Lösungsansätzen zu gelangen, und helfen, Lösungsansätze in konkrete Lösungen herunterzubrechen.

Die 1967 von Edward de Bono veröffentlichte *Methode des lateralen Denkens*[13] hilft Menschen, verschiedene Perspektiven auf eine Problemstellung zu entwickeln. Der Kern des Ansatzes besteht in fünf Gedanken: (i) Konventionelle Denkmuster werden kritisch auf ihre ausschließliche Geltung und ihre grundsätzliche Berechtigung hinterfragt. (ii) Die Rahmenbedingungen werden nicht als unveränderlich akzeptiert; vielmehr wird mithilfe

---

[13] De Bono, Edward: [Laterales Denken].

des Ansatzes aktiv nach Möglichkeiten gesucht, um die Ausgangssituation zu verbessern. (iii) Jegliche gedankliche Assoziationen werden wertgeschätzt. (iv) Es wird zugelassen und ist sogar erwünscht, wenn sowohl die Wahrnehmung der Problemstellung als auch die Einordnung von Lösungsansätzen subjektiv sind. (v) Entscheidungen für Möglichkeiten, die andere Möglichkeiten ausschließen, werden nicht akzeptiert, weil sie Chancen bereits gedanklich verbauen.

Querzudenken, um zu wirklich neuen Lösungsansätzen zu gelangen, erfordert Mut und die Fähigkeit dazu. Manche Organisationen ermutigen ihre Mitarbeiter zu lateralem Denken, andere betrachten laterales Denken als nicht ergebnisorientierte akademische Übung oder als unwillkommenes Zeichen des Quertreibens. Wenn wirklich Neues entstehen soll, muss laterales Denken gefördert und geübt werden.

Das Denken aus verschiedenen Perspektiven heraus kann durch Anwendung von De Bonos *Methode der Denkhüte*[14] in Gruppen umgesetzt werden. Dabei erhalten die Mitglieder der Gruppe verschiedenfarbige Kappen. Die Kappenfarben symbolisieren unterschiedliche Denkhaltungen: Weiß steht für analytisches Denken, Rot für emotionales Denken, Schwarz für kritisch-skeptisches Denken, Gelb für optimistisches Denken, Grün für kreatives, assoziatives und Blau für ordnendes, moderierendes Denken. Durch das Verteilen dieser Rollen kommt in der Regel eine offenere Diskussion zustande, als wenn jeder Teilnehmer seine eigene Haltung zum Ausdruck bringen müsste. Außerdem ist gewährleistet, dass jede Perspektive im Prozess der Lösungssuche vertreten ist und damit in der Entscheidungsfindung angemessen berücksichtigt wird.

Angelehnt an die Methode der Denkhüte von de Bono ist die von Robert B. Dilts vorgestellte *Walt-Disney-Methode*[15] verbreitet, nach der vier Rollen unterschieden werden: der Träumer, der Realist, der Kritiker und der neutrale Beobachter. Das Verfahren hat dasselbe Ziel und eine ähnliche Wirkung wie die Methode der Denkhüte nach de Bono.

Haben wir es mit komplexen Problemen zu tun, dann ist auch die Methode der *Wertanalyse* zu empfehlen. Diese Methode, die sich seit 1947 entwickelt hat und sich in den DIN-Normen 1325 und 12973 sowie in den VDI-Normen 2800 bis 2806[16] niedergeschlagen hat, fördert das Denken in Wirkungen und Funktionen. Sie hält dazu an, darüber nachzudenken, welche Wirkungen ein zu entwickelndes Produkt oder ein einzuführender Prozess hat, ob alle Wirkungen erwünscht bzw. notwendig sind, ob sich die gewünschten Wirkungen durch alternative Lösungen einfacher oder besser realisieren lassen oder welchen Preis Kunden für die Wirkung bezahlen würden. Die Wertanalyse beinhaltet vier Systemelemente,

1. die Methoden und Werkzeuge,
2. die menschlichen Verhaltensweisen,

---

[14] De Bono, Edward: [Six Thinking Hats].
[15] Dilts, Robert B.; Epstein, Todd; Dilts, Robert W.: [Träumer].
[16] VDI-Richtlinie 2800 zur Wertanalyse.

3. den Management-Stil und
4. die relevanten Umfeldfaktoren, sowie deren Zusammenwirken und Interdependenzen.

Damit ist die Methode der Wertanalyse ganzheitlich angelegt. Durch Anwendung der Methode der Wertanalyse lassen sich nachweislich erhebliche Kosteneinsparungen und Leistungsverbesserungen erreichen, indem Funktionen eliminiert werden, für die Kunden keine hinreichende Zahlungsbereitschaft zeigen, und indem die wesentlichen Funktionen durch kreative Lösungen effektiver und effizienter umgesetzt werden.

Eine weitere kombinierte Methode ist *TRIZ. Diese v*on Genrich Saulowitsch Altschuller und Rafael Borissowitsch Shaipro unter Mitwirken von Dmitri Dmitrijevitsch Kabanov bis 1956 entwickelte Kreativitätstechnik bedeutet übersetzt etwa „Theorie des erfinderischen Problemlösens". Folgende Erkenntnisse von Altschuller und Shapiro führten zur Entwicklung von TRIZ:

1. Eine große Anzahl Erfindungen basiert oft auf wenigen allgemeinen Lösungsprinzipien,
2. innovative Entwicklungen gehen aus der Überwindung von Widersprüchen hervor und
3. die Evolution (technischer) Systeme folgt bestimmten Mustern und Gesetzen.[17]

Damit sollten sich Erfindungen systematisch herleiten lassen. Die Autoren der Methode TRIZ haben aus ihren Beobachtungen methodische Werkzeuge abgeleitet, die eine standardisierte Vorgehensweise zum Finden kreativer Lösungen ermöglichen. Zu diesen Methoden zählen:

1. 40 Innovationsprinzipien und eine Widerspruchstabelle,
2. Prinzipien zur Separation im Raum, in der Zeit, innerhalb eines Objektes und durch Bedingungswechsel zur Auflösung (physikalischer) Widersprüche,
3. ein Algorithmus zur Lösung der Erfindungsprobleme (ARIZ),
4. ein System aus 76 Standardlösungen und eine Stoff-Feld-Analyse,
5. S-Kurven und Evolutionsgesetze der (technischen) Entwicklung von Systemen,
6. Prinzipien der Idealität und
7. eine Modellierung technischer Systeme mithilfe von Zwerg-Modellen, die sicherstellen, dass Unzulänglichkeit bei der Veränderung der eigenen Denkrichtung überwunden wird.

Lösungen können mit TRIZ oft durch die Kombination verschiedener Prinzipien gewonnen werden. Die Gesetze zur Entwicklung von Systemen enthalten wesentliche Elemente systemischen Denkens. Sie gehen auf die Vollständigkeit der Teile des betreffenden Systems, auf seine energetische Leitfähigkeit, seine Abstimmung der Rhythmik der Teile und seine „Idealität", mögliche Ungleichmäßigkeiten seiner Entwicklung und

---

[17] Altschuller, Genrich S.: [Erfinden].

die Notwendigkeit des Übergangs in ein Obersystem ein. Außerdem beschreiben sie den Übergang von der Makro- zur Mikroebene und den Anteil an Stoff-Feld-Systemen.

Bei allen Kreativitätstechniken geht es darum, wie der Denkraum bzw. das Suchfeld für mögliche Lösungen erweitert und latentes Wissen für die Lösungsfindung erschlossen werden kann. Dabei soll der Lösungsprozess möglichst selbstorganisiert und selbstverantwortlich ablaufen. Ungeplantes und Unerwartetes ist dabei explizit erwünscht, denn nur Neues führt wirklich weiter. Wird beabsichtigt, Mitarbeiter in kreative Prozesse einzubinden, müssen sogenannte *„Open Spaces"* geschaffen und gefördert werden, beispielsweise in Form einer *Zukunftswerkstatt*.[18]

Allen Kreativitätstechniken gemein ist, dass die kreative Phase der Suche nach grundsätzlichen Lösungsansätzen von der Phase der Bewertung der gefundenen Ansätze und von der Phase der Entscheidung für konkrete Lösungen getrennt gehalten werden soll, um potenzielle Ansätze nicht zu früh auszuschließen.

Die eigenen gedanklichen Grenzen zu überwinden, ist auch für Menschen, denen die Kreativitätstechniken bekannt sind, eine Herausforderung, was vor allem daran liegt, dass jeder Mensch in seiner gedanklichen Welt gebunden ist. Das gilt insbesondere in kritischen Situationen, in denen rasch Lösungsansätze gefunden werden müssen. Erfolgsdruck und Angst sind keine guten Begleiter für kreative Phasen. Sie verengen den Denkhorizont. Eine solche Gefangenheit gestehen wir uns natürlich nicht gern ein – schon gar nicht, wenn unser Umfeld von uns Führungskräften erwartet, dass wir den Lösungsweg weisen. Wenn wir uns allerdings vor Augen führen, welche Werte in unserer Hand liegen, kann es nur richtig sein, uns unsere Hilfsbedürftigkeit ein- und zuzugestehen. Wir brauchen kritische Fragen, die uns aus unseren angestammten Denkmustern herausholen. Ein Sparring-Partner kann solche Fragen stellen. Ein externer Sparrings-Partner versteht mit Sicherheit nicht so viel von der Branche, den Hintergründen und der Marktentwicklung wie die Fachleute im Unternehmen, doch dieses oft beanstandete Unwissen hat auch eine andere, wertvolle Seite, die jetzt gebraucht wird: Geschäftsfremde gehen die Situation völlig unbefangen an. Sie dürfen Fragen stellen, die ein Insider nicht stellen würde. Und sie stellen solche Fragen, die das Denken entscheidend weiterführen. Sparrings-Partner dürfen eingefahrene Geschäftspraktiken kritisch und ohne Vorbehalte hinterfragen. Und sie dürfen anregen, den Blick einmal auf ganz andere Branchen und dort praktizierte Vorgehensweisen zu richten. Die Impulse eines Sparrings-Partners können, wenn sie mit der fachlichen Expertise kombiniert werden, die in Organisationen vorhanden ist, zu völlig neuen, erfolgreichen Geschäftsansätzen führen.

---

[18] Die Methode der Zukunftswerkstatt ist von Robert Jungk, Rüdiger Lutz und Norbert R. Müller entwickelt worden. S. Jungk, Robert; Müller, Norbert R.: [Zukunftswerkstätten].

Literaturquellen

Altschuller, Genrich S. 1984. [Erfinden] *Erfinden – Wege zur Lösung technischer Probleme*. Berlin: VEB Verlag Technik.

Buzan, Antony Peter, und Buzan, Barry. 2002. [Mind Map] *Das Mind-Map-Buch. Die beste Methode zur Steigerung ihres geistigen Potentials*. Moderne Verlagsgesellschaft, (Originalausgabe von 1993).

Boysen, Werner. 2011. *Kybernetisches Denken und Handeln in der Unternehmenspraxis. Komplexes Systemverhalten besser verstehen und gezielt beeinflussen*. Wiesbaden: Gabler Verlag.

De Bono, Edward. 1996. [Serious Creativity] *Serious Creativity. Die Entwicklung neuer Ideen durch die Kraft lateralen Denkens*. Stuttgart: Schäffer-Poeschel.

De Bono, Edward. 1971. [Laterales Denken] *Laterales Denken: ein Kursus zur Erschließung Ihrer Kreativitätsreserven*. Reinbek bei Hamburg: Rowohlt.

De Bono, Edward. 1990. [Six Thinking Hats] *Six Thinking Hats*. London: Penguin Books.

Gordon, William. 1961. [Synectics] *Synectics: The Development of Ceative Capacity*. New York: Harper.

Dilts, Robert B., Epstein, Todd, und Dilts, Robert W. 1994. [Träumer] Know-how für Träumer. Strategien der Kreativität, NLP & Modelling, Struktur der Innovation. In *Pragmatismus & Tradition*, Bd. 31. Paderborn: Junfermann Verlag.

Jungk, Robert, und Müller, Norbert R. 1989. [Zukunftswerkstätten] *Zukunftswerkstätten. Mit Phantasie gegen Routine und Resignation*. München: Heyne Verlag.

Koestler, Arthur. 1966. [Der göttliche Funke] *Der göttliche Funke. Der schöpferische Akt in Kunst und Wissenschaft*. Bern, München, Wien: Scherz Verlag.

Rico, Gabriele Lusser, und Tarcher, Jeremy P. 2004. [Natural Way] *Writing The Natural Way*. Reinbek bei Hamburg: Rowohlt Verlag.

Rohrbach, Bernd. 1969. [Kreativ nach Regeln] Kreativ nach Regeln – Methode 635, eine neue Technik zum Lösen von Problemen. *Absatzwirtschaft* 12(19):73–76. 1. Oktober 1969.

Krefeld, Jens. 2004. [Visual Interaction Structure] *VIS – Visual Interaction Structure. Ein komponentenbasiertes Framework für die Visualisierung von Interaktions- und Graphstrukturen*. Universität Oldenburg.

Zopfkopf, Michael, und VanGundy, Arthur B. 1988. [Structured Problem Solving] *Techniques of Structured Problem Solving*. New York: Van Nostrand Reinhold.

Zwicky, Fritz. 1989. [Morphologische Forschung] *Morphologische Forschung*. Winterthur: Glarus Baeschlin.

Das Wichtigste in Kürze

In Kap. 1 haben wir gesehen, wie Vorgehensweisen aus völlig unterschiedlichen Umfeldern nutzbringend auf das Management bezogen werden können.

Dabei konnten erstaunliche Parallelen festgestellt werden, die uns die Verhältnisse im Management und Ansatzpunkte für Verbesserungen bewusst machen. Als Beispiel diente unter anderem ein Blick in die Landwirtschaft. Der Vergleich der intensiven Bewirtschaftung von Böden mit dem Management von Organisationen legte einen maßvollen, verantwortlichen Umgang mit Humanressourcen nahe. Und ein Exkurs in die Seefahrt rückte die ureigenen Verantwortungen von Geschäftsführern in den Fokus.

Es konnten aber auch ganz verblüffende Lösungen entdeckt und für das Management erschlossen werden. So führte die Vielschichtigkeit und Interdependenz der Erfolgsfaktoren beim Triathlon zu Empfehlungen für ganzheitlich angelegte Management-Konzepte. In der Medizin bewährte Vorgehensweisen zeigten eine logische Ableitung sinnvoller Sanierungsmaßnahmen. Schließlich konnte aus der Analogie zwischen psychosomatisch erkrankten Menschen und Verhältnissen, die in der Unternehmenspraxis beobachtet werden können, der Blick für mögliche verborgene Ursachen für Fehlentwicklungen geöffnet werden.

In Kap. 2 wurde zunächst die Notwendigkeit kreativen Denkens im Management herausgearbeitet, bevor dann die einflussreichen Management-Konzepte daraufhin beurteilt wurden, welchen methodischen Beitrag sie zu wirklich durchschlagenden Innovationen leisten können. Wir haben gesehen, dass gestaltende strategische Ansätze, die sich an den Umfeldbedingungen von Unternehmen orientieren und auf Potenziale setzen, Erfolg versprechend sind. Der Blauer-Ozean-Ansatz von Kim und Mauborgne erweist sich als besonders geeignet, um attraktive Marktleistungen außerhalb des Feldes hoher Wettbewerbsintensität zu schaffen, Strukturen aufzubrechen und neu zu formen. Das Prinzip der Coopetition nach Nalebuff und Brandenburger kann dabei helfen, die Vielschichtigkeit von Beziehungen in strategische Überlegungen einzubeziehen.

Schließlich wurden Kreativitätstechniken vorgestellt, die bei der Ideenfindung helfen können. Dabei wurde besonderer Wert darauf gelegt, wie gut die Techniken dazu

W. Boysen, *Grenzgänge im Management*, DOI: 10.1007/978-3-658-01024-9_23,
© Springer Fachmedien Wiesbaden 2013

geeignet sind, existierende Lösungsansätze für Probleme in anderen Umfeldern zu iden-
tifizieren und sie auf den Einsatz im Management zu übertragen. Als besonders geeignete
Assoziations- und Analogietechniken haben sich die Bisoziation, die Osborn-Checkliste
und das laterale Denken herausgestellt. Diese Methoden helfen, Bestehendes systematisch zu hinterfragen sowie gedankliche Grenzen und vermeintliche Widersprüche zu
überwinden. Sie können in fachlichen Umfeldern zu wirklich neuen Ideen führen. Zur
konstruktiven Zusammenführung von Ideen zu konkreten Lösungen empfehlen sich
etwa Anwendung wie der morphologische Kasten und die Wertanalyse.

Haben Sie den Mut und entwickeln Sie in Ihrer Organisation die Fähigkeiten, ein-
getretene Wege zu verlassen, wenn sich die Rahmenbedingungen ändern! Suchen
Sie außerhalb des alltäglichen Geschehens gezielt nach bewährten Mustern für gutes
Management!

Über den Autor

Dr. Werner Boysen, Jg. 1961, kennt die Herausforderungen des operativen Managements aus 25 Jahren Erfahrung in Industrie- und Dienstleistungsunternehmen. Seine Branchenschwerpunkte liegen in der Automobilindustrie, im Maschinenbau, in der Verpackungsindustrie und im IT-Sektor.

Bei der Deutsche Bank Consulting Group lernte er im professionellen Umfeld von ehemaligen McKinsey- und Bain-Beratern das Handwerk der Unternehmensberatung und erhielt wertvolle Einblicke in die Denkweise der Banker.

Der Interessenschwerpunkt von Herrn Dr. Boysen liegt im ganzheitlichen Business-Development unter Anwendung kybernetischer Grundsätze und Methoden.

Seine persönlichen Stärken liegen in den Funktionen Marketing/Vertrieb, Produktentwicklung, Innovationsmanagement und in der Anlage sinnvoller Kooperationsbeziehungen.

Herr Dr. Boysen ist Diplomingenieur für Maschinenbau und promovierter Betriebswirt (WHU). Er hält einen Executive-MBA-Abschluss von der GSBA Zürich (heutiges Lorange Institute of Business Zurich) sowie einen M. Sc.-Abschluss in Data-Communication-Systems von der Fakultät für Elektrotechnik und Elektronik der Brunel University in London.

Er ist Mitglied der Gesellschaft für Wirtschafts- und Sozialkybernetik sowie des Deutschen Chapters für System Dynamics und auch Mitglied der Vollversammlung der Industrie- und Handelskammer Koblenz.

Herr Dr. Boysen wirkt als Managementberater und Interim-Manager an der Schnittstelle zwischen Wissenschaft und Wirtschaftspraxis.

Mission der Dr. Boysen Consulting GmbH

Die Dr. Boysen Consulting GmbH (http://www.boysen-consulting.com) berät und begleitet ihre Klienten auf ihrem Weg zu systemorientierter Unternehmensführung.

Die Berater der Dr. Boysen Consulting GmbH setzen sich für ganzheitliches Management und Kreislaufprozesse ein, die systematisch angelegte Lerneffekte

W. Boysen, *Grenzgänge im Management*, DOI: 10.1007/978-3-658-01024-9,
© Springer Fachmedien Wiesbaden 2013

ermöglichen. Dazu stellen sie sowohl ihr spezielles Know-how als auch ihre besondere Erfahrung in systemischer Beratung zur Verfügung. Sie implementieren bewährte
Methoden und geeignete Instrumente in den Organisationen ihrer Klienten.

Zu den typischen Einsätzen der Dr. Boysen Consulting GmbH zählen:

- Gestaltung und Implementierung systemisch abgestimmter, auch über-
  betrieblich angelegter Geschäftsprozesse und Installation stabilisierender
  Rückkopplungsmechanismen für reibungsarme Abläufe,
- systemisch angelegte, szenariobasierte Strategieentwicklung und -umsetzung zur
  nachhaltig bedarfsgerechten Geschäftsausrichtung,
- Erfassung und Management systemisch bedingter Chancen und Risiken von
  Organisationen für einen verantwortungsvollen und angemessenen Umgang mit
  Chancen und Risiken,
- Kreative Konzeption und straffe Umsetzungsbegleitung anspruchsvol-
  ler Restrukturierungen von Organisationen mit dem Ziel der nachhaltigen
  Ergebnisverbesserung und
- Unterstützung bei der systemisch sinnvollen Abrundung des Leistungsportfolios,
  der Marktpräsenz und des Zugangs zu Technologien und Schlüsselfähigkeiten
  durch ganzheitlich angelegte Merger- und Acquisitions-Projekte und gezielte
  Kooperationen.

Anhang

Literaturquellen und -empfehlungen

Altschuller, Genrich S. [Erfinden] Erfinden – Wege zur Lösung technischer Probleme, VEB Verlag Technik, Berlin 1984.

Blüchel, Kurt G.; Sieger, Helge [Krisenmanagerin Natur] Was Wirtschaft und Gesellschaft vom erfolgreichsten Unternehmen aller Zeiten lernen können, DWC Medien, München 2009.

Boysen, Werner [Management Turnaround] Wie Manager durch Enzymisches Management wieder wirksam werden, Gabler Verlag, Wiesbaden 2009.

Boysen, Werner [Kybernetisches Denken] Kybernetisches Denken und Handeln in der Unternehmenspraxis. Komplexes Systemverhalten besser verstehen und gezielt beeinflussen, Gabler Verlag, Wiesbaden 2011.

Boysen, Werner [Prinzipien der Kybernetik] Modelle, Methoden und Instrumente zur Anwendung in Organisationen, Eigenverlag Dr. Boysen Consulting, Koblenz 2011.

Burmeister, Klaus; Neef, Andreas; Beyers, Bert [Corporate Foresight] Unternehmen gestalten Zukunft, Murmann, Hamburg 2004.

Buzan, Antony Peter; Buzan, Barry [Mind Map] Das Mind-Map-Buch. Die beste Methode zur Steigerung ihres geistigen Potentials. Moderne Verlagsgesellschaft, München 2002 (Originalausgabe von 1993).

Dallmeyer, Jens; Fabricius, Dirk (Hrsg.) [Kriminal] Kriminalwissenschaften: Grundlagen und Grundfragen II: Allgemeiner Teil – Grundlegende Kritik, grundlegende Begriffe, LIT Verlag, Münster 2011.

W. Boysen, *Grenzgänge im Management*, DOI: 10.1007/978-3-658-01024-9,
© Springer Fachmedien Wiesbaden 2013

Darwin, Charles   [Origin of Species] On the Origin of Species by Means of Natural Selection, or the Preservation of Favoured Races in the Struggle for Life, John Murray, London, 1859, Quelle: http://darwin-online.org.uk/content/frameset?itemID=F373&viewtype=text&pageseq=1, letzter Zugriff am 2. Juli 2012.

Dawkins, Richard   [Blind Watchmaker] The Blind Watchmaker, Norton, New York 1986.

De Bono, Edward   [Laterales Denken] Laterales Denken: ein Kursus zur Erschließung Ihrer Kreativitätsreserven, Rowohlt, Reinbek bei Hamburg 1971.

De Bono, Edward   [Six Thinking Hats] Six Thinking Hats, Penguin Books, London u. a. 1990.

De Bono, Edward   [Serious Creativity] Serious Creativity. Die Entwicklung neuer Ideen durch die Kraft lateralen Denkens, Schäffer-Poeschel, Stuttgart 1996.

Deutscher Wetterdienst   http://www.dwd.de, Zugriff am 14. Juni 2012.

Dilts, Robert B.; Epstein, Todd; Dilts, Robert W.   [Träumer] Know-how für Träumer. Strategien der Kreativität, NLP & Modelling, Struktur der Innovation in: Pragmatismus & Tradition, Band 31, Junfermann Verlag, Paderborn 1994,

Gleick, James   [Information] Die Information, Redline Verlag, München 2011.

Gordon, William   [Synectics] Synectics: The Development of Ceative Capacity, Harper, New York 1961.

Gustafsson, Lars   [Neurobiologie und Kunst] Neurobiologie und Kunst, in: Die Zeit, 2001, Ausgabe 19, http://www.zeit.de/2001/19/200119_l-gustafsson.xml.

Habermas, Jürgen   [Lebenswelten] Theorie des kommunikativen Handelns, Bd. 2: Zur Kritik der funktionalistischen Vernunft, Surkamp Taschenbuch Wissenschaft, Frankfurt am Main 1981.

Hüther, Gerald   [Wir] Was wir sind und was wir sein könnten, S. Fischer Verlag, Frankfurt am Main 2011.

Humanistische Aktion   http://www.humanistische-aktion.homepage.t-online.de/kunst.htm, Zugriff am 15. Mai 2012.

Jungk, Robert; Müller, Norbert R. [Zukunftswerkstätten] Zukunftswerkstätten. Mit Phantasie gegen Routine und Resignation, Heyne Verlag, München 1989.

Kaplan, Robert S.; Norton, David, P. Die strategiefokussierte Organisation. Führen mit der Balanced Scorecard, Schäffer-Poeschel, Stuttgart 2001.

Karpen, Ulrich; Hofer, Katrin [Kunstfreiheit] Die Kunstfreiheit des Art 5 III 1 GG in der Rechtsprechung seit 1985. Teil I, in: Juristenzeitung, Heft 47/1992, S. 952ff.

Kim, W. Chan; Mauborgne, Renée [Blue Oceans] Blaue Ozeane als Strategie. Wie man neue Märkte schafft, wo es keine Konkurrenz gibt, Hanser Verlag, München 2005.

Kirschenmann, Birgit; Kaschwich, Matthias [Intensive Landwirtschaft] Umweltfolgen intensiver Landwirtschaft, Universität Hamburg, Fachbereich Geowissenschaften, Interdisziplinäres Seminar zu globalen Umweltveränderungen bei Dr. G. Lammel und Dr. J. Leonardi, im Internet unter URL: http://www.mi.uni-hamburg.de/fileadmin/files/ static_html/Globale_Umweltveraenderungen/WS01-02/Kirschenmann-Kaschwich-Hausarbeit-Landwirtschaft.pdf, letzter Zugriff am 5. Juli 2012.

Kloesel, Christian; Pape, Helmut (Hrsg.) [Peirce] Charles Sanders Peirce. Semiotische Schriften, 3 Bde., Suhrkamp, Frankfurt am Main 2000, Band 1.

Koestler, Arthur [Der göttliche Funke] Der göttliche Funke. Der schöpferische Akt in Kunst und Wissenschaft, Scherz Verlag, Bern, München, Wien 1966.

Krefeld, Jens [Visual Interaction Structure] VIS – Visual Interaction Structure. Ein komponentenbasiertes Framework für die Visualisierung von Interaktions- und Graph-strukturen. Universität Oldenburg, 2004.

March, James G. [Exploration] Exploration and Exploitation in Organizational Learning, in: Organization Science, Vol. 2, Issue 1, S. 71–87, Hanover (MD) 1991.

Meyers Großes Taschenlexikon B. I. Taschenbuchverlag, Mannheim, Wien, Zürich, 1995.

Müller-Stewens, Günter; Lechner, Christoph Strategisches Management. Wie strategische Initiativen zum Wandel führen, Schäffer-Poeschel, Stuttgart 2001.

Nalebuff, Barry J.; Brandenburger, Adam M. [Coopetition] Coopetition – kooperativ konkurrieren. Mit Spieltheorien zum Unternehmenserfolg, aus dem Englischen von Hartmut J. H. Rastalsky, Campus Verlag, Frankfurt am Main 1996.

Platon [phaidros] ca. 370 v. Chr. Phaidros, Fischer Verlag, Frankfurt am Main, 1963.

Porter, Michael [Five Forces] Competitive Strategy. Techniques for Analyzing Industries and Competitors, Free Press, New York 1980.

Rico, Gabriele Lusser; Tarcher, Jeremy P. [Natural Way] Writing The Natural Way, Rowohlt Verlag, Reinbek bei Hamburg 2004.

Rohrbach, Bernd [Kreativ nach Regeln] Kreativ nach Regeln – Methode 635, eine neue Technik zum Lösen von Problemen, in: Absatzwirtschaft 12 (1969), S. 73–76, Heft 19, 1. Oktober 1969.

Schmid-Isler, Salome [Kunst der Gegenwart] Kunst der Gegenwart. Ein Leitfaden, Universität St. Gallen, Institut für Medien- und Kommunikationsmanagement, Forschungsplattform Alexandria, http://www.alexandria.unisg.ch/Publikationen/12106, Zugriff am 2. Mai 2012.

Shannon, Claude Elwood [Communication Theory] Communication Theory, Exposition of Fundamentals, in: IRE Transactions on Information Theory, Nr. 1, Feb. 1950, in: Shannon, Claude Elwood: Collected Papers.

Shannon, Claude Elwood; Weaver, Warren [Mathematical Theory] The Mathematical Theory of Communication, University of Illinois Press, Urbana 1949.

Simon, Hermann [Heimliche Gewinner] Die heimlichen Gewinner, Campus, Frankfurt am Main und New York 1996.

Simonton, Dean Keith [Genius] Origin of Genius, Oxford University Press, Oxford (UK) 1999.

Sutton, Robert I. Weird Ideas That Work: 11 ½ Practices for Promoting, Managing, and Sustaining Innovation, The Free Press, Stanford University (CA) 2002.

Ulmer, Eugen [Formgebung] Der Schutz der industriellen Formgebung, in: GRUR Auslands- und internationaler Teil, Heft 1, Verlag C. H. Beck, München 1959.

VDI-Richtlinien VDI 2800 zur Wertanalyse, Beuth-Verlag, Berlin 2010.

Wheeler, John Archibald   [It from Bit] It from Bit, in: At home in the Universe. Masters of Modern Physics, Band 9, An American Institute of Physics, New York 1994.

Wildemann, Horst   [Just-in-Time] Das Just-in-Time-Konzept, TWC, München 2001.

Winnicott, Donald   [Menschliche Natur] Die menschliche Natur, Klett-Kotta, Stuttgart 1994, und Aggression, Versagen der Umwelt und antisoziale Tendenz, Klett-Kotta, Stuttgart 1992.

Woog, Pièrre (Hrsg.)   [Chronisch Kranke] Chronisch Kranke pflegen. Das Corbin-Strauss-Pflegemodell, Ullstein Medical, Wiesbaden 1998.

Zeki, Semir   [Inner Vision] Inner Vision. An Exploration of Art and the Brain, Oxford University Press, Oxford 1999.

Zimbardo, Philip G.; Petersen, Karsten   [Luzifer-Effekt] (deutsche Übersetzung) Der Luzifer-Effekt. Die Macht der Umstände und die Psychologie des Bösen, Spektrum Akademischer Verlag, Heidelberg 2008.

Zopfkopf, Michael; VanGundy, Arthur B.   [Structured Problem Solving] Techniques of Structured Problem Solving, Van Nostrand Reinhold, New York 1988.

Zwicky, Fritz   [Morphologische Forschung] Morphologische Forschung, Glarus Baeschlin, Winterthur 1989.

Bereits bei Springer Gabler erschienene Titel des Autors

↗

Komplexes Systemverhalten besser verstehen und gezielt beeinflussen

Gutes Management verlangt nach einem systemischen Ansatz, denn alles ist mit allem verbunden. Dieses Buch zeigt praxisgerechte Methoden und Vorgehensweisen, um die Problemlösungskompetenz und damit die Stabilität im Unternehmen zu erhöhen - und damit in der Wirtschaft als Ganzem. Konkrete Instrumente und anschauliche Beispiele bringen die Kerngedanken der kybernetischen Prinzipien in operative Reichweite zur Umsetzung im Unternehmen. Das Buch zeigt auch, was systemisches Management für einzelne Funktionen wie Controller, Vertriebsleiter, F&E-Leiter, Supply-Chain-Manager und HR-Manager bedeutet.

Werner Boysen
Kybernetisches Denken und Handeln in der Unternehmenspraxis
Komplexes Systemverhalten besser verstehen und gezielt beeinflussen
2011. 180 S. 29 Abb. Br.
EUR 34,95
ISBN 978-3-8349-3108-5

Effektiv führen nach den Prinzipien des Enzymischen Managements

Die westliche Vorstellung von Management ist in eine Sackgasse geraten. Manager tun sich immer schwerer damit, globale Zusammenhänge wirklich zu erfassen. Unter unvermeidlicher Unsicherheit entscheiden sie oft eindimensional – und bleiben trotz immenser Anstrengungen wirkungslos. Werner Boysen ist überzeugt: Gutes Management verlangt nach einem systemischen Ansatz, denn alles ist mit allem verbunden. Seine Methode des Enzymischen Managements hilft Wirtschaftsführern, ihr Geschäft systemisch zu begreifen, Unsicherheit als Gestaltungsfreiheit wahrzunehmen und eine lohnende Zukunft zu schaffen. „Management Turnaround" regt Manager dazu an, ihr eigenes Denken und Handeln kritisch zu hinterfragen und vor allem Shareholder Value nicht als Ausgangspunkt, sondern als Ergebnis guten Managements zu betrachten.

Werner Boysen
Management Turnaround
Wie Manager durch Enzymisches Management wieder wirksam werden
2009. 436 S. Br.
EUR 64,95
ISBN 978-3-8349-1610-5

Stand: Januar 2013. Änderungen vorbehalten.
Erhältlich im Buchhandel oder beim Verlag.

🦁 Springer Gabler

Abraham-Lincoln-Straße 46 . D-65189 Wiesbaden
Tel. +49 (0)6221 / 3 45 - 4301 . springer-gabler.de

The manufacturer's authorised representative in the EU is Springer
Nature Customer Service Centre GmbH, Europaplatz 3, 69115 Heidelberg,
Germany. If you have any concerns regarding our products, please
contact ProductSafety@springernature.com

Printed and bound by CPI Group (UK) Ltd, Croydon, CR0 4YY
27/04/2026
02097663-0009